高等职业教育新形态系列教材

高职院校大学生创新与创业基础

主　编　徐宜宜　郑传娟
副主编　徐骏骅　方　昉　孙　羽　姚碧锋
　　　　范子珍　陈福运　黄　君
编　委　叶　乐　蒋晓冬　章　卉
　　　　王志远　张文炜　李　姣

北京理工大学出版社
BEIJING INSTITUTE OF TECHNOLOGY PRESS

内容简介

本教材贯彻教育部关于大学生创新创业教育的最新精神，立足高校实际，对大学生创新创业的基本知识、基本理论、实务操作进行了系统分析和全面讲解。

本教材在内容编排上，注重系统性、全面性和实用性。本教材既有理论概括，又有案例分析，融理论知识、趣味和思维创新于一体。本教材收入了大量的典型案例，并在每个模块设置了学习建议，体现了引导学生自主学习的指导思想，把提高创新意识和创业能力的目标贯穿于整个学习过程中。本教材在课程的教学设计中引入了实践拓展、练习巩固、广角视点等项目，让学生更多地参与课程学习和实践，体现了以学生为主体的指导思想。

本教材可作为高职院校创新创业教育基础课程教材，配套有精品在线课程，可共同使用。

版权专有　侵权必究

图书在版编目（CIP）数据

高职院校大学生创新与创业基础/徐宜宜，郑传娟主编．—北京：北京理工大学出版社，2021.11（2023.1重印）

ISBN 978-7-5763-0791-7

Ⅰ. ①高… Ⅱ. ①徐… ②郑… Ⅲ. ①大学生–创业–高等职业教育–教材 Ⅳ. ①G647.38

中国版本图书馆 CIP 数据核字（2021）第 260969 号

出版发行 / 北京理工大学出版社有限责任公司	
社　　址 / 北京市海淀区中关村南大街 5 号	
邮　　编 / 100081	
电　　话 /（010）68914775（总编室）	
（010）82562903（教材售后服务热线）	
（010）68944723（其他图书服务热线）	
网　　址 / http://www.bitpress.com.cn	
经　　销 / 全国各地新华书店	
印　　刷 / 三河市天利华印刷装订有限公司	
开　　本 / 787 毫米 × 1092 毫米　1/16	
印　　张 / 14.75	责任编辑 / 江　立
字　　数 / 369 千字	文案编辑 / 江　立
版　　次 / 2021 年 11 月第 1 版　2023 年 1 月第 2 次印刷	责任校对 / 周瑞红
定　　价 / 43.80 元	责任印制 / 施胜娟

图书出现印装质量问题，请拨打售后服务热线，本社负责调换

前　言

随着中国经济发展进入新常态，经济增长方式也从要素驱动、投资驱动转向创业驱动。建设创新型国家，培养更多具有创新精神和创业能力的人才，增强和培养人们适应创新及变革的能力，是有效应对增长功能、全球发展模式、经济全球化、经济治理体系四个方面深刻转变的办法。李克强总理在2015年《政府工作报告》中提出要推动"大众创业、万众创新"，突显出创业已经被纳入国家的重要议程，受到党和政府的高度重视。2017年7月27日国发〔2017〕37号文件《国务院关于强化实施创新驱动发展战略进一步推进大众创业万众创新深入发展的意见》中提出创新是社会进步的灵魂，创业是推进经济社会发展、改善民生的重要途径，创新和创业连为一体、共生共存。时隔一年，在2018年9月26日国发〔2018〕32号文件《国务院关于推动创新创业高质量发展打造"双创"升级版的意见》中提出创新是引领发展的第一动力，是建设现代化经济体系的战略支撑。

如今创新创业的火焰已形成燎原之势。国家对"双创"的重视程度年年提升，给项目空间与创新创业者带来了无限的动力与机遇。随着创业热潮不断升温、创业研究不断升华，大学生创意、创新、创业能力与大学双创教育是社会与学者们长期关注、亟待深入研究的热点课题。创业教育是以培养具有创业意识、开拓精神和创业能力的开创型个性的人才为培养目标而提出的一种教育理念，这种理念1947年起源于美国，由哈佛商学院 Myles Mace 教授在率先开设的创业课程——《新创业管理》中提出。美国通过多年理论与实践的研究，创业教育取得了很好的社会效果。

浙江同济科技职业技术学院探索构建具有行业特色的"教学+实践+孵化"的水利高职院校三位一体创新创业人才培养模式。通过这种人才培养模式形成了通识教育认知、模块教育提升、实践活动锻炼、项目落地孵化的递进创新创业人才培养路径。目标为建立"通识教育、启航教育、精英教育、实践教育、在线教育"五位一体的创新创业课程体系。

一本优秀的创新创业教材，承载着丰富的教学内容和教学方法，在高校开展大学生创新创业教育课程中扮演着重要的角色，是教师教学、学生学习的得力工具。本书为系统有效地指导高职院校大学生创新创业而编写，旨在让高职院校大学生不仅深入理解创新的含义，还能全面掌握创新的各类方法；不仅对创业的基本知识能够掌握，还能把握创业过程中应注意的各种细节。本书对大学生创新创业的基本知识、基本理论、实务操作进行系统分析和全面讲解，线下线上相结合，以培养大学生创新创业精神为主旨，引导大学生树立科学的创业观，促进大学生主动参与创业学习。

本教材贯彻教育部关于大学生创新创业教育的最新精神，立足高校实际，对大学生创新创业的基本知识、基本理论、实务操作进行了系统分析和全面讲解。《高职院校大学生创新与创业基础》在内容编排上，注重系统性、全面性和实用性。课程具体内容包括：何为创新、创新思维开发、互联网思维、了解网络创业形势、什么是企业、为什么需要创业精神、创业者的素质和能力、创业者的自我评价、如何把握好的创业机会、认识电商创业机会、项目选择、市场分析、验证你的企业构想、创业团队组建、如何撰写创业计划书、筹集创业资金、开始创办企业、初创企业管理等。本课程既有理论概括，又有案例分析，融理论知识、趣味阅读和思维创新于一体。本课程收入了大量的典型案例，并在每个模块设置了学习建议，体现了引导学生自主学习的指导思想，把提高创新意识和创业能力的目标贯穿于整个学习过程中。本教材在课程的教学设计中引入了实践拓展、练习巩固、广角视点等项目，让学生更多地参与课程学习和实践，体现以学生为主体的指导思想。

本书的特色之处主要体现在以下几个方面：

1. 与已建设的精品在线课程配套使用。

精品在线课程（大规模开放式在线课程）不仅提供高质量的数字化教学资源，还提供包括课程大纲、课程教学视频、课堂讲义、课程任务布置、评量试题、学习评估、补充教材等内容，并且提供各种用户交互性社区、师生互动与答疑机制。在这种课程模式中，教师提供的资源成为知识探究的出发点，学生可以在开放和个性化的学习环境中根据自己的习惯和兴趣使用多种工具和平台，从而成为学习和互动的中心，实现"课堂翻转"。

2. 具体理论知识的阐述力求做到科学严谨而不枯燥。

3. 设置大量的案例和拓展阅读板块，以丰富生动的小故事来对理论知识进行进一步的讲解，以达到启发和教育的目的，使学生学习更具趣味性。

4. 二维码拓展链接板块的设置，可以从多维度进一步扩展学生的视野。

5. 课堂活动板块的设置旨在丰富学生的课堂教学，使课堂上的教与学更具互动性。

本教材编写设计一个案例+梳理的理论知识点为一个课程，案例与我校专业相结合，选取部分浙江同济科技职业技术学院典型创业学生、创业成功的毕业校友案例来进行剖析讲解，贴近现实、贴近生活、贴近学生，引导学生思考如何更好地将自己的专业与创业进行融合。

由于编者能力有限，本教材的疏漏和不足之处在所难免，恳请广大读者批评指正，以使本书更加完善，从而为推进我国就业和创业教育作出贡献！

编　者

目 录

第一章　创新与创新思维 ... 1

第一节　创新与创业 ... 2
一、创新的概念 ... 2
二、创新意识 ... 3
三、创新意识的作用 ... 3
四、创业的概念 ... 4
五、创新与创业的关系 ... 4
六、创业意识 ... 5

第二节　创新技法 ... 6
一、传统创新技法 ... 6
二、TRIZ 的概念 ... 8
三、TRIZ 的过程 ... 8
四、TRIZ 的优势 ... 9

第三节　创新思维能力的开发与培养 ... 9
一、创新思维的概念 ... 9
二、创新思维能力 ... 11
三、创新思维的本质特征 ... 11
四、创新思维能力的培养 ... 12
五、开发创新能力的方法 ... 14
六、经典创新训练技法：5W2H 训练法 ... 15

第四节　创新人格的概念与培养 ... 15
一、创新人格的概念 ... 15
二、创新人格的特点与内涵 ... 16
三、创新人格的功能 ... 16
四、创新人格培养的途径 ... 17
五、创新人格培养的方法 ... 18

课后习题 ... 19

第二章 创业者与创业精神 23
第一节 创业者素质 24
第二节 创业者素质的提升 25
　　一、提升心理素质的方法 25
　　二、提升道德素质的方法 28
　　三、提升专业素质的方法 29
第三节 什么是创业精神 30
　　一、什么是创业精神 30
　　二、创业精神的培育 31
第四节 创业精神的本质、来源与作用 32
　　一、创业精神的本质 32
　　二、创业精神的来源 33
　　三、创业精神的作用 33
　　四、岗位创业 33
　　五、打造团队精神 33
课后习题 34

第三章 如何把握好的创业机会 37
第一节 创业机会识别 38
　　一、创业机会的内涵 38
　　二、创业机会的类型 40
　　三、创业机会的来源 40
　　四、创业机会的识别 43
　　五、创业机会识别的关键要素 45
　　六、有助于创业机会识别的因素 47
第二节 创业机会评价 51
　　一、创业机会评价的策略 51
　　二、创业机会评价的方法 53
　　三、创业机会评价的标准 55
课后习题 56

第四章 项目选择与市场分析 57
第一节 项目选择 58
　　一、市场调研 58
　　二、市场环境分析 60
　　三、市场细分 62
　　四、目标市场定位 64
　　五、产品开发模式 65
第二节 创业市场竞争 67
　　一、市场竞争分析 67
　　二、市场竞争策略 68

三、消费者分析 ... 71
　第三节　创业市场营销 ... 72
　　一、产品导向的营销 ... 72
　　二、顾客导向的营销 ... 76
　　三、创业营销策略 ... 77
　第四节　调查创业市场 ... 79
　　一、市场调查的作用 ... 79
　　二、市场调查的内容 ... 80
　　三、市场调查的步骤 ... 81
　课后习题 ... 82

第五章　理清创业思路　撰写创业计划书 ... 85
　第一节　如何理解创业计划书 ... 86
　　一、创业计划书的概念 ... 86
　　二、创业计划书的作用 ... 87
　　三、创业计划书的类型 ... 88
　第二节　创业计划书的撰写 ... 90
　　一、创业计划书的主要内容 ... 90
　　二、创业计划书的编写要求 ... 97
　第三节　路演创业项目 ... 100
　　一、如何理解路演创业项目 ... 100
　　二、路演答辩注意事项 ... 104
　课后习题 ... 108

第六章　筹集创业资金并创办企业 ... 110
　第一节　创业资源 ... 112
　　一、创业资源的内涵 ... 112
　　二、创业资源的类型 ... 112
　　三、创业资源与一般资源的异同 ... 115
　第二节　整合创业资源 ... 116
　　一、创业资源整合的意义 ... 116
　　二、创业资源整合路径 ... 117
　　三、创业资源整合原则 ... 120
　第三节　创业融资 ... 121
　　一、创业融资概述 ... 121
　　二、创业融资方式 ... 124
　　三、创业融资渠道 ... 126
　　四、创业融资的策略 ... 129
　第四节　创业贷款 ... 132
　　一、创业贷款概念 ... 132
　　二、个人创业贷款 ... 132

三、农村创业贷款介绍 …………………………………………………………… 133
　课后习题 ……………………………………………………………………………… 135

第七章　初创企业管理 …………………………………………………………… 137
　第一节　创业团队 …………………………………………………………………… 138
　　一、创业团队概述 ………………………………………………………………… 138
　　二、创业团队的优劣势分析 ……………………………………………………… 145
　第二节　创业团队组建 ……………………………………………………………… 146
　　一、创业团队的组建 ……………………………………………………………… 146
　　二、创业团队的管理策略 ………………………………………………………… 149
　　三、新企业管理的特殊性 ………………………………………………………… 153
　　四、新企业成长的驱动因素 ……………………………………………………… 154
　第三节　创业团队的股权设计 ……………………………………………………… 156
　第四节　开办新企业 ………………………………………………………………… 159
　　一、企业组织形式选择 …………………………………………………………… 159
　　二、大学生创业的市场主体类型 ………………………………………………… 163
　　三、新企业注册流程 ……………………………………………………………… 165
　　四、注册企业必须考虑的法律与伦理问题 ……………………………………… 168
　课后习题 ……………………………………………………………………………… 171

第八章　了解网络创业形式与电商创业机会 …………………………………… 173
　第一节　电商创业的现状和发展趋势 ……………………………………………… 174
　　一、互联网的发展趋势 …………………………………………………………… 174
　　二、互联网的创业特点 …………………………………………………………… 178
　第二节　网络和电商的创业机会 …………………………………………………… 179
　　一、农村电商 ……………………………………………………………………… 179
　　二、跨境电商 ……………………………………………………………………… 184
　　三、移动电商和O2O电商 ………………………………………………………… 191
　第三节　大学生与互联网+创业 …………………………………………………… 196
　　一、互联网+创业新兴经济模式 ………………………………………………… 196
　　二、互联网+大学生创业的要素 ………………………………………………… 198
　　三、互联网+大学生创业的优势与劣势 ………………………………………… 200
　课后习题 ……………………………………………………………………………… 202

第九章　创业教育计算机综合实践 ……………………………………………… 203
　第一节　认知创业计算机综合实践 ………………………………………………… 203
　　一、学习目标 ……………………………………………………………………… 203
　　二、实验介绍 ……………………………………………………………………… 203
　　三、课时安排 ……………………………………………………………………… 204
　　四、使用形式 ……………………………………………………………………… 204
　第二节　创业团队计算机综合实践 ………………………………………………… 205
　　一、学习目标 ……………………………………………………………………… 205

二、实验介绍 ··· 205
三、课时安排 ··· 206
四、使用形式 ··· 206

第三节　领导力计算机综合实践 ··· 207
一、学习目标 ··· 207
二、实验介绍 ··· 207
三、课时安排 ··· 208
四、使用形式 ··· 208

第四节　商机识别筛选路演综合实践 ··································· 208
一、学习目标 ··· 208
二、实验介绍 ··· 208
三、课时安排 ··· 210
四、使用形式 ··· 210

第五节　商业模式设计路演综合实践 ··································· 210
一、学习目标 ··· 210
二、实验介绍 ··· 211
三、课时安排 ··· 212
四、使用形式 ··· 212

第六节　《创业之星》综合模拟仿真对抗演练 ······················ 212
一、学习目标 ··· 212
二、实验介绍 ··· 212
三、课时安排 ··· 224
四、使用形式 ··· 224

附录 ··· 225
参考文献 ·· 226

第一章
创新与创新思维

> ✱ **学习目标**
> - 理解创新的意义;
> - 创新意识的作用;
> - 了解创新意识的类型;
> - 了解什么是创新思维;
> - 了解创新思维训练。
>
> ✱ **技能目标**
> - 理解什么是创新思维及其分类;
> - 通过创新思维训练,掌握创新方法。

纵观人类发展历史,创新始终是推动一个国家、一个民族向前发展的重要力量,也是推动整个人类社会向前发展的重要力量。

——习近平

《在中央财经领导小组第七次会议上的讲话》(2014 年 8 月 18 日)

▇ 引例:

2008 年的一个夜晚,几个男生在一起打游戏,他们打游戏打得激动人心,但是却饿得饥肠辘辘。他们于是打算叫外卖,但打电话到餐馆,要么打不通,要么不送。大家很无奈,这时他们中的一个叫张旭豪的说:"如果能网上订外卖就好了。"因此张旭豪的外卖服务开始了。

饿了么最开始是电话接单 + 订单配送:他们搜集餐馆菜单,用户打电话来订餐,他们去跟餐馆下单,然后取餐送到用户手里,在这个过程中从餐馆那里拿抽成。这个模式挺管用,打电话的人越来越多,他们一开始自己送,很快就雇了十几个人来送,但随着订单越来越多,这个模式就崩溃了。

张旭豪并没有因此而放弃,他决定换一个方向——专心做好下单、接单这个环节,并且要用网站来接单,这时候"饿了么"才真正诞生。

为了把饿了么做成餐饮界的淘宝,而不是仅仅赚一点钱。张旭豪用了半年时间开发出一套餐厅后台管理系统，餐厅可以通过这个系统接单、管理菜单，还可以通过它看到餐厅的经营数据。这个改变彻底将饿了么与其他所有外卖公司区分开来。这个新模式给外卖行业和饿了么都带来一个全新的未来。

截至目前，饿了么在线外卖平台覆盖全国670个城市和逾千个县，在线餐厅340万家，用户量达2.6亿，旗下"蜂鸟"即时配送平台的注册配送员达300万。业绩持续高速增长的同时，公司员工也超过15 000人。

截至2017年7月，饿了么已获融资总额达23.4亿美元，投资方包括阿里巴巴、蚂蚁金服、中信产业基金、华人文化产业基金和红杉资本等世界顶级企业和投资机构。

2018年4月，阿里巴巴联合蚂蚁金服对饿了么完成全资收购，饿了么全面汇入阿里巴巴推进的新零售战略，拓展本地生活服务新零售的全新升级。2018年8月8日，饿了么获金运奖年度最佳效果运营奖。

引例分析：

创新是企业生存的根本，是发展的动力，是成功的保障。在今天，创新能力已成了国家的核心竞争力，也是企业生存和发展的关键，是企业实现跨越式发展的第一步。创新魔法师李响曾说过创新是企业持续壮大的唯一出路。

第一节 创新与创业

一、创新的概念

1. 什么是创新

创新这一概念是由美籍奥地利经济学家约瑟夫·阿罗斯·熊波特首先提出的。熊彼特的创新概念大致是：一项创新可看成是一项发明的应用，也可将发明看成是最初的事件，而创新是最终的事件。在他看来，企业家的职能就是要实行创新，引进"新组合"，从而使经济获得不断的发展。他还认为，创新是一个经济范畴，而非技术范畴；它不是科学技术上的发明创造，而是把已发明的科学技术引入企业之中，形成一种新生产能力。具体来说，创新包括以下五种情况：

创新之路1

（1）引入一种新产品，就是消费者还不熟悉的产品，或提供一种新的产品质量。

（2）采用一种新的生产方法，就是在有关的制造部门中未曾采用过的方法。这种新的方法并不需要建立在新的科学发现基础之上，可以用新的商业方式来处理某种产品。

（3）开辟一个新的市场，使产品进入以前不曾进入的市场，不管这个市场以前是否存在过。

（4）获得一种原料之新的供给来源，不管这种来源是已经存在的，还是第一次创造出来的。

（5）实行一种新的企业组织形式，如建立一种垄断地位或打破一种垄断。

后来，许多研究者对创新进行了定义，有代表性的定义有如下几种：

（1）创新是开发一种新事物的过程。这一过程从发现潜在的需要开始，经历新事物的技术可行性阶段的检验，到新事物的广泛应用为止。创新之所以被描述为一个创造性过程，是因为它产生了某种新的事物。

（2）创新是运用知识或相关信息创造和引进某种有用的新事物的过程。

（3）创新是对一个组织或相关环境的新变化的接受。

（4）创新是指新事物本身，具体说来就是指被相关使用部门认定的任何一种新的思想、新的实践或新的事物。

由此可见，创新概念包含的范围很广，可以说各种能提高资源配置效率的新活动都是创新。其中，既有涉及技术性变化的创新，如技术创新、产品创新、过程创新；也有涉及非技术性变化的创新，如制度创新、政策创新、组织创新、管理创新、市场创新、观念创新等。

显然，创新具有多个侧面。之所以被称作创新，有的是因为它提高了工作效率或巩固了企业的竞争地位；有的是因为它改善了人们的生活质量；有的是因为它对经济具有根本性的影响。但创新并不一定是全新的东西，旧的东西以新的形式出现或以新的方式结合也是创新。创新是生产要素的重新组合，其目的是获取潜在的利润。经济中存在着潜在的利润，但并不是人人都能发现和获取的，只有从事创新的人才有可能得到它。从事创新活动、使生产要素重新组合的人称为创新者。在这里，创新者并不是指发明家，而是指企业家。企业家必须具备三个条件：一是要有发现潜在利润的能力；二是要有胆量，敢于冒风险；三是要有组织能力。

2. 创新与创新力

创新力就是创新能力。创新能力是人们革旧布新和创造新事物的能力，包括发现问题、分析问题、发现矛盾、提出假设、论证假设、解决问题以及在解决问题过程中进一步发现新问题从而不断推动事物发展变化等。创新能力最基本的构成要素是创新激情、创新思维、科技素质，创新激情决定了创新的产生，创新思维决定了创新的成功和水平，科技素质则是创新的基础。创新能力是我们每个人都具有的能力，如果只是少数人才具有的话，那么创新理论就失去了它存在的意义。但是在现实中错误的观念会导致人们偏离或远离创新。例如，年纪大了，不能创新；文化较低，难以创新；智商不高，难以创新；身为外行，不能创新等。

二、创新意识

创新意识是人们对创新与创新的价值性、重要性的一种认识水平、认识程度以及由此形成的对待创新的态度，并以这种态度来规范和调整自己的活动方向的一种稳定的精神态势。创新意识总是代表着一定社会主体奋斗的明确目标和价值指向性，成为一定主体产生稳定、持久创新需要、价值追求和思维定式以及理性自觉的推动力量，成为唤醒、激励和发挥人所蕴含的潜在本质力量的重要精神力量。

创新之路2

创新意识是指人们根据社会和个体生活发展的需要，引起创造前所未有的事物或观念的动机，并在创造活动中表现出的意向、愿望和设想。它是人类意识活动中的一种积极的、富有成果性的表现形式，是人们进行创造活动的出发点和内在动力。是创造性思维和创造力的前提。

三、创新意识的作用

第一，创新意识是决定一个国家、民族创新能力最直接的精神力量。在今天，创新能力实际就是国家、民族发展能力的代名词，是一个国家和民族解决自身生存、发展问题能力大小的最客观和最重要的标志。

第二，创新意识促成社会多种因素的变化，推动社会的全面进步。创新意识根源于社会生产方式，它的形成和发展必然进一步推动社会生产方式的进步，从而带动经济的飞速发展，促进上层建筑的进步。创新意识进一步推动人的思想解放，有利于人们形成开拓意识、领先意识等先进观念；创新意识会促进社会政治向更加民主、宽容的方向发展，这是创新发展需要的基本社会条件。这些条件反过来又促进创新意识的扩展，更有利于创新活动的进行。

第三，创新意识能促成人才素质结构的变化，提升人的本质力量。创新实质上确定了一种新的人才标准，它代表着人才素质变化的性质和方向，它输出着一种重要的信息：社会需要充满生机和活力的人、有开拓精神的人、有新思想道德素质和现代科学文化素质的人。它客观上引导人们朝这个目标提高自己的素质，使人的本质力量在更高的层次上得以确证。它激发人的主体性、能动性、创造性的进一步发挥，从而使人自身的内涵获得极大丰富和扩展。

四、创业的概念

创业顾名思义就是实现价值，开创事业，是创业者对自己拥有的资源或通过努力对能够拥有的资源进行优化整合，从而创造出更大经济或社会价值的过程。创业是一种需要创业者组织经营管理、运用服务、技术、器物作业的思考、推理和判断的行为。根据杰夫里·提蒙斯（Jeffry A Timmons）所著的创业教育领域的经典教科书《创业创造》（New Venture Creation）的定义：创业是一种思考、品行素质、杰出才干的行为方式，需要在方法上全盘考虑并拥有和谐的领导能力。

创业是以点滴成就点滴喜悦致力于理解创造新事物（新产品、新市场、新生产过程或原材料、组织现有技术的新方法）的机会，如何出现并被特定个体发现或创造，这些人如何运用各种方法去利用和开发它们，然后产生各种成果。创业包括领导者创业、企业家创业、技术人员创业。

五、创新与创业的关系

1. 两者的联系

1）创业与创新有着本质上的契合

创新是生产要素和生产条件的一种从未有过的新组合，这种"新组合"能够使原来的成本曲线不断更新，由此会产生超额利润或潜在的超额利润。创新活动的这些本质内涵，体现着它与创业活动性质上的一致性和关联性。

2）创业是一个从无到有的实践过程

尽管有人认为，创新不是"创造新东西"的简单缩写，而是具有特定的经济学内涵。但是，通过理论或实践创新推出新的认识成果和物质产品，毕竟还是创新实践的标志性内涵。正是在这样的意义上，创业从本质上体现着创新的特质。创业的核心是创办企业，通过创业者的努力，导致一个新的生产或服务性企业的诞生。是否创办企业或者创办企业是否成功，是判断创业与非创业、成功的创业活动与失败的创业活动的根本标志。

3）创新是创业的基础，创业推动着创新

从总体上说，一方面，科学技术、思想观念的创新，在促进人们物质生产和生活方式的变革，引发新的生产、生活方式，进而为整个社会不断地提供新的消费需求，这是创业活动源源不断进行的根本动因；另一方面，创业在本质上是人们的一种创新性实践活动。无论是何种性质、类型的创业活动，它们都有一个共同的特征，那就是创业是主体的一种能动的、开创性的实践活动，是一种高度的自主行为。在创业实践的过程中，主体的主观能动性将会得到充分的发挥和张扬，正是这种主体能动性充分体现了创业的创新性特征。

4）创业在本质上是人们的一种创新性实践活动

无论是何种性质、类型的创业活动，它们都有一个共同的特征，即创业是主体的一种能动的、开创性的实践活动。

2. 两者的区别

1）创新是创业的源泉

创业者只有在创业过程中具有持续旺盛的创新思维和创新意识，才可能产生新的富有创意的想法或方案，才有可能不断寻求新的模式、新的出路，最终获得创业的成功。

2）创业推动并深化创新

创业可以推动新发明、新产品或新服务的不断涌现，创造出新的市场需求，从而进一步推动和深化科技创新，提高企业或整个国家的创新能力，推动经济的增长。

3）创新的价值在于创业

从某种程度上讲，创新的价值就在于将潜在的知识、技术和市场机会转化为现实生产力，实现社会财富的增长，造福于人类社会。而实现这种转化的根本途径就是创业。创业者可能不是创新者或发明家，但必须具有能发现潜在商业机会并敢于冒险的特质；创新者也并不一定是创业者或企业家，但科技创新成果则经由创业者推向市场，使潜在的价值市场化，创新成果才能转化为现实生产力。

六、创业意识

创业意识是指人们从事创业活动的强大内驱动力，是创业活动中起动力作用的个性因素，是创业者素质系统中的第一个子系统即驱动系统，创业意识包括：

8分钟领悟人生真谛

1. 商机意识

真正的创业者，会在他创业之前、创业中和创业后，始终面临着识别商机、发现市场的考验。他必须有足够的市场敏锐度，可以宏观地审视经济环境，洞察未来市场形势的走向，以便作出正确的决策来保证企业的持续发展。

2. 转化意识

仅有商机意识是不够的，还要在机会来临时抓住它，也就是把握机会，把商机转化成实实在在的收入和公司的持续运作，最终实现自己的创业梦想。转化意识就是把商机、机会等转化为生产力；把你的才能、你在学校学到的知识转化为智力资本、人际关系资本和营销资本。

3. 战略意识

创业初期给自己制订一个合理的创业计划，解决如何进入市场、如何卖出产品等基本问题。创业中期需要制定整合市场、产品、人力方面的创业策略，转换创业初期战略。需要指出的是，创业战略不止有一种，也没有绝对的好坏之分，关键要适合自己的创业之路。在这条路上应时刻保持着战略的高度，不以朝夕得失论成败。

4. 风险意识

创业者要认真分析自己在创业过程中可能会遇到哪些风险，一旦这些风险出现，要懂得应该如何应对和化解。大学生是否具备风险意识和规避风险的能力，将直接影响到创业的成败。

5. 勤奋和敬业意识

李嘉诚说："事业成功虽然有运气在其中，但主要还是靠勤劳，勤劳苦干可以提高自己的能力，就有很多机会降临在你面前。"大学生创业，一定要务实，要勤奋，不能光停留在理论研究上。可以从小投资开始，逐步积累经验，不能只想着一口吃个胖子。没有资金、没有人脉都不要紧，关键你要有好的思路和想法，有勇气去迈出第一步，这样才会成功。

第二节　创新技法

一、传统创新技法

创新技法，是创造学家根据创新思维发展规律总结出的创造发明的一些原理、技巧和方法，在创新实践中总结出的这些创新技法，还可以在其他创造过程中加以借鉴使用，从而提高人们的创造力和创造成果的实现率。从方法上，总结创新活动中所具有的一些技巧、方法，并不是从创造学诞生之后才开始的；相反，正是前人总结出许多有关创造发明的技巧和方法，才促使创造学这门学科产生。目前，人们总结出来的创新技法有300多种。下面我们将常见的6种方法做简单介绍。

创新之路3

1. 智力激励法

现代科学技术发展史表明：一项技术革新或科技成果，大都先有一个创造性设想。一般说来，创造性设想越多，发明越容易获得成功。

那么，怎样才能获得大量的创造性设想呢？

中国有句俗话，叫作集思广益。在创造发明活动中，应用"集思广益"的例子屡见不鲜。例如，日本三菱树脂公司随着生产的发展，亟须研制一种新型净化池。公司领导召集十余名技术人员，在短短的半天时间里就提出了70种方案，并从中选出了10种最优方案，然后，将根据10种最优方案设计的净化池的结构画成图纸，贴在黑板上，再将各人对新方案提出的改进设想写在纸条上，贴在净化池结构图的相应部位，通过公司内部科技人员的评审，最后得出研制新型净化池的最佳方案。

由此可见，集思广益是一种有效的创造方法。创造学家在此基础上创造了一种科学的开发创造性设想的创造技法——智力激励法。

智力激励法是世界上最早付诸实践的创造技法。它由美国创造学家亚历克斯·奥斯本（Alex Faickney Osborn）首先提出。

这种技法一般通过一种特殊的会议，让参加的人员相互启发，填补知识空隙，从而引起创造性设想的连锁反应，产生众多的创造性设想。

智力激励会议的具体组织方法是：首先参加会议的人数不超过10个，会议的时间掌握在20分钟至1小时之间。其次每次会议的目标要明确，到会人员围绕议题可以任意发表自己的想法。为了使会议的参加者都充分表达和发挥自己的设想，还必须做出如下几项规定：①决不允许批评别人提出的设想；②提倡任意自由思考；③任何人不能下判断性结论；④提出的设想越多越好；⑤集中注意力，针对目标；⑥参加会议的人员不分上下级，平等相待；⑦不允许私下交谈，以免干扰别人的思维活动；⑧不允许用集体提出的意见来阻碍个人的创造性思维；⑨各种设想不分好坏，一律记录下来。在智力激励会议上，每个人都可以充分利用别人的设想来激发自己的灵感，或者结合几个人的设想产生新的设想，所以要比单独思考更容易得到数量众多的、有价值的设想。一般说来讨论1个小时可产生数十甚至几百个设想。

智力激励法的应用非常广泛，不仅可以应用于创造发明，还可以应用于企业管理。

2. 设问探讨法

设问探讨法是现代生产中经常使用的一种创造技法，特点是简单易学，还可因地制宜，根据不同需要，改换设问的方法。

3. 仿生创新法

仿生创新法既不是科学，也不是一种思维，而是应用仿生学的理论和方法，借助仿生思维产生的发明技法。什么是仿生思维？就是一种借用生物的功能和行为，模仿制造新的技术设备和系统的思维。模仿生物原理的发明创造层出无穷。例如，飞机是模仿鸟类飞行的原理创造的；潜艇是模仿鱼儿遨游的原理创造的；响尾蛇导弹是模仿响尾蛇能跟踪红外线发射体袭击猎物的原理创造的；机器人是模仿人的活动创造出来的一种智能生物机器。

4. 联想创新法

没有想象力的人，不可能有创新能力。运用各种联想，如相似联想、对比联想、接近联想，把不同的事物和不同的设计联系起来，根据实际情况和具体需要加以调整、改造、完善，构成崭新的创造性设计，就是联想创新法。联想创新法包括：①相似联想，相似联想创新在研制或寻找浮选新药剂时最有用，具有相同或相似结构性能的药剂对相同或相似的矿物的浮选都可能有效；②对比联想，19世纪手术后的化脓率达到了45%，英国医学家利斯特研究很久仍旧没有找到解决的办法，正当他百思不解时，看到法国生物学家发现食物腐败是因为微生物大量繁殖和坏死的报道，他运用对比联想，找到了手术后化脓的原因和解决化脓问题的办法；③接近联想，1892年，杜里埃为了保证内燃机有效地工作，需要将油与空气均匀混合，正当他思索时，他从妻子喷洒香水中得到了启发，发明了发动机的汽化器。

5. 组合创新法

当今世界的重大科技创新大都是组合创新，即集成创新，原始创新往往只是集成创新中的核心技术。因此，必须强调组合（集成）创新。例如，我国重大的"两弹一星"和神舟系列载人航天飞行技术等科技成果，是集成创新最成功的典范。载人航天飞行技术是由航天技术、信息技术、材料技术、能源技术、生物技术、气象技术和系统科技等多种技术构成的，缺一不可。所以说神舟系列的成功，不是哪一种技术的创新，而是多种技术的集成创新。

6. 逆向创新思考法

科技史上很多重大的创新发明，其起源就是逆向思考创新法。1877年，爱迪生在改进电话时发现，音膜随声音能发生有规律的振动。那么，同样的振动是否能转换为声音呢？经过反复试验研究，爱迪生终于发明了世界上第一台留声机。

二、TRIZ 的概念

TRIZ 意译为发明问题的解决理论。TRIZ 理论成功地揭示了创造发明的内在规律和原理，着力于澄清和强调系统中存在的矛盾，其目标是完全解决矛盾，获得最终的理想解。它不是采取折中或者妥协的做法，而是基于技术的发展演化规律研究整个设计与开发过程，因而不再是随机的行为。实践证明，运用 TRIZ 理论，可大大加快人们创造发明的进程而且能得到高质量的创新产品。

TRIZ 由一位俄国学者阿利赫舒列尔（G. S. Altshuller，又译根里奇·阿奇舒勒）及他的同事于 1946 年最先提出，最初是从 20 万份专利中取出符合要求的 4 万份作为各种发明问题的最有效的解。他们从这些最有效的解中抽象出了 TRIZ 解决发明问题的基本方法，这些方法又可以普遍地适用于新出现的发明问题，协助人们获得这些发明问题的最有效的解。

TRIZ 是一套以人为导向的、以创新系统化方法解决问题的知识系统。它有别于传统的脑力激荡，TRIZ 强调发明或创新可依一定的程序与步骤进行，而非仅是随机或天马行空的脑力刺激而已。TRIZ 的发展是在 TRIZ 从业人员过去二十多年间取得的实际经验基础上得以实现的，TRIZ 专家投入了 700 多万美元资金继续进行方法学的研究，并在美国进行适应性调整。TRIZ 是对全世界 300 万个专利技术在社会演变过程中分析的结果，从发明的大约 1 000 个样式和超过 500 个 patterns/lines 技术中，提取了市场和组织演变的规律。经典 TRIZ 的理论体系如图 1-1 所示。

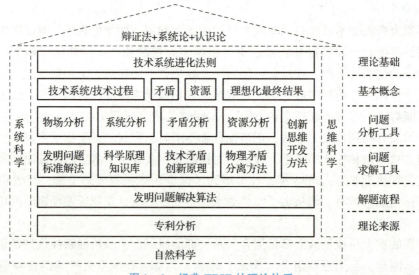

图 1-1　经典 TRIZ 的理论体系

三、TRIZ 的过程

1. 分析

分析是 TRIZ 的工具之一，是解决问题的一个重要阶段。功能分析的目的是从完成功能的角度而不是从技术的角度分析系统、子系统、部件。理想解是采用与技术及实现无关的语言对需要创新的原因进行描述，创新的重要进展往往在该阶段对问题深入的理解所取得。确认哪些使系统不能处于理想化的元件是使创新成功的关键。设计过程中从一起点向理想解过渡的过程称为理想化过程。可用资源分析是要确定可用物品、能源、信息、功能等。这些可用资源与系统中的某些元件组合将改善系统的性能。冲突区域的确定是要理解出现冲突的原因。区域既可指时间，又可指空间。假如在分析阶段问题的解已经找到，可以移到实现阶段。假如问题的解还没有找到，而该问题的解需要最大限度的创新，则基于知识的三种工具：原理、预测、效应等都可采用。

2. 原理

原理是获得冲突解的方法。有技术与物理两种冲突解决原理。TRIZ 引导设计者挑选能解决特定冲突的原理，其前提是要按标准参数确定冲突。有 40 条原理。

3. 预测

预测又称为技术预报。TRIZ 确定了 8 种技术系统进化的模式。当模式确定后，系统、子系统及部件的设计应向高一级的方向发展。

4. 效应

效应指应用本领域，特别是其他领域的有关定律解决设计中的问题。如采用数学、化学、生物等领域中的原理，解决设计中的创新问题。

5. 评价

该阶段将所求出的解与理想解进行比较，确信所做的改进不仅满足了技术需求而且推进了技术创新。TRIZ 中的特性传递（Feature Transfer）法可用于将多个解进行组合以改进系统的品质。

四、TRIZ 的优势

随着社会的进步和科学技术的迅猛发展，人类对于产品功能的要求越来越高，创新时遇到的问题变得越来越复杂，创新所涉及的科学领域越来越多。如果解决方法是某一领域的经验的话，可以通过少量尝试达到目的，但是如果在某一领域找不到问题的解决方法，则发明者就要到其他领域寻找答案，这种尝试就变得非常困难。

传统的创新方法，如头脑风暴法、尝试法会因为发明者的心理惯性而受到约束，比如机械工程师想要改变轴的转速，他往往会从机械的角度去考虑变速而不会从电气的角度考虑变速问题。

TRIZ 理论具有鲜明的特点和优势。它成功地揭示了创造发明的内在规律和原理，着力于澄清和强调系统中存在的矛盾，而不是逃避矛盾，其目标是完全解决矛盾，获得最终的理想解，比传统方法更加易于操作，更加系统化、流程化，不过多地依赖设计者的灵感或个人知识以及经验进行创新。

第三节　创新思维能力的开发与培养

一、创新思维的概念

思维是意识的高级阶段，是人脑对客观现实的概括和间接的反映，高水平的创新思维可以反映事物的本质和事物间的规律性联系。因此，创新思维是人类思维的高级形式，是人类智慧的结晶。创新思维是人类社会发展进步的内在动力，也是人类区别于其他动物的根本特性之一。

1. 创新思维的概念

正如爱因斯坦所说：“创新思维是一种新颖而有价值的、非传统的，具有高度机动性和坚持性，而且能清楚地勾画和解决问题的思维能力。"在本书中，我们将"创新思维"概述为：人们以独创的新颖的方法、方式来指导实践，是解决问题的思维过程与结果。我们之所以这样表述，是因为：其一，表明了"创新思维"的思维过程本身就具有"独创性"与"新颖性"，因为这种思维能突破常规思维的界限，以超常规甚至反常规的方法、视角去思考问题；其二，说明了"创新思维"的结果，往往是出现了原创性的、与众不同的解决方式、方法，从而产生新颖的、独到的、有社会意义的相关成果。

2. 创新思维的起源

人类脱离普通动物经历了漫长的岁月，在这一过程中人类在自然界的面前是非常脆弱的，但是这并没有妨碍人类成为地球的主宰者，根本原因就在于人类在自身对自然界的劳动实践与改造中逐渐拥有了一件日益强大的武器——思维，特别是不断创新的思维，不断突破人类对自然界的原有认知，不断地促进人类更加深入、全面地利用与改造自然界。可以说，人类的文明史有多久远，创新思维就有多久远。

3. 创新思维的过程

创新思维的客观对象是物质世界，物质的多样性、联系的复杂性和事物变化的绝对性，决定了人们可以有无穷多的视角、无穷多的组合，以及无穷多的方法来观察与思考客观世界，因此，创新思维过程的关键就在于人类如何具体地去认识与把握客观现实意识对事物反映的阶段性与层次性，决定了创新思维过程的阶段性与层次性。具体而言：

第一，从纯粹的思维发生过程来看，尽管没有两个人的脑力活动完全一样，但科学研究表明创新思维过程一般包括："浸润""审思""潜化""突现""调节"。

第二，从创新思维的实践过程来看，其包含以下三个阶段：①寻找目标——发现并界定问题；②构想创意——获得思维产品；③论证实施——证明并付诸实践。

4. 创新思维的重要意义

如上文所述，创新思维是人们在认识世界的过程中，以及创造具有独创性成果的过程中，表现出来的特殊的认识事物的方式，是人们运用已有知识和经验增长开拓新领域的思维能力，即在人们的思维领域中追求最佳、最新知识独创的思维。因此，创新思维是人类的基本思维活动之一，是人类一切创新活动的基础，创新的核心就在于创新思维，创新思维指导并决定着创新实践的成与败。

5. 创新思维的学习与培养

创新思维对于人类的生存与发展具有根本性的重大意义，因此获得创新思维的能力就成为人们关注的焦点。值得注意的是，创新思维绝不是什么"天生"的，物质决定意识的规律告诉我们，创新思维是人们在长期的社会生产、学习和实践的过程中不断培养和发展起来的。与所有的客观规律一样，创新思维能力的培养是有方法的，正确的方法可以让我们事半功倍。许多创新思维的方法又是一种习惯，习惯则可以训练与教育养成作为解决实践问题而进行的思维，创新思维必然具有新颖、独特的思维特征，其通过新颖独特的方式对已有信息进行加工、改造、重组，从而获得有效创意的思维结果实践方法。因此，在学习与培养创新思维能力的过程中，人们必须克服创新思维的敌人——人或组织外在的环境条件及内在的观念习惯,即所谓的"思维定式"。

二、创新思维能力

创新能力是指主体在创新活动中表现出来的创新思维能力、创新智力化能力和创新人格化能力的内在整合体。其中,创新思维能力是主体创新和创新能力发展的核心和关键,表现在流畅性、敏锐性、变通性、独创性、精密性。创新智力化能力是主体创新和创新能力发展的基础和手段,表现在传导性、基础性、中介性。创新人格化能力是创新能力发展的方向和动力,表现在驱动性、方向性、维持性、调控性、补偿性、评价性、先导性。

创新之路 4

我们从《孟子》"人皆可以为尧舜"(《告子章句下》)的论述中可以看到,人人都可以有所作为。因此,创新思维作为一种能力,是一种可以后天训练培养的普遍能力。

因此,创新思维能力不是与生俱有的,不是神秘的所谓"天才人物"独有的能力而是正常人后天培养锻炼出来的一种普遍能力。孟子的"人人皆尧舜"是原汁原味的创新能力普遍性的朴素认识。人的先天生理素质(智商、体质等),不能决定创造力的高低,后天的学历、职业、财富也不能体现创造力的发展程度。

那么什么是创新思维能力呢?创新思维能力亦称创造力,它是指个人或群体在一定的环境下运用已知的信息,发现新问题,并对问题寻求答案,以及产生出某种新颖而独特、有社会价值或个人价值的物质或精神产品的能力。简言之,就是发现新问题、创意新设想、创造新事物的能力。创新思维能力是人类的一种高级思维,这种思维能力通过训练可以加以提高。

人的创造性或创造力从哪里来?用一个简单的假说,就是创造力 = 知识 × 好奇心和想象力,其中好奇心和想象力是创新思维和创新能力形成的更深层的因素。

三、创新思维的本质特征

从宏观角度看,创新思维能力具有六大本质。

1. 创新思维具有强烈的自我超越性

创新思维的一个很突出的特点是敢于自我否定、勤于自我否定,具有极强烈的超越性。自我超越是创新思维无穷的生命力的搏动,它以自我超越者战胜他者,从而将现代科技革命向前推动了一大步。

2. 创新思维充分展露了自身软性的特质

思维创造性活动的"脚本"从来都是"软"的。然而千百年来,它却一直表现为硬邦邦实物的存在,表现为蒸汽机、电动机自动生产线。只有到了今天,思维创新才首先表现为知识、信息、软件等软硬方面的组合。创新思维展露了自身的软性,是思想发展史上划时代的事情。它将使思维的无限潜能充分展现出来。人类社会的软性财富和无形资产也将随之剧增。今天,全世界国民生产总值的近70%是知识或信息产业促成的,发达国家如美国总资产有60%是无形资产,人类社会财富的特性已被改变。

3. 创新思维覆盖的时空越来越少,创新的生命短得惊人

在现代科技的核心领域计算机天地里,创新思维更新周期多则一年半载,少则一两个月。在人类历史的舞台上,一个创新思维能覆盖几十年、几百年时空的历史已经一去不复返

了，今日还是绚丽多姿智慧之花的创新思维，转眼即成明日黄花，它不得不让位于更新的创新思维。

4. 创新思维产业化

多少世纪以来，创新思维只伴着勤于思考者孤单的形影前进，创新思维往往要在科学家的圣殿里徘徊很长时间才能走向社会。今天思维创新生产知识、生产信息，知识和信息的生产不仅构成了大规模的产业，而且形成了打破国界的互相竞争的产业群落。这些产业将善于思维的头脑，集中在一个屋檐下创新知识或信息，使思维创新在人类发展史上第一次规模化、产业化。

5. 思维工具在创新思维中发挥了前所未有的作用

过去的思维工具的作用都无法与知识经济思维工具的作用相提并论。自1942年第一台计算机问世以来，其对社会生产率的影响，已经到了令人瞠目结舌的地步。1998年美国问世的万亿次并行高性能计算机，峰值达到3.9万亿次/秒。2015年，中国"天河二号"以每秒33.86千万亿次浮点运算比第2名美国"泰坦"快近一倍的速度，连续第6年获得全球超级计算机冠军。

6. 创新思维对提高生产力的作用前所未有地增大

创新思维价值的大小，视其对社会发展的功能而定。纵观世界500强企业，可以发现，它的基本特征是"在竞争中壮大"，并且都有一套立足长远、稳健的经营战略。除此之外，最为重要的是这些企业十分注重从技术、业务、服务、管理等方面进行的全面创新。随着经济全球化发展，市场竞争更加激烈，以"世界500强"企业为代表的世界顶尖企业，不论在企业管理、技术创新还是服务创新方面，都有借鉴之处。

四、创新思维能力的培养

创造性思维是人类的高级心理活动。创造性思维是政治家、教育家、科学家、艺术家等各种出类拔萃的人才所必须具备的基本素质。心理学认为：创造性思维是指思维能揭示客观事物的本质及内在联系，而且能在此基础上产生新颖的、具有社会价值的思维成果。创造性思维是在一般思维的基础上发展起来的，它是后天培养与训练的结果。卓别林为此说过一句耐人寻味的话："和拉提琴或弹钢琴相似，思考也是需要每天练的。"因此，我们可以运用心理上的"自我调解"，有意识地从几个方向培养自己的创造性思维。

1. 展开"幻想"的翅膀

心理学家认为，人脑有四个功能部位：一是整合外部世界刺激形成感觉的感受区；二是将这些感觉收集整理起来的贮存区；三是评价收到的新信息的判断区；四是按新方式将旧信息结合起来的想象区。只善于运用贮存区和判断区的功能，而不善于运用想象区功能的人就不善于创新。据心理学家研究，一般人只用了想象区的15%，其余的还处于"冬眠"状态。开垦这块处女地就要从培养幻想入手。想象力是人类运用储存在大脑中的信息进行综合分析、推断和设想的思维能力。在思维过程中，如果没有想象的参与，思考就发生困难。特别是创造想象，它是由思维调节的。爱因斯坦说过："想象力比知识更重要，因为知识是有限的，而想象力概括着世界的一切，推动着进步，并且是知识进化的源泉。"爱因斯坦的"狭义相对论"就是从他幼时幻想人跟着光线跑，并能努力赶上它开始的。世界上第一架飞机，就是从人们幻想造出飞鸟的翅膀而开始的。幻想不仅能引导我们发现新的事物，而且还能激发我们做出新的努力、探索，去进行创造性劳动。青年人爱幻想，要珍惜自己的这一宝贵财富。幻想是构成创造性想象的准备阶段，今天还在你幻想中的东西，明天就可能出现在你创造性的构思中。

2. 培养发散思维

所谓发散思维，是指倘若一个问题可能有多种答案，那就以这个问题为中心，思考的方向往外散发，找出适当的答案越多越好，而不是只找一个正确的答案。人在这种思维中，可左冲右突，在所适合的各种答案中充分表现出思维的创造性成分。1979 年诺贝尔物理学奖金获得者、美国科学家格拉肖说："涉猎多方面的学问可以开阔思路，对世界或人类社会的事物形象掌握得越多，越有助于抽象思维。"比如我们思考砖头有多少种用途，我们至少有以下各式各样的答案：造房子、砌院墙、铺路、刹住停在斜坡上的车辆、作锤子、压纸头、代尺画线、垫东西、搏斗的武器，如此等等。

3. 发展直觉思维

所谓直觉思维是指不经过一步一步分析而突如其来的领悟或理解。很多心理学家认为它是创造性思维活跃的一种表现，它即是发明创造的先导，也是百思不解之后突然得到的硕果，在创造发明的过程中具有重要的地位。物理学上的"阿基米德定律"是阿基米德在跳入澡缸的一瞬间，发现澡缸边缘溢出的水的体积跟他自己身体入水部分的体积一样大，从而悟出了著名的比重定律。又如，达尔文在观察到植物幼苗的顶端向太阳照射的方向弯曲的现象时，就想到了它是幼苗的顶端因含有某种物质，在光照下跑向背光侧的缘故。但在他有生之年未能证明这是一种什么物质。后来经过许多科学家的反复研究，终于在 1933 年找到了这种物质——植物生长素。直觉思维在学习过程中，有时表现为提出怪问题，有时表现为大胆的猜想，有时表现为一种应急性的回答，有时表现为解决一个问题，设想出多种新奇的方法、方案，等等。为了培养我们的创造性思维，当这些想象纷至沓来的时候，在发现和解决问题时可能会出现突如其来的新想法、新观念，要及时捕捉这种创造性思维的产物，要善于发展自己的直觉思维。

4. 培养思维的流畅性、灵活性和独创性

流畅性、灵活性、独创性是创造力的三个因素。流畅性是针对刺激能很流畅地做出反应的能力，灵活性是指随机应变的能力，独创性是指对刺激做出不寻常的反应，具有新奇的成分。这三性是建立在广泛的知识的基础之上的。20 世纪 60 年代，美国心理学家曾采用所谓急骤的联想或暴风雨式的联想方法来训练大学生们思维的流畅性。训练时，要求学生像夏天的暴风雨一样，迅速地抛出一些观念，不容迟疑，也不要考虑质量的好坏，或数量的多少，评价在结束后进行。速度越快表示越流畅，讲得越多表示流畅性越高。这种自由联想与迅速反应的训练，对于思维，无论是质量，还是流畅性，都有很大的帮助，可促进创造性思维的发展。

5. 培养强烈的求知欲

古希腊哲学家柏拉图和亚里士多德都说过，哲学的起源乃是人类对自然界和人类已有存在的惊奇。他们认为：积极的创造性思维，往往是在人们感到"惊奇"时，情感上燃烧起来对这个问题追根究底的强烈探索兴趣时开始的。因此要激发自己创造性学习的欲望，首先就必须使自己具有强烈的求知欲。而人的欲求感总是在需要的基础产生的。没有精神上的需要，就没有求知欲。要有意识地为自己出难题，或者去解决前人遗留下的不解之谜，激发自己的求知欲。青年人的求知欲最强，然而，青年人若不有意识地发展智力，追求到科学上去

探索，求知欲就会自然萎缩。求知欲会促使人去探索科学，去进行创造性思维，而只有在探索过程中，才会不断地激起好奇心和求知欲，使之不枯不竭永为活水。一个人，只有当他学习的心理状态，总处于"跃跃欲试"阶段的时候，他才能使自己的学习过程变成一个积极主动求索的过程。这样的学习，就不仅能获得现有的知识和技能，而且还能进一步探索未知的新境界，发现未掌握的新知识，甚至创造前所未有的新见解、新事物。

五、开发创新能力的方法

创新思维训练的基本原则包括两点：一是养成打断思维的习惯，二是通过学习开阔视野。具体说，创新能力的开发围绕以下四个方面进行。

1. 多学、活学知识和技能

牛顿说："我之所以比别人看得更远些，是因为我站在巨人的肩膀上。我不知道在别人看来，我是什么样的人；但在我自己看来，我不过就像是一个在海滨玩耍的小孩，为不时发现比寻常更为光滑的一块卵石或比寻常更为美丽的一片贝壳而沾沾自喜，而对于展现在面前的浩瀚的真理海洋，却全然没有发现。"创新不是空想，知识和技能是创新的基础。在同一种信息作用下，有人顿悟了，有人毫无感觉。这与原有的知识结构和观念状态有关。知识的优化需要掌握基础知识，如哲学、语文、外语、数学、物理、计算机，还需掌握专业知识、相关知识、软科学知识、经验知识等。创新除与专业知识密切相关外，还常常与专业以外其他知识的掌握和运用密切相关。因此，应以本专业的基础知识为核心，建立起创造发达的"游击区"，使专业知识与其他知识相互渗透，组成一个网络式整体结构，如欧几里得几何学的创立就是专业知识与其他知识的碰撞、融合产生的创新。

2. 树立创新意识，培养创新精神

创新意识是指人们根据社会和个体生活发展的需要，引起创造前所未有的事物或观念的动机，并在创造活动中表现出的意象、愿望和设思，自觉或自发创造活动的一种心理准备状态。创新意识表现为内在的创新欲望，表现为在创新活动中有高度的热情、足够的自信心、独立思考和勇于探索的品质，是人类意识活动中一种积极的、富有成果性的表现形式，是人们进行创新活动的出发点和内在动力，是创新能力的前提。人的创新意识是在对创新活动认识的基础上形成的，是在创新获得过程中培养起来的。"学贵有疑"，我们在学习过程中产生了问题，要勇于探究，用好内在的创新欲望、自信心、独立思考和勇于探索的品质，培养自己创新的积极性、主动性，平时多锻炼自己，这样创新意识自然就培养起来了。

3. 训练创造性思维，学习创新技法

创新有法可依，创新技法就是按照创新活动的范围划分工艺创新技法、能力创新技法，是创造学家总结出来的原理、技巧和方法。创新技法是非程序化的创造，它本身也是一种探索的活动，它有规律可循，但又不像自然科学规律那样可以用数学公式来表达，而是带有模糊性。人们在这种模糊规律的指导下，尝试着用某种方法去解决创新问题，在能熟练运用创新技法后，必然逐步产生经验，从而自如选择用哪种方法。创新、创造、发明的关键是能够发现问题、提出问题。因此，代表性的创新技法有设问法，"是什么""为什么""如何……"；此外，还有奥斯本检核表法、5W2H 法、和田十二法、希望点列举法、缺点列举法、组合法、移植法、头脑风暴法及 TRIZ 理论等。

4. 参加创新实践

创新能力是一种潜在的能力，它只有通过个人在一定环境和科学技术条件下的具体实践

获得来显现。因此实践是人创新能力形成的根本途径。在改造世界的实践中，通过"尝试—纠错"式学习、边学习边创新。大学生在校期间可参加团中央举办的"青春在沃"挑战杯的创业计划、创业项目、创新发明和国家教育部的"互联网+"竞赛，以及各专项竞赛活动，在创新工作室、创业孵化器里夯实创新实践能力。

六、经典创新训练技法：5W2H 训练法

1. 基本步骤

（1）对现有项目、工序、操作、产品，从七个角度提问，检查合理性；
（2）对七个方面问题逐一解答，列出难点、疑问；
（3）分析研究，提出改进措施，确定方案。

2. 注意事项

（1）七个问题紧密联系、相辅相成，应全面考虑、分析各方面的情况和因素，找出核心问题，提出改进措施；
（2）也可根据实际情况，增加提问项目，扩展问题范围，使思考更深入；
（3）可把各项用表格列出，使问题、原因、措施一一对应，简洁明了。

3. 案例：某核电厂建设分析

某省拟建一座核电厂，能源部、财政部和发展计划委员会等有关部门就要针对核电厂的建设问题，拟定一份问题要点进行分析研究，并提出解决问题的方案。

（1）要干什么？（What）在研究该省核电厂的建立问题时，就是用系统分析方法探讨在该省建设核电厂的可行性如何。
（2）为什么在该省建立核电厂？（Why）因为该省自产能源很少，历来靠从外部调进原油和煤炭发电，调进能源受经济、交通运输等影响太大，同时也为了减少环境污染，在经济上取得更廉价的电力。
（3）何时建立为宜？（When）电力是工业的先行官，要发展经济首先要发展电力工业，当前世界屡发能源危机，因此，为保证经济的稳定与发展，建设核电厂是刻不容缓的事情。
（4）何处建厂为宜？（Where）从避开地震、断裂带、海啸、流沙区而又有足够冷却水，远离人口密集的中心城市而又比较接近用电地区等方面来看，选址在该省南部沿海为宜。
（5）由何单位承建？（Who）由核工业部门及电力公司负责建设，并请工程顾问公司提供各种技术方面的咨询服务工作。
（6）如何进行？（How）工程进度应服从十年发电规划，具体技术细节还须由工程顾问公司做进一步调研后再提出。
（7）投入多少？（How much）按照国家能源局发布的核电厂建设项目建设预算编制办法做出预算。投入商业运行后，由国家发展改革委员会、财政部、国防科工委研究确定费用征收标准。

第四节 创新人格的概念与培养

一、创新人格的概念

人格（Personality），又译为性格，指人类心理特征的整合、统一体，是一个相对稳定的

结构状态。人格是一种具有自我意识和自我控制能力,具有感觉、情感、意志等机能的主体。它可以离开人的肉体,离开人所处的物质生活条件,而独立存在于人类的精神文化维度里。

创新人格是指具有创新活动倾向的各种心理品质的总和。它具有高度的自觉性和独立性,是一种个人品质与德行。创新人格是创新主体进行创新活动的心智基础。创新能力的形成,是以创新人格的培育为基础的;创新能力的培养,是以创新人格养成为重要目标的。创新人格,是创造性活动成功的关键,反映的是创新主体良好的思想面貌和精神状态。

二、创新人格的特点与内涵

创新人格的特点表现为:具有强烈的好奇心、开放的心灵、独立的思维、独特的个性(核心是独立生存的自信心)、不进则退的进取心、百折不挠的坚韧心、胸怀社会的责任心。创新人格主要具有以下四个方面的内涵。

1. 创新动机

这是促使人们主动追求和参与创新活动的一种内部力量。创新动机有两种:由外部客观因素激发而来的动机,叫作外部创新动机,它的动力作用小,维持时间短;由内部心理因素转化而来的动机,叫作内部创新动机,它的动力作用大,维持的时间长。在大学生创新活动中,这两种创新动机要有机结合。

2. 创新兴趣

这是人们积极关注或参与创新活动的一种心理倾向。创新兴趣有两种,终极的创新兴趣由创新活动本身引起,即它对人有吸引力,参与者总感到津津有味、乐此不疲;间接的创新兴趣则是由创新活动的目的所引起的,即它的结果对人们或社会有莫大的好处,所以参与者就能克服困难,完成创新活动。在创新活动中,应善于将这两种创新兴趣统一加以利用。

3. 创新热情

这是人们积极追求和参与创新活动的一种比较强烈、稳定而深厚的情感。积极的创新热情指具有个人与社会价值的创新,它能使人们在创新活动中取得辉煌的成就。而消极的创新热情则指向毫无意义的创新(想发明永动机),它会成为人们前进道路上的绊脚石。我们应当养成积极的创新热情,从事有价值的真正的创新活动。

4. 创新意志

这是具有明确目的,克服一定困难,能够调控心理与行为,参与和坚定完成创新活动的一种心理倾向。要想开展创新活动、结出创新成果,必须具有坚定的创新意志,做到持之以恒、坚持到底。

三、创新人格的功能

创新人格作为一种非智力因素,能以其独特的功能对学生起到激发创新欲望、强化创新意识、运用创新思维、树立创新精神、增强竞争意识等作用,主要表现在以下三个方面。

创新人格的测试

1. 动力功能

达尔文曾说:"我从小就有弄懂和解释所看到的一切事物的强烈愿望,想把所有的事物都归结到几个共同的规律中去。"由此可见，人格中的积极因素，如强烈的创新动机、甘冒风险的强烈情感、坚韧不拔的奋斗意志、高尚坚定的人生信念，能使学生的认知能力得以提升，对创新活动产生强烈而持久的驱动作用，从而推动创新活动的开展和创新目标的实现。同时，强烈的好奇心、浓厚的兴趣和高涨的激情可以激发学生的想象力和使创新思维得以充分发挥，从而推动创新过程的发展。

2. 选择功能

人格中的需要、兴趣、情感等因素与创新项目的选择、创新活动的开展等具有高相关性。创造之所以形成，大部分是基于需要的推动，只有当创新成为人们的内部需要时，他们才会产生积极肯定的情感体验，把创新活动坚持下去。

3. 价值导向功能

健康的价值观不仅可以激发学生的创新精神，还可以保证创新的正确方向。拥有健康人格的创新者，将追求经济利益作为更好实现自己价值的一种途径，他们把物作为手段而不是目的来对待，通过充分利用物来开发自己的潜能，以实现人生的最大价值。

四、创新人格培养的途径

1. 在日常生活中培养创新人格

生活是无声的老师，人格是由无数个"日常小事"形成、发展的，创新人格的培养不是一蹴而就的。独立做好每件事，用好奇、敬畏的眼光看待周围的一切，动手去做，去改造生活，养成良好的生活习惯、科学的思维方式、健康的行为模式，良好的人格就形成了。

2. 在教育学习中培养创新人格

教育与学习是一种有目的、有计划、系统性地培养人的活动，在使学生完成常规学习任务的同时，还要培养学生良好的人格品质。学生在学习中可以培养广泛的兴趣、获得成就感、培养自信心、形成独立性、磨炼意志力等，为向创新人格的形成提供一个广阔的"练兵场"。

3. 在班级、团队活动中培养创新人格

大学是一个充满朝气的场所，如班会、报告会、社团活动、各种比赛、文艺演出等活动，在这些活动中不仅可以开阔眼界、扩大交往、获得知识、培养能力，同时还可以培养、发展创新人格。

4. 在社会实践中培养创新人格

人格教育不能仅仅局限于课堂教学和校内，其房屋还应延伸到校外，各种社会实践活动是人格教育的重要途径之一，如参观访问、社会调查、公益活动、业余兼职、实习实训，等等。在社会实践活动中，大学生有了充分展示自我的空间和发挥主观能动性与创造性的平台，可以弥补第一课堂的不足，将理论与实践融为一体，推动理论知识的转化和拓展，在解决实际问题的同时，培养自身的创新人格。

5. 在游戏训练中培养创新人格

大学生可以通过拓展训练、团体辅导活动、模拟游戏、角色扮演等途径进行创新人格的培养。这些游戏、训练以其新颖独特的形式、运用体验式的学习模式，强调"从做中学"，培训大学色的团队意识、良好的沟通交流能力，可以发掘大学生的潜能、培养其自信心、创新精神和解决问题的能力。

五、创新人格培养的方法

1. 抓住兴趣和好奇心，培养创新意识

爱因斯坦说"想象力比知识更重要"。想象力和好奇心是创新的关键。抓住好奇心，就是抓住了生活、学习、社会中的许多新奇的思维和现象，并持续关注。具体可以从以下几个方面做起：

第一，关心、了解社会科技等周围事物的变化。

第二，学会发现问题。问题是一切发明与创新的起点，只有提出了问题，才能抓住制约事物发展的关键点。

第三，积极探究问题。带着问题进行观察、思考、寻求解决问题的方法。

2. 始终不断地相信收获成功，增强自信心

始终相信自己，想象自己的所欲，是创新者必备的创新素质，是实现创新理想的信息支援。大学生应当做到：

第一，创造各种机会，不断地体验成功。认真、投入地对待每一件事，是取得成功的基础。积极参加大学生丰富多彩的活动，是收获成功的途径，不断提高各方面的能力，是不断成功的保障。

第二，为自己的成功，适时、合理地赋予价值。没有价值的行动，即使干得再出色，也不会产生真正的自我效能感和自信心。

3. 训练批判思维，培养独立性

第一，能够打破常规、突破思维定式。循规蹈矩、常识和惯性思维是阻碍创新的固有思维，应有怀疑精神，敢于突破思维定式。

第二，善于质疑，独立地提出问题、解决问题。正确地质疑、善于独立地提出问题和解决问题是批判性思维的外在表现。

第三，在生活、学习、心理等方面能够独立。养成生活上的独立习惯，是培养独立性最重要的途径，大学生生活和心理上的自理能力增强了，对创新人格的形成也是有帮助的。

4. 树立正确的价值观，增强责任心

培养学生的创新价值观，首先要消除学生对创新的神秘感，要确立人人都可以创新、都能创新的意识。其次学习伟人、名人及身边的创新者，学习他们的创业精神，树立正确的价值观。做到以下两个方面：

第一，转变观念，提高认识。

第二，以天下为己任，敢于创新。

5. 培养意志品质，提高对挫折的耐受力

创新活动是一个艰苦的过程，不仅要在思维上突破常规，在行为上不同寻常，而且还需要忍受问题明朗之前的漫长实践和"试误"，不能半途而废，要坚持到底，这一过程充满了艰辛和困苦。因此，创造者必须能够忍受痛苦和经受失败的考验。为此，要注意做好以下四点：

第一，培养意志应从养成克服较小困难的习惯开始，而随着时间的推移再去克服较大的困难。

第二，经常用榜样、名言、格言对照自己，检查自己。

第三，已做出的正确决定应严格贯彻执行。

第四，加强自我修养，提高自我认识。

6. 培育良好的竞争精神和善于合作的创新禀赋

创新人格的必备要素就是要树立强烈的竞争意识和善于合作的素养，置身于团队中，同他人真诚合作、信任、荣辱与共，从而获得创新的帮助，获得安全感、平衡感和自信心，这是创新人格不可或缺的内在禀赋。

7. 避免不良人格的形成

创造力是人类的一种普遍的心理能力，是人类心理机能的最高表现，它需要个体各种心理机能的协调和完善，也就是说，它必须依赖人格的健全和完善才能得以实现。吉尔福特指出：尽管每个个体都具有巨大的创造潜能，但由于人格的不健全，会导致心理健康水平的下降，就失去了最佳的心理调节。因此，要培养良好的创造力，必须防止焦虑、妒忌、偏狭、违拗、冷漠等不良人格的形成。

课后习题

一、单项选择题

1. 关于转变思考方向的描述，下列哪项是错误的？（   ）
   A. 转变思考方向是突破思维定式的重要方法之一
   B. 转变思考方向包括逆向思维、侧向思维、多向思维等
   C. 头脑风暴法和思维导图有助于转变思考方向
   D. 转变思考方向对大多数人来说是容易做到的事情

2. 下列哪项不适合创新的情境？（   ）
   A. 宽松愉快的　　　　　　　　B. 和谐平等的
   C. 认真思考的　　　　　　　　D. 庄重严肃的

3. 要成为有创造力的人，应该（   ）。
   A. 有强烈的创新意识，培养创新思维习惯
   B. 掌握创新思维的原理、方法，经常进行创新思维训练
   C. 发现适合自己的创新情境并让自己置身其中
   D. 以上都包括

4. 下面关于创新的描述中，哪一个是正确的？（   ）
   A. 创新就是发明一个全新的事物
   B. 创新必须在拥有丰富知识的基础上才能进行
   C. 将两件平常的事物进行重组也可能是一种创新
   D. 创造出来的东西必须有实用价值才算真正的创新

5. 要想成为有创造力的人，最关键的是（   ）。
   A. 打好知识基础　　　　　　　B. 突破定势思维
   C. 提高逻辑思维能力　　　　　D. 发现自己的不足并加以弥补

6. 关于了结需要的描述，哪一项是错误的？（   ）
   A. 了结需要越高的人越容易创新

B. 了结需要是指：我们总希望尽快对某一问题下结论，而不能忍受暂时的模糊和混沌状况

C. 了结需要是一种心智枷锁

D. 了结需要让我们倾向于接受单方面信息

7. 关于创新人格的描述，下列哪项是不准确的？（　　）

　A. 创造性天才大都是情商很高的人　　B. 创造性天才失败概率不比普通人少

　C. 创造性天才大都比较自信　　　　　D. 创造性天才有强烈的自我意识

8. 有人按照衣夹的样子，用金属材料制作了一个巨大的"衣夹"，竖立在一座大厦的前面，你认为这是不是一种创新？（　　）

　A. 不是，衣夹是晒衣时用的，放在大厦前面算怎么回事？

　B. 不是，它仅仅是将衣夹放大了很多倍，算不上创新

　C. 是的，因为它是艺术家做的，就是创新

　D. 是的，因为它与众不同，而且颇具视觉冲击力，有欣赏价值

9. 创新的程序如下（　　）。

　A. 寻找机会——实施创新——提出构想——总结反馈

　B. 提出构想——实施创新——寻找机会——总结反馈

　C. 寻找机会——提出构想——实施创新——总结反馈

　D. 提出构想——寻找机会——实施创新——总结反馈

10. 创新是（　　）的运用获得社会承认的效果，也是将创意变成现实有效的成果。

　A. 革新力　　　　　　　　　　　　　B. 创造力

　C. 凝聚力　　　　　　　　　　　　　D. 财力

11. 1912 年，将"创新"概念引入经济学，提出"创新理论"的经济学家是（　　）。

　A. 比尔·盖茨　　　　　　　　　　　B. 马克思·韦伯

　C. 约瑟夫·熊彼特　　　　　　　　　D. 彼德·圣吉

12. 所谓的技术创新、制度创新和知识创新，其"新"的内涵是指（　　）。

　A. 观念意义上的新　　　　　　　　　B. 地理意义上的新

　C. 时间意义上的新　　　　　　　　　D. 知识产权意义上的新

13. "创新"一词的基本含义是（　　）。

　A. 引入新概念或者制造变化　　　　　B. 固守传统思想但制造新产品

　C. 创造新概念并制造出成品　　　　　D. 引入新概念或固守传统

14. 下列关于创新的论述，正确的是（　　）。

　A. 创新就是独立自主　　　　　　　　B. 创新不需要引进国外新技术

　C. 创新是民族进步的灵魂　　　　　　D. 创新与继承根本对立

15. 理论创新的关键是（　　）。

　A. 解放思想　　　　　　　　　　　　B. 实事求是

　C. 勇于探索　　　　　　　　　　　　D. 善于想象

16. 司马光砸缸的行为用的是（　　）思维。

　A. 横向　　　　　　　　　　　　　　B. 发散

　C. 逆向　　　　　　　　　　　　　　D. 纵向

17. 甲工厂开发了一款新产品，但知识产权是购买的，这种行为属于（　　）。
   A. 技术引进   B. 知识创新
   C. 技术创新   D. 管理创新
18. （　　）是经济发展的原动力，是综合国力的象征。
   A. 技术创新   B. 人文创新
   C. 设备创新   D. 理论创新
19. （　　）是技术创新的基础，也是技术创新的前提。
   A. 研究开发   B. 引进人才
   C. 资源利用   D. 弥补损失

二、判断题

1. 广义理解创新，主要指技术创新，即有效益（经济含义）的创造。（　　）
2. 发明式创新的前提条件是发现式创新。（　　）
3. 逻辑思维又称直接思维，是一种借助于具体形象来展开思维的过程。（　　）
4. 创新是一种创造性的活动，没有创造就没有创新。（　　）
5. 创新是一个民族进步的灵魂，是一个国家兴旺发达的不竭动力。（　　）
6. 我国"神州十一号"飞船工程就是一个典型的引进吸收消化再创新的例子。（　　）
7. 科技创新都是科学家的事情。（　　）
8. 创新能力是天生的，后天很难培养。（　　）
9. 高创造力的人都是高智商的人。（　　）
10. 跨国公司的全球科技活动，是越来越多的跨国公司实施国内战略的产物。（　　）
11. "创造欲"是创新意识的潜能是创新意识的萌芽。（　　）

三、创新训练

1. 1988 年 4 月 27 日，一架波音 737 飞机在飞行中发生了爆炸事故，飞机舱的顶盖炸出了一个 6 米的大洞，一位空中小姐在爆炸时被气浪从舱顶的大洞中抛出舱外、以身殉职。多亏驾驶员的熟练操作，最终使飞机在附近的一个机场平安降落，89 名旅客无一人伤亡。你认为波音公司应该怎样应对这次事故？你有什么好办法？

参考答案

2. 美国广播是占媒体市场份额最高的，已占到 7%，它的电台基本上都是类型广播。就中国目前广播产业的状况而言，频率资源日渐丰富，市场主体日益增多，受众加速分化，信息需求多样化和个性化趋势明显。这些都是类型广播存在的市场基础。但是，中国电台类型的单一化、同质化现象非常严重。绝大多数电台频率的专业设置都不外乎新闻、经济、音乐、交通和文艺五种类型。实际上，这些所谓的专业台不过是各自领域里的综合台而已，离类型化、专业化和个性化的目标还远得很。广播电台已经慢慢淡出历史舞台，请写一下广播电台要想发展下去的措施和创意。

参考答案

四、拓展阅读（优秀创业校友案例）

水电技工学校金切 85 班校友——杨伟明

第二章
创业者与创业精神

✲ 学习目标
- 认识创业者素质；
- 了解创业者素质提升方法；
- 了解创业团队的构成；
- 尝试模拟创业。

引例：

青春最是创业时

他是董事长，但曾经身无分文，靠透支信用卡为唯一的员工发工资。创业的艰辛一次次把他抛向失败的绝境，但坚持，让他最终赢得了成功。

杨健的创业意识始于大二。那时，他和同学们一起做学校的学生门户网站，随后又创办了自己的网站，该网站一度成为校内规模最大的学生网站。本科毕业时他以综合排名第一的成绩被保送读研，同时，还拿到了出国留学的机会。但杨健却做了一个令人意想不到的决定——参加中国青年志愿者扶贫接力计划研究生支教团，远赴青海做一年的志愿者。他说，创业，需要经过基层的磨炼，需要经受艰苦的洗礼，需要培养百折不挠的精神。

志愿服务结束后，杨健回校读研，也踌躇满志地开始了创业生涯。在政府提供的4万元创业资金的扶持下，杨健创办了他的第一家公司。可因为摊子铺得太大，不但没有迅速打开局面，还在现实中碰了个头破血流。更可怕的是，就在公司举步维艰的时候，更大的打击接踵而至：网站服务器磁盘阵列出错，丢失了多年积累下的大量网络资源；租赁的写字楼到期；公司从鼎盛时的60多人衰落到只剩下一名员工。

就这样半途而废吗？"不！要坚持下去。"不曾泯灭的创业理想让杨健心中充满对成功的渴望。他没有被困难打倒，反而比任何时候都更加努力。

杨健把公司搬到了学校临时借给他的一间旧房子里。在这里，他和唯一的员工夜以继日地做开发、测试，几天几夜没合眼。他把所学的法学专业知识和软件开发结合起来，开发出国内首套具有自主知识产权的律师事务所信息管理系统。由于适应了市场的需求，杨健在很短时间内就卖出了20多套该系统，使濒临死亡的公司重获新生。

后来，由于与一家文化传媒企业合作不顺利，这再一次把杨健抛进了失败的境地。但这一次，他在失败中看到了动漫产业的前景，一鼓作气创办和并购了多家动漫公司。由于抓住了动漫产业快速发展的先机，公司在短短的两年时间里，迅速发展成为动漫领域的知名企业。后来，公司的动画产能达到了每年5 000分钟以上，原创漫画产能每年超过20部。公司的十几部原创动漫作品在法国、德国、英国、新加坡等地发行。如今，拼搏创业的经历让杨健获得了辽宁省大学生自主创业先进个人等多项荣誉。

"青春最是创业时！"尝过失败的滋味，此时的杨健更懂得成功的真谛。他无限感慨地说："我们是风华正茂的大学生，我们精力充沛，我们拥有知识，我们就该敢闯敢拼。"

引例分析：

创业并不是一件只有当所有条件都成熟之后才能做的事情，创新创业本身就是一个从无到有的过程，哪怕在这个过程中有失败也好，这种失败也将成为最终成功的宝贵经验。因此大学生不必抱怨自己的各种条件不足，只要有信心和勇气，哪怕经历再多失败，最终也会取得成功。

第一节　创业者素质

创业需要有两个条件。一个是外部环境，另一个是创业者的自身素质。外部环境其实大家都差不多，都是在信息时代，都在大众创业、万众创新的时代。但自身素质每个人却不一样，而是千差万别。

所以，创业者的自身素质决定了创业的成败！

今天我们就来聊一聊，创业者想要创业成功都应该具备哪些素质？

1. 强烈欲望

创业是一件非常难非常苦的事，一般人都很难承受，因此没有强烈的欲望是很难创业成功的。因为创业过程很痛苦，所以很多人就会中途放弃！但如果你有强烈的欲望就不一样，因为你渴望得到，你太想得到它了。为了得到你想要的，你可以舍弃其他一切！那你就能忍受当下的痛苦继续往前走！因为你知道，今天忍受不了痛苦，明天也许会更痛苦。今天虽然很痛苦，但梦想实现了可能永远都不再痛苦！这个时候你就很有激情很有干劲，所以欲望是创业的原始动力！这个欲望可能是你想要得到的某些东西，比如：房子、车子、票子！也可能是你想要改变的某些东西，比如：改变生活、改变人生、改变命运。

无论你的欲望是什么，只要足够强烈！这个强烈欲望就会推动你到达终点。

2. 敏锐眼光

敏锐的眼光就是要能判断对趋势，要善于发现商机！市场上现在流行什么，客户喜欢什么不喜欢什么，谁做什么生意赚到钱了。这些你都要去了解、去发现。不能是别人告诉你什么赚钱你再去做，而是要你自己去发现什么赚钱你再去做。有些人的眼光可能是天生的，但更多人的商业眼光都是后天培养出来的。培养的方法是，先要下决心成为一名创业成功者，然后就像训练猎犬一样训练自己的商业感觉！无论走到哪里看到什么，都问自己一句话：做这个能赚钱吗？当你的大脑收集越来越多商业信息的时候，经商的敏锐性就出来了。

3. 大量行动

想100次都不如真正去做一次！想到就马上去做、马上行动、绝不拖延，这是创业者必备的素质。大多数创业者无法成功都是因为做事犹豫不决、喜欢瞻前顾后，行动力不强！

比如一个商机刚刚被发现的时候，明明是最好的时机，可是他却犹犹豫豫、想来想去、怕这怕那。习惯性的拖几天，机会就这样错过了。等别人已经做成功的时候，机会已经没有了。没成功的原因就是行动力太差！凡事只有行动才会有结果，这个结果你不是得到就是学到，反正无论哪个结果都比坐在那儿空想要强，成功者都是在短时间内采取大量行动的！

4. 坚持到底

大多数人都会高估自己一年做到的事情，但严重低估自己十年能做的事情。

在创业路上，一定会付出很多代价，一定会遇到很多困难，一定会受到很多屈辱。放弃很容易坚持很难，坚持到底更难！

我曾经见过一个连续10年创业失败的人，最终创业成功。他第一次创业失败以后重新去找工作，工作3年攒下创业资金后二次创业，然后又失败。他又继续打工继续存钱，然后三次创业又失败。最后一次，他到一家互联网公司一边学习一边打工，时机成熟以后他再次创业，这次他成功了！所以，想成功就要坚持到底！人生没有失败，只有自己主动放弃！

5. 热爱学习

乔布斯在斯坦福大学演讲时说过，我成功的秘诀是：好学若饥、谦卑若愚！创业不学习，必死无疑！你想想看，一个经常学习的创业者和一个不爱学习的创业者在市场上竞争，哪个创业者最终会胜出？

很明显，爱学习的肯定会赢，因为他学的好方法就多，方法多在市场竞争中就有优势。

创业想成功不仅要热爱学习，甚至要把学习当成呼吸一样。人不呼吸人就不能生存，创业不学习企业就会破产！建议创业者养成一个定期学习的习惯。

同学们，想知道自己是否适合创业，就动动手指来测试一下吧！

创业个性特征测试

创业个性特征测试答题分值

第二节　创业者素质的提升

一、提升心理素质的方法

1. 刻苦学习相关知识

知识可以促进能力的发展。任何能力的形成和提高都是在掌握和运用知识的过程中完成的，创业能力也不例外。在学习专业文化知识的过程中，认真思考，吸取前人的经验，同时也锻炼了自己综合分析问题的能力。"知识就是力量"，要使知识变成力量，一定要有能力。不能死读书，读死书，成为书呆子。要学会将学习、思考、实践综合起来，经过自己的消化，吸收转化为运用知识的手段和本领，进而为创业能力的形成和提高打下坚实的基础。

由于大学生创办的大多以小企业为主，因此首先要在"小"字上下功夫。小企业要在现代社会中得以生存，占有一席之地，必须要有专门的技术产品或服务项目，即要有独到之处。因此，创业者一定要加强专业意识的培养，要精通和创业相关的专门知识和技能，并根据需要，不断吸收新技术、新知识。

2. 实践是提高创业能力的唯一途径

创业能力的形成和提高必须在创业实践中才能实现。创业者，应根据自身和专业特点，在培养自己强烈的创业意识、成功意识，认真学习专业文化知识的基础上，积极参与创业实践活动。

（1）利用空闲时间进行尝试性、见习性的实践活动。可以和家人、朋友或同学合伙也可独立投入一点小资本进行经营活动，参与家庭或他人的创业活动，到小企业打工等。

（2）模拟实践。可以参加创业实践情景模拟，进行有关创业活动的情境体验。如招、应聘雇员的面试，产品推销等。

（3）利用实习期间进行创业实践训练。

进入创业活动正式启动阶段前后，可以单独或与同学轮流租赁或承包一个小店铺，或加工、修理；或销售、服务等，在真刀真枪的创业实践中提高自己的创业能力。实习期间，不仅要训练提高自己的专业技能，更要有意识地观察体验经营管理方面的技能，以及营销方面的技巧。例如，想在服装领域有所成就的创业者，可以到服装制作、销售企业、小店进行实习，实习中通过多学、多看、多练，不仅能成为熟练的设计员、裁剪师、缝纫工等，同时也练就一些当店主、当老板的本领。

3. 先就业后创业

近年来，国家各级部门都在鼓励大学生创业，在政策上给予扶持，强化培训指导和经费的投入，使得一批毕业生得以顺利创业。但综观大学生的创业案例，能依赖自己的能力白手起家并能成功创业的大学生依然少之又少。原因在于，受到传统教育模式的影响，我国大多数大学生在校期间主要还是以学习理论知识为主，学生们所接受的创业教育、创业实践明显不足，大部分学生创业没有经验、资金、合适的团队，难以有效开展创业活动，尤其是对于社会经验、经济基础都很匮乏的大学生来说，很难适应瞬息万变的市场经济社会。此外，丰富的社会关系是公司开拓业务渠道的有效资源、是公司发展必不可少的一条途径，但一直生活在校园里的学生，最可能缺乏的就是这个必备条件，所以创业受阻是必然的。

鉴于此，毕业生不妨现在先就业后创业。就业时，最好进入一家管理好、有浓厚文化氛围、提供较多的学习机会的公司，坚持做两三年，帮助公司获得发展的同时自己可以学到很多很多东西、提升各种管理技能和工作经验，而且通过这种方式，能够获得人脉资源，能够获得你的团队资源和项目资源。当各种资源积累到一定程度时再去做创业的话，平台和起点及成功率会更高一些。

4. 迅速提升自我

提升自我的有效途径是善于集中别人的智慧，使自己变成最聪明的人；与有能力，有素质的人士合作；知人善任，将各种不同特点的人组合成团队；要想事业成功，并持续发展，要做到"找替手"（接班人），即成大业者找替手；不懂就问，不会就学；可以交一些"顾问型"朋友。

应该承认，一个人要迅速提升自身素质和能力是不现实的事情，能力和素质的提高需要长时间的锻炼和积累。然而对创业者来说，在创业机会稍纵即逝的时候，必须能够紧紧抓住机遇。面对机会，再去提升自己，那会使自己错过时机。所以创业者应该在日常生活中，工作实践中有意识地学习，使自己逐渐成长起来——机会属于有准备的人。

善于把握机会，创业是一个发现和捕获机会并由此创造出新颖的产品或服务，进而实现其潜在价值的过程。对于创业者来说，机遇具有重要的意义，它能帮助创业者找到创业突破口甚至能帮助创业者从起步到成功，因此发现和认识机遇摆在首要位置，创业者在平时注重积累的基础上，用心观察细微事物，才有可能发现和认识机遇；再者，创业者要善于寻找机遇，在纷繁复杂的社会中寻找适合自己创业的路子。

各种创业培训是对具有创业愿望和相应条件的人员所进行的开办小企业等创业活动所必备的基础知识和能力的培训，是近年来国家培训工作在促进创业中逐渐发展起来的一种新的培训。以 SYB（创办你的企业）培训模式为例，SYB 是国际劳工组织针对培养微（小）型企业创办者的需要而专门开发的一个培训项目，于 2001 年由劳动保障部与国际劳工组织共同实施的试点项目正式引入中国后，在全国多个城市实施。该培训采取小班教学、注重教师与学生之间的互动，教学内容丰富，分创业意识培训和创业计划培训两部分内容。培训结束后，学员能独立完成创业计划，并逐步实施。

除了以上培训模式外，KAB 也是较为著名的创业培训模式。以上这些培训尽管在培训内容和方式上各有特点，但都是将创业培训与开业指导、小额贷款等有关活动有机结合，能为创业者提供创业指导和服务。

此外，为了帮助大学生走好自主创业之路，降低创业失败的风险，目前社会上还应运而生了不少创业培训网站、机构及课程和创业服务公司，如中青在线"创业指导专家团"特别推出"大学生创业培训"公益课程，对自主创业感兴趣的大学生可免费报名参加。大学生可借助这样的机会来提高自己的创业能力。

1）自信心的培养

有了信心，就有了前进的勇气与力量，就有了奋斗的动力，从而能克服重重困难，战胜失败与挫折，最终取得成功。

提升自信心的方法：

（1）发现自己的优点。经常回想自己的长处，回忆自己做过的、引以为豪的事或成功的事可以增加自信心。这是树立自信心较有效的一种方式。因为个人自信的产生与形成，都是在成功实践的基础上，经过他人肯定和自我确认，逐渐树立起来的。

（2）掌握一项技能。拥有一技之长的人，任何时候都不容易露怯。因为他在任何时候都有底气，知道自己有拿手本领，就算这项本领现在不能用，但至少他也有自学的能力。

【教师举例】北京南锣鼓巷的一家小店里，这些不起眼的废弃冰棒棍经过妙手彩绘，竟然变成了令人爱不释手的手机链、小挂件和装饰品，它们的售价从 15 元到 80 元不等，虽然价格不菲，但是不少年轻人纷纷购买。

（3）长期积累知识。自信源于知识的积累，一个学识丰富的人，即使性格内向，少言寡语，很少和身边的人接触，也不会认为自己会被他人轻视，因为他有傲视他人的本钱。

（4）做足事前功夫。做事没有自信，是因为对事情不了解，害怕出错，害怕失败。害怕出错，就做足事前功夫，深入细致地调查要做的事，详细询问过来人的经验，有不懂的地方立刻请教他人。

（5）敢于表现自己。想要变得自信，要让所有人都注意你，可以在公共活动场合，尽量坐到前排；在讨论问题的时候，尽量发表自己的观点；尽量报名参加一些集体活动，不论是野游还是探险……要给他人一个印象：也许我做的不是最好，但是我敢于尝试，我在不断进步。

【课堂互动】
我们这门课程的实践课上，老师给过几次让同学们上台发言的机会。那么，你发过言吗？你发言时自信吗？为了下次能够自信地到台上发言，你会怎么做？

2）胆量的培养

人的胆量虽然与先天遗传因素有关，但也可以通过后天的培养和训练养成。

增强胆量的方法：

（1）多实践、多行动。多实践、多行动就是敢于做自己想做的事，在实践和行动中磨炼自己，培养自己临危不惧、泰然自若地应付各种突发事件的能力。

（2）做自己害怕的事。在道德和法律允许的范围内，在保证生命安全的前提下，做自己害怕的事。做完之后，你会发现很多事情原来没有想象中那么困难。

（3）多和有胆量的人接触。跟随有胆量的人，自己的胆量也自然会增强，这是自然规律。向有胆量的人学习，学习他们的勇敢精神和大胆行事的方式，这是获得胆量的有效途径。

3）毅力的培养

培养坚强的毅力是事业成功的基础，也是致富的前提。

培养个人毅力的方法：

（1）做事情要有始有终，不能因为困难而放弃。

（2）加强体育锻炼。积极参加体育锻炼不仅可以增强体质，还可以增强心理承受力。

（3）要一心一意做好某件事。"三天打鱼，两天晒网"的心态对毅力的培养往往有负面影响。

【课堂互动】请同学们想一想你认为班上同学中谁是比较有胆量、有毅力的？我们请他（她）来给大家分享几条提高胆量和毅力的经验。

二、提升道德素质的方法

1. 诚信的培养

诚信的培养需要做到以下几点：

（1）认识诚信的重要性。诚信是各行各业生存的根本，坑蒙拐骗、以假乱真、以次充好不能够长久经营。消费者可能上当受骗一次两次，但不可能永久受骗。

（2）要以诚待人。努力做到言行一致，表里如一，做老实人，说老实话，办老实事；在职业活动中，先信人一步，不怕先吃亏。

（3）以信立业。在行为做事上要"言必行、行必果"，当履行承诺的条件发生变化时，不管有多大的困难，都要想方设法地按质按量地履行合同。

2. 责任心的培养

责任心的培养需要我们从身边的小事做起。

【教师举例】

对青年学生来说，立志创业，发奋学习科学知识，学习各种技能，增强创业本领，就是对自己负责任的表现；节省开销，尽力为父母、为家庭减轻负担，增强对家庭的责任感，是对家庭尽义务的表现；力所能及地帮助有困难的同学和朋友，不乱扔脏物，遵守公共秩序、保持环境卫生，建设优美的校园和社会环境，是对社会负责任、尽义务的表现。

3. 守法意识的培养

守法意识可通过学习法律知识来培养。学习的途径有很多，可从书本上学习，可从社会实践中学习，也可从新闻媒体中学习，广泛吸收各种法律知识，构建自己的知识体系。

4. 节俭习惯的培养

节俭习惯可通过以下几个方面来培养：

（1）树立崇尚节俭的意识，从自我做起，从身边小事做起。

（2）花钱要有计划。

【教师举例】

每年和每个月都做一个预算，年底和月底看一下花的钱和当初的预算是否吻合。另外，遇到想买的东西时，先问一下自己，是否真的有必要买，这笔钱是否在计划内，久而久之，花钱就越来越有计划了。

（3）不攀比、不浪费。不要与别人争吃穿，爱惜粮食、不挑食、不剩饭，不向家长提出过度的物质要求，不随便扔衣物、用具。

（4）注重细节。打电话不要超时，电脑、饮水机晚上睡觉要切断电源，出门要关灯、关水等。

【课堂互动】

以上我们所讲的"提升道德素质的方法"中，是不是很多自己都能做到？想一想对于自己还不能做到的方面应该如何改变？

三、提升专业素质的方法

1. 专业能力的培养

（1）喜爱自己选择的专业，并努力学好专业知识，为创业打好理论基础。

（2）在实践中不断提高专业技能。

2. 社交能力的培养

（1）找出社交的困扰。现实生活中，我们每个人在与别人的交往中都可能遇到这样或那样的困惑，找出自身困惑的来源，有助于对症下药，解决自身存在的问题。

（2）建立正确的心态。在与人交往的过程中，面对他人不一样的想法，要用包容的心态去面对；遇到比自己能力强的同学、朋友，不要自卑，要学习他人的优点，同时正常发挥自己的特点及能力；不要因为与对方"不投缘"就拒绝与人交往。

（3）掌握社交心理和社交技巧。可以多读一些待人接物方面的书籍，掌握人际交往技巧。

3. 管理能力的培养

（1）学会掌控自己的时间。

【教师举例】

首先连续记录一个月自己的时间安排，一年之内记录三到四个月。然后分析哪些事情根本不必做，哪些事情可以由别人代为而不用亲力亲为，哪些事情可以通过改进方法提高工作效率。最后，删除浪费时间的活动，将有效时间用来处理重要的事情。

（2）学会用人所长。才能越强的人，缺点往往越多。因此，真正优秀的管理者会首先考察一个人最擅长做什么事，再根据他的长处来安排工作。

（3）学会要事优先，即集中精力先处理重要的事情。

（4）善于做出有效的决策。

4. 创新能力的培养

创新是创业精神的核心。学生要通过保持个性发展和好奇心、求知欲，勇于突破前人、突破书本、突破难题，自觉培养科学精神，训练创新思维，提高创新能力。

第三节　什么是创业精神

理论知识点：
①什么是创业精神；
②如何培育创业精神。
学习任务：
①理解创业精神的本质；
②了解创业精神的来源；
③掌握创业精神的作用。

励志短片
《一切皆有可能》

名人语录：
创业者有三大特性：一是敏锐的嗅觉；二是不屈不挠、奋不顾身的进攻精神；三是群体奋斗的意识。

——任正非

一、什么是创业精神

1. 彼得·德鲁克论创业精神

具有创新和企业家精神的人是培养和锻炼出来的，不是等出来的，如果我们继续混日子，我们就要继续过苦日子。成为最可爱的人不是一个空想，不妨从自我的每日工作和学习中开始。

2. 三个小故事

第一个故事发生在非洲象牙海岸的一个小村庄。一位先生有一部手机，他发现了一个地方手机接收信号最好，于是他将这部手机固定在那个位置，并宣布小岛上的第一个公共电话厅成立了！许多人来打电话，他赚了不少钱，然后，他用赚的钱购买了小村庄里第一台游戏机，生意就做起来了。

"很多人都知道买和卖的概念，一个人、一部手机、一台游戏机和很多顾客，这位先生就是一名货真价实的创业者。"因此，创业最基本的两个元素就是产品和顾客。

第二个故事发生在格陵兰。"在零下40℃的气温里,总有一群群的狩猎者去捕猎海象,让人吃惊的是猎人之间的关系。他们会在一间小木屋里扎营,把海象肉分给伙伴和猎狗带回家中,但每一次他们都会留下一些肉,给下一次进驻的猎人。"

懂得分享,在乎集体的成功,而绝不是独自拥有。创业精神的精髓:只有分享成果,彼此扶持,团结在一起,才可以发挥最大的力量。

第三个故事。父亲带着一家6人到美国西部寻找机会,当时坐的车是一部有10吨重、铁皮打造的小巴。在前进的路上,一座摇摇欲坠的桥横跨陡峭的峡谷。父亲是工程师,家人都很信任他,但那个桥破旧得似乎能被一只停在上面的苍蝇压垮。父亲停下车,查看了一下地形,他将车倒退了100米,然后加足马力,全力以赴地飞跃了那座破桥。

创业是要冒险的,当然前提是盘算清楚,一旦决定,就要加快速度,勇往直前。

3. 到底什么是创业精神?

萨伊在200多年前为创业下的定义:创业家就是要标新立异,打破已有秩序,按新的要求重新组织。这也是熊彼特所言,创业家的任务就是"创造性地破坏"。

4. 创业精神是一种个性特质

熊彼特认为创业精神包括:①建立私人王国。企业家经常"有一种梦想和意志,要去找到一个私人王国,常常也是一个王朝。"②对胜利的热情。企业家"有征服的意志、战斗的冲动,证明自己比别人优越的冲动,他求得成功不仅是为了成功的果实,而且是为了成功本身。"③创造的喜悦。企业家"有创造的欢乐,把事情做成的欢乐,或者只是施展个人能力和智谋的欢乐。这类似于一个无所不在的动机。"④坚强的意志。企业家"需要有新的和另一种意志上的努力,……去为设想和拟定出新的组合而搏斗,并设法使自己把它看作是一种真正的可能性,而不只是一场白日梦。"

5. 创业精神是一种综合的管理理念

霍华德·史蒂文森(Howard Stevenson)教授是哈佛商学院创业研究领域的教父,他将创业精神定义为:追寻现有资源范围以外的机遇。"追寻"指绝对专注的态度。创业者能察觉转瞬即逝的机遇,在有限时间内展现实力,吸引外部资源。"机遇"指在以下一个或多个方面有所作为:①推出创新产品;②设计全新商业模式;③改进已有产品,使其质更优、价更廉;④发掘新客户群。创业者完全可能兼顾这些方面,例如,用全新商业模式推出一款创新产品。"现有资源之外"指突破资源限制。

二、创业精神的培育

1. 培育创业人格

大学生要树立心理健康意识,优化心理素质,增强心理调适能力和社会生活的适应能力,自觉培养坚忍不拔的意志品质和艰苦奋斗的精神,提高承受和应对挫折的能力。

俞敏洪—创业的姿态和勇气

2. 培养创新能力

大学生要通过保持个性发展和好奇心、求知欲,勇于突破前人,突破书本,突破老师。

3. 强化创业实践

大学生应该利用课余时间参加一定的创业模拟和社会实践活动,增强对企业的了解和对社会的适应。

第四节　创业精神的本质、来源与作用

> **理论知识点：**
> ①创业精神的本质；
> ②如何培育创业精神。
>
> **学习任务：**
> ①理解创业精神的本质；
> ②了解创业精神的来源；
> ③掌握创业精神的作用。

名人语录：

创业前，很多困难你都不会把它认为是困难，当它突然成为你的困难时，很多人会承受不了压力，就放弃了，这样的人一定是不能成功的。

——史玉柱

引例：

温州人的创业精神

温州经济的起飞是温州人自己培养的，是闯市场闯出来的，也是一个充满艰辛和挑战的过程。温州几乎家家办工厂，户户搞经营国，每个家庭都直接面向市场，承受巨大的竞争压力。20世纪80年代，温州有100万人在全国和世界各地当"游商"（业务员）拉订单。他们站火车、睡地板，教育部门的教师证、邮电部门的各类信封、香港警察更换的警徽，甚至连美国海陆空三军的军徽订单，也被温州人拿来了。创业时期，温州人从小事做起，从做纽扣、皮鞋、打火机、门锁、拉链等小商品入手，历尽千辛万苦，说尽千言万语，走遍千山万水，想尽千方百计终获成功。温州经济之所以能够发展到今天，就是因为他们有"四千"精神，从来不怨天不怨地。失败了，爬起来从零开始再干！在温州人思维中，就没有"等、靠、要"这一说。温州人的成功实践告诉我们，"与其坐等，不如从不屑一顾的小事做起"。15年前，很多温州人千里迢迢来到北方做各种各样的小生意，最典型、最常见的就是修鞋。现在他们哪个不是腰缠万贯的老板。

一、创业精神的本质

创业精神是创业者在创业过程中具有的开创性的思想、观念、个性、意志、作风和品质等重要行为特征的高度凝练，主要表现为勇于创新、敢当风险、团结合作、坚持不懈等。

（1）创新是创业精神的灵魂；

不怕跌倒，永不放弃

（2）冒险是创业精神的天性；
（3）合作是创业精神的精髓；
（4）执着是创业精神的本色。

创业精神既是创业的动力源泉，也是创业的支柱。

二、创业精神的来源

创业精神的形成与发展主要受文化环境、产业环境、机制环境、生存环境等方面的影响。

三、创业精神的作用

创业精神能够激发人们进行创业实践的欲望，是一种内在的动力机制。创业精神有利于我们国家加快转变经济发展方式，促进经济社会又好又快发展。

四、岗位创业

狭义创业——自主创业（开公司、办企业）。

广义创业——自主创业＋岗位创业。

岗位创业是指在校期间培养学生树立"用创业的心态去工作"的理念和能力，毕业后将在现有工作岗位上创建事业。

岗位创业者应具备哪些能力？

（1）应聘竞争力强，具备专业知识＋创业管理能力；
（2）岗位胜任能力强，能为单位创造更高效益和价值；
（3）起点高、成长速度快，能很快被单位提拔为中层。

五、打造团队精神

团队精神是各个成员的精神支柱，是创业成功的基石。和谐向上的团队精神能充分调动团队成员的团队意识，使其相互理解和支持，为实现团队的目标服务。

1. 重视团队精神

一个没有团队精神的团队或企业，一切美好的想法和愿望都将成为"零"；没有团队意识的员工，无论学历有多高、技术有多精，对企业来讲都是"零"。只有具备团队精神的团队，才会形成一种无形的向心力、凝聚力和创造力。

2. 形成团队精神

（1）培养团队成员的敬业精神。要做到敬业，就要求创业者具有"三心"，即耐心、恒心和决心。任何事情都不是一蹴而就的，不可只凭一时的热情、三分钟的热度来做，也不能在情绪低落时就马马虎虎、应付了事。特别在创业初期，要勇敢地面对并解决困难，而不是一遇到困难就退缩。

（2）建设学习型团队。每次团队的讨论都是团队成员思想不断交流、智慧火花不断碰撞的过程。如果团队中每个成员都能把自己掌握的新知识、新技术、新思想与其他团队成员分享，集体的智慧势必大增，团队的学习力就会大于个人的学习力，团队智商就会大大高于每个成员的智商，从而达到整体大于部分之和的效果。

（3）建设竞争型团队。团队必须具有竞争意识，敢于正视自己，敢于面对强手。在建立团队内部竞争机制时，要注意成员之间的关系是建立在理性基础上的竞争，而不是斗争。

【课堂互动】 现在很多企业都会定期对员工进行培训和团建活动，如听专家讲座、聚餐、团体旅游、内部技能比赛、艺术晚会、运动会等活动。请同学们想一想这些活动对于团队建设有哪些作用？

3. 塑造团队文化

高效的团队注重文化的塑造，尤其是共同价值观的培养。团队文化是由团队价值观、团队使命、团队愿景和团队氛围等因素综合在一起而形成的。塑造团队文化的关键就是在团队形成与发展的过程中确立团队价值观、团队使命和团队愿景，并以此为基础逐渐形成相应的团队文化。

《中国合伙人》节选

推荐书目与电影：
书目：《创新与创业精神》彼得·F·德鲁克、《成功并不像你想象的那么难》
电影：《当幸福来敲门》《风雨哈佛路》

课后习题

案例分析：

现在很多的大学生在读书期间就开始创业，其中有失败的也有成功的，下面的例子就是关于大学生创业成功的案例，希望大家可以从中得到些启发。

案例一　朱保举

时间退回5年前，正在清华读研的朱保举从未想过自己的工作会和"卖菜"联系在一起。按照大部分人的想法，他应该进一家大公司，拿一份体面的收入。但到2013年，工作一年后的朱保举打破了周围人的常规设想：辞去国企工作，与毕业于北大的黄礼君一起创业。

天平派是朱保举与黄礼君的第二个创业项目，定位为餐饮原材料B2B采购平台。饭店在天平派上下单，供货商接单送货上门，体验类似手机淘宝。

2014年上半年进行市场调研，8月成立公司，10月底拿到天使轮融资，而后招了公司第一名员工，2015年1月测试版上线，3月份正式推广，5月份敲定A轮。天平派的发展正步入黄、朱两人预想的节奏。

"天平派A轮在6月份到账，暂时没有资金压力，现在要做的是把产品做好。"在资本寒冬将至之下，朱保举并未表现出担忧。上线半年日交易额超百万。创业之初，朱保举与黄礼君参与的项目是饭店线上排队App "遥遥排队"，为了将饭店线上线下排号打通，除了App外还做了饭店的排队叫号机。

该项目在2014年下半年被美团收购。在朱保举看来，尽管当时遥遥做得最早，但在竞争对手的"免费"策略下，无钱可烧的遥遥逐渐被甩下。

"第一次创业，大家没有融资的概念，我们当时去饭店推排队机的时候还收费，它的成本应该是在2 000元到3 000元左右，我们卖的话，一套最高能卖到一万多，最便宜也得卖到三四千左右。"

"当时我们只拿到联想之星的200万人民币天使融资，竞争对手拿到2 000万美金B轮。他们拿到钱后就免费送，那跟我们收费完全是两种速度，很多忠实用户都被撬走了。"

但此次创业给他们留下了200多个饭店的资源，使得天平派的地推顺畅很多。天平派做的是饭店和蔬菜米面等原材料批发商的交易平台。一方面餐厅（买方）可以每天在天平派平台上基于次日店内用料需求下单，体验类似淘宝购物。另一方面，一级、二级、三级批发市场里的这些批发商们，通过平台来联系餐厅用户，提供生鲜原材料批发服务。

根据天平派提供的数据，目前他们平台合作供货商近千家，覆盖厂家、一级、二级和三级，注册餐厅用户超过13 000家，日均交易流水超过100万元，最高到200万元。

案例二　陈生

陈生毕业于北京大学，十多年前放弃了自己在政府中让人羡慕的公务员职务毅然下海，倒腾过白酒和房地产，打造了"天地壹号"苹果醋，在悄悄进入养猪行业后，在不到两年的时间在广州开设了近100家猪肉连锁店，营业额达到2个亿，被人称为广州千万富翁级的"猪肉大王"。

不完全统计数字显示，目前我国大学生创业成功率只有2%~3%，有97%~98%的大学生创业失败，专业人士分析，缺乏相关的创业教育和实战经验、缺乏"第一桶金"等都是其中的重要原因之一。然而，对于成功创业的大学生来说，极为重要的实战经验及"第一桶金"都是"天上掉下来的"吗？为什么陈生也在不到两年的时间里进入养猪行业，就能在广州开设近100家猪肉连锁店，营业额达到2个亿？这个问题，的确值得好好追问。

实际上，之所以能在养猪行业里在很短的时间内就能取得骄人成绩，成为拥有数千名员工的集团的董事长，还在于陈生此前就经历的几次创业的"实战经验"：陈生卖过菜，卖过白酒，卖过房子，卖过饮料。这使得陈生有着这样的独到的见解：很多事情不是具备条件、做好了调查才去做才能做好，而是在条件不充分的时候就要开始做，这样才能抓住机会。

然而，"条件不充分"时到底怎么才能"抓住机会"呢？我们来看一下陈生的做法：他卖白酒时，根本没有能力投资数千万设立厂房，可是他直接从农户那里收购散装米酒，不需要在固定设施上投入一分钱便可以通过广大的农民帮他生产，产能却可以达到投资5 000万的工厂的数倍。此后，他才利用积累起来的资金开始租用厂房和设施，打造自己的品牌。迅速地进入和占领市场，让他在白酒市场上打了个漂亮仗。而当许多人"跟风"学习一位到南方视察的国家领导人用陈醋兑雪碧当饮料的饮食方法时，善于"抓住机会"的陈生想到了如何将这种饮料生产出来。经过多次尝试，著名的"天地壹号"苹果醋就此诞生。

当然，资金积累到一定程度时，陈生成功的秘诀更让人难忘：在经济飞速发展的年代，无数企业"抓破脑袋"寻求发展良机，在这样的情况下，只有技高一筹者才能够取得成功。而一些企业运用精细化营销，就是一种技高一筹的做法。于是，从传统的中国猪肉行业里，陈生分析到了其中的巨大商机，因为中国每年的猪肉消费约500亿公斤，按每公斤20元算，年销售额就高达上万亿。而与其他行业相比，猪肉这个行业一直没有得到很好的整合，基本上没有形成像样的产业化，竞争不强，档次不高，机会很多。更重要的是，进入这一行业的陈生，机智地率先推出了绿色环保猪肉"壹号土猪"，开始经营自己的品牌猪肉。

虽然走的还是"公司+农户合作"的路子，但针对学生、部队等不同人群，却能够选择不同的农户，提出不同的饲养要求，比如，为部队定制的猪可肥一点，学生吃的可瘦一点，为精英人士定制的肉猪，据传每天吃中草药甚至冬虫夏草，使公司的生猪产品质量与普通猪肉"和而不同"。在这样的"精细化营销"战略下，陈生终于在很短的时间内叫响了"壹号土猪"品牌，成为广州知名的"猪肉大王"。

案例中创业者有哪些创业素养和创业精神？

实践：我的创业团队

【基本要求】

由于本节课时间有限，可根据情况，不一定每一组都安排发言，但要求每一组都上交相关材料。

【基本流程】

（1）请各组自愿举手发言。如自愿发言组超过一组，可由教师决定各组展示顺序；如果没有组愿意发言，则由教师抽签决定发言组。

（2）各组代表展示，主要发言内容有：每个人的角色（领导、管家、财务、营销），可以根据每个人的特点想一想你们要如何分工、如何合作、如何建立团队精神、如何建立培训制度、业绩评估制度等。

（3）活动结束，教师总结活动情况及学生表现。

【实践评价】教师根据各组上交的材料评定学生成绩。

宁波盛宏建设工程有限公司总经理——应长钜

第三章

如何把握好的创业机会

✲ 学习目标

- 认识创业机会的概念、来源和类型；
- 熟悉创业机会识别的一般步骤与影响因素；
- 掌握创业机会评价的方法。

✲ 技能目标

- 能利用所学找到创业机会并进行识别，在此基础上进行评价。

引例：

登陆极地

2018年的春节，汤妙昌教授前往他睽违20年的南极。他说，没想到退休后还能去往曾经工作过的地方。这位年近耄耋的老人，是中国极地研究中心办公室原主任，曾任中国3次南极考察队中山站、长城站站长兼越冬队队长，14次前往南极考察。此次他再“出征”南极，则是以特约极地科学家的身份，受奇迹旅行邀请，为同船的游客分享他在南极科学探险的故事。这次南极行，载着一整船的200名中国人，将在南极迎接新年的到来。

对每一位前往南极的旅游者来说，抵达的过程还很考验体力。张毅选择的路线，是从上海前往乌斯怀亚——火地岛地区的首府、行政中心，也是世界最南端的城市，再从乌斯怀亚乘游轮前往南极次大陆，整个飞行时长超过30个小时。而在南纬60度、西经65度的德雷克海峡也是一道难关，这个被称为南极守护神的必经通道，是世界最宽最深的海峡，风高浪急，船只的最高倾斜角度可到45度，对于想抵达南极的人来说，要扛得住颠簸。由于路途遥远，南极行程从出发到回程基本在15天以上。

即便所有的行程敲定，签证办理也是每一个游客的噩梦。南极本身并不属于任何一个国家。所以前往南极旅游本身并不需要签证，而是取决于途经的国家，比如中转澳大利亚、智利、新西兰还是阿根廷。现在大部分行程的重要中转国家是阿根廷，南美签证对于中国游客来说，不论从材料准备、办理时长来说，都是一件麻烦事。换句话说，想要叩开南极大门的游客们，得有闲、有钱、有运气，还得身体素质过硬。面对现在的客人，我们不只是把行程外包给游轮公司这么简单，专业度、熟悉程度以及对于整个行程的掌控度都需要增加。采购不同的运营公司，实际上就是挑选探险队的过程，经验丰富的探险队能够登陆尽可能多的南极点，也知道哪里更容易观察到南极的动物与生态。不论是南极还是北极，对很多游客来说都是可能仅有一次的旅行体验，尽可能不留遗憾，于是根据不同的登陆次数、船舱等级，极地游的选择必须多元化。

南极传统的跟团游、定制的轻奢游以及自助游，对应10万~40万元不等的单价。面对高单价，很多市场参与者接踵而至，笃信产品能够成为现金。可对于目前的市场从业者来说，这并不是一门好做的生意，并没有因为高单价就贡献高利润。一家经营极地游的旅行社负责人说，南极游的线路对很多旅行社来说是门面，尤其是高端旅游线路品牌的主要产品，可要站在赚钱的角度看，算不上好。通常情况下，旅行社的成熟线路定价会确保平均10%左右的利润率，淡季可能在5%~10%，而旺季可通过溢价达到20%~30%。越是高端游，利润率越会随着行程定价水涨船高。可对南极游来说，由于硬件设施、自然条件的先天限制，价格的高低并不与利润率直接挂钩。

由于极地特殊的地理位置，南极旅游产业链很简单，如果拆解高昂的费用，首先是大交通费——机票，其次是南极游轮费用，最后包括签证、各类地接社、途经地酒店、领队等细碎费用。其中占据整体成本60%~70%的是游轮公司。出行时间、预订时间、登陆点的多少、船只大小以及船舱等级，都由游轮公司划分为不同价格档位。

除了项目本身的利润有限，市场现在有点疯狂和盲目。南极旅游线路的特殊在于，并不能企图一味依靠低价来成为爆款，长时间的游轮生活对于服务与体验要求很高。对于包船的旅行尝到北极游甜头的飞猪，在2017年以"南极不难及"为主线，推出南极飞猪号。一个小众旅游目的地，或者大众目的地的小众玩法，市场上只认第一个开拓者，第二个全力扑上去，即使花10倍的力气也达不到那么好的效果，这是一个规律。

第一节 创业机会识别

创业机会是适合以创业的方式实现商业利益的商业机会，是一种特殊的商业机会。创业机会按来源可以分为问题型机会、趋势型机会和组合型机会。

按照彼得·德鲁克的说法，创新机会有七个主要的来源，分别是意外之事、不一致之处、流程需要、产业和市场结构的变化、人口结构变化、观念变化和新知识。从众多创意中识别出创业机会，需要观察社会发展趋势，解决现实问题，发现市场空隙，并且要基于创业者的个性特征。而经验和认知、人际关系网络、分析问题的科学方法和创造性等都是有助于创业机会识别的关键因素和技巧。

对创业机会的评价可以从吸引性、可行性、适时性、匹配性、持久性等角度入手；具体的评价方法可以采用史蒂文森法、隆杰内克法、标准打分矩阵法、巴蒂选择因素法、普坦辛米特法、蒂蒙斯法等；评价标准则包括创意及其竞争力、创业机会的行业和市场、创业团队以及项目的回报等。

一、创业机会的内涵

机会是创业的核心要素。创业离不开机会，但并不是所有的想法和创意都能成为创业机会。不同的创业机会价值不同；同样的机会，不同的人看到的方向和角度不同；由不同的创业者来开发，效果也有巨大差异。创业的实质是具有创业精神的个体对具有价值的机会的认知过程，包括机会的识别、评价和建构等环节。

1. 机会与创业机会

机会是具有时效性的有利情况。识别创业机会需要深厚的专业领域知识和技能，以及敏锐的观察能力。创业机会的目标是满足顾客的需求，解决顾客意识到和没有意识到的实际问题，为顾客解决问题并带来价值提升。

创业机会主要来源于四种情境变化：技术变革、政治和制度变革、社会和人口结构变革、产业结构变革。

第一，技术变革。技术变革改变或优化了人们做事的方法和手段，新的技术也改变了企业之间竞争的模式，使得创办新企业的机会大大提高。第二，政治和制度变革。政治和制度变革革除过去的禁区和障碍，或者带来了价值的巨大转变。第三，社会和人口结构变革。通常表现为市场需求的变化、新兴国家的兴起、消费结构和消费群体的变化等。第四，产业结构变革。通常由于其他企业或者为顾客提供产品或服务的关键企业的消亡，或者企业吞并或互相合并，带来了行业结构的变化。

环境的变化改变了行业中的竞争状态，从而形成或终止了创业机会。创业者要善于创造性地利用变化，识别创业机会。

根据"目的—手段"关系的明确程度，可以将创业机会分为识别型、发现型和创造型三类。

识别型机会是指市场中的"目的—手段"关系十分明显时，创业者可通过"目的—手段"关系的连接来辨识机会。常见的问题型机会大都属于这一类型。发现型机会是当目的或手段任意一方的状况未知，等待创业者去发掘机会。比如，一项技术开发出来，但尚未有具体的商业化产品出现，需要通过不断尝试来挖掘出市场机会。创造型机会是指当目的和手段都不明确时，创业者具有先见之明而创造出具有价值的市场机会。

在商业实践中，识别型、发现型和创造型三种类型的创业机会可能同时存在。一般来说，识别型机会多半处于供需尚未均衡的市场，创新程度较低，这类机会并不需要太繁杂的辨别过程，反而强调拥有较多的资源，就可以较快进入市场获利。把握创造型机会则非常困难，它依赖于新的"目的—手段"关系，而创业者往往拥有的专业技术、信息、资源规模都相当有限，更需要创业者的创造性资源整合与敏锐的洞察力，同时还必须承担巨大的风险。而发现型机会则最为常见，也是目前大多数创业者研究的对象。

2. 适合创业的机会

判断创意是否适合创业并不容易，需要天时和地利，也会因人而异。有价值的创意是否适合于创业，还需要考察机会的特点。有的创业机会让现存企业开发更合适，而有的创业机会则对新企业有利。成功创建新企业的过程中面临的困难之一，是经营现存企业的人也想从机会开发中获益。因此，创业者不仅必须识别和开发有价值的创业机会以创建新企业，还必须运用创业机会来应对现存企业面临的竞争挑战。

某些创业机会有利于现存企业，而某些创业机会则有利于新企业。创业者需要开发适合个人和新企业的机会，而且这种优势必须足够大，以抵消现存企业所拥有的优势。创业者经常关注现存企业，特别是大企业不愿意做或做不好的事情，关注利基市场就是创业者经常采取的策略。利基市场容量有限，利润相对薄，大企业人多成本高，效率也经常会因规模大而降低，开发利基市场不仅没有优势反而会造成局部亏损。当然，创业者并不仅仅等待大企业留下的空间创业，也可以积极开发那些对自己有利的机会。

二、创业机会的类型

创业机会按照不同的标准可以进行不同的分类，按照来源可以分为问题型机会，趋势型机会和组合型机会三种类型。

1. 问题型机会

问题型机会指的是由现实中存在的未被解决的问题所导致的一类机会。问题型机会在人们的日常生活中和企业实践中大量存在，比如顾客的抱怨、大量的退货、无法买到称心如意的商品、服务质量差等，在对这些问题的解决中会存在价值或大或小的创业机会。

2. 趋势型机会

趋势型机会是在变化中看到未来的发展方向，预测到将来市场潜力的一类机会。趋势型机会一般出现在经济变革、政治变革、人口变化、社会制度变革、文化习俗变革等方面，一旦被人们认可，它产生的影响将是持久的，带来的利益也是巨大的。

3. 组合型机会

组合型机会是将现有的两项或两项以上的技术、产品、服务等因素组合起来，实现新的用途和价值而获得的创业机会。

现实社会中大部分的商业机会都是组合型的机会。在校大学生可以从身边出发，通过自己创新性的思维将现有产品或服务进行整合，更好地满足市场需求，实现自己的创业梦想。

三、创业机会的来源

创业的核心是创新，创新机遇是最好的创业机会来源。按照彼得·德鲁克在1985年出版的《创新和企业家精神》一书中的说法，创新机会有七个主要的来源，分别是意外之事、不一致之处、流程需要、产业和市场结构的变化、人口结构变化、观念变化和新知识。

1. 意外之事

意外的成功或失败都有可能引发新的商业机会，尤其是意外的成功所提供的创新机遇，风险小，求索的过程也不艰辛；而经过精心设计、规划及小心执行后的失败又常常反映了隐藏的变化，以及随变化而来的机遇。1921年，患重感冒的亚历山大·弗莱明（Alexander Fleming）坚持工作时，在一个培养基中发现了溶菌现象，细究之下原来是鼻涕所致，由此发现了溶菌酶。1928年7月下旬，弗莱明将众多培养基未经清洗就摆在一起，放在试验台阳光照不到的位置就去休假了；9月1日，他因溶菌酶的发现等多项成就，获得教授职位；9月3日，度假归来的弗莱明刚进实验室，其前任助手普利斯来串门，寒暄中问弗莱明最近在做什么，于是弗莱明顺手拿起顶层第一个培养基，准备给他解释时，发现培养基边缘有一块因溶菌而显示的惨白色，因此发现青霉素，并于1929年6月发表了最终使其荣获诺贝尔奖的论文。正是由于弗莱明对于意外事件的观察和思考，帮助其取得了研究上的辉煌成就。

因此，在日常生活中，我们应当对身边发生的意外之事保持一颗好奇之心，凡事多问几个"为什么"，多一些思考和研究，这有助于我们发现可能被其他人忽略的创业机会。

2. 不一致之处

不协调是指现状与事实"理应如此"之间，或客观现实与个人主观想象之间的差异，这是创新机遇的一个征兆。这些不协调包括产业的经济现状之间的不协调，产业的现实与假设之间存在的不协调，某个产业所付出的努力与客户的价值和期望之间的不协调，程序的节奏或逻辑的内部不协调等。

集装箱的首次出现就源于行业的假设与现实之间的不协调。20世纪50年代之前，航运业一直致力于降低航运途中的成本效率，争相购买更快的货船，雇佣更好的船员，但成本仍居高不下，导致航运业一度濒临消亡。直到货运集装箱出现，航运总成本下降了60%，航运业才重新起死回生。集装箱的发明者用简单的创新解决了现实和假设之间的不协调。当时航运业的重要假定是：效率来自更快的船和更努力的船员。而事实上，主要成本来自轮船在海港闲置、等待卸货再装货的过程中。

3. 流程需要

流程需要与其他创新来源不同，它并不始于环境中（无论内部还是外部）的某一件事，而是始于需要完成的某项工作。它以任务为中心，是完善一个业已存在的程序，替换薄弱的环节，或者用新的知识重新设计一个旧程序等。

按照法律法规的规定，创业者需要经过工商注册拿到营业执照后从事合法经营，但2014年3月新《中华人民共和国公司法》实施之前，注册的流程极为烦琐，需要的时间也很长，给拟创业者带来很大烦恼。但是，注册又是开业之前的必备流程，于是，很多人看到这个机遇，成立了代理注册公司，帮助创业者办理工商注册，客户量很大，效益不错；企业开始生产经营之后，需要按规定进行会计核算、办理申报纳税事务，但是很多创业者不是经济管理类的专业出身，不懂如何进行处理，即便是经济管理类专业毕业的学生，开业之后由于忙于企业的生产经营，也难以亲自处理相应业务，于是会计公司应运而生。

在评估流程需要时，需要考虑三条要求：是否清楚地了解该需要，所需的知识是否能够获得，解决的办法与操作者的企盼是否一致。以上三条都能够满足的流程需要一般来说都是不错的创业机会。

4. 产业和市场结构的变化

产业和市场结构会发生变化，这通常是由于客户的偏好、口味和价值在改变。另外，特定产业的快速增长也是产业结构变化的可靠指标。

由于汽车行业的飞速发展，汽车进入普通家庭的普及，汽车对路面空间的占用造成了严重的交通拥堵，加之作为耐用消费品的汽车预计使用寿命较长，更新不频繁，油价又一直在攀升之中，造成了美国重要工业支柱的"汽车三巨头"——通用、福特和克莱斯勒总部所在地底特律市不得不在2013年申请破产保护。但与此同时，车身较轻、省油的日本汽车在美国的销量大增。中国服务产业的打车软件、制造产业的创新发明等也提供了不错的创业机会。如面对交通拥堵带来的打车难问题，创业者们发明了很多打车软件，如嘀嘀打车、摇摇招车、易达打车、移步叫车等。同样面对交通拥堵带来的公共交通堵塞问题，2012年8月西安市政府开始做悬挂公交的论证，亮相于北京科普展的立体快巴当选为《时代周刊》年度最佳发明。而为解决私家车出行难的问题，英、美等国家已经研究生产出会飞的汽车，并且开始正式销售，2010年在美国的售价为19.4万美元，折合为人民币131万元。

要预见工业结构的变化，需要查看这一行业是否出现快速增长、市场领导者是否制订了不协调的市场细分战略、是否出现了技术趋同、业务做法是否有迅速变化等迹象。

5. 人口结构变化

人口结构，通常被定义为人口数量、人口规模、年龄结构、人口组合、就业情况、受教育状况以及收入情况。相比于其他来源,人口结构的变化是最可靠的一个来源。

我国人口老龄化的现象日益严重,2015—2020年,老龄人口总数将从2亿上升至2.5亿,占比将由15%左右增加至17.17%。随着老龄化社会的到来,大量针对老年人群的服务将会有更多需求,养老刚需消费市场在4万亿以上。于是,居家养老服务、"京东"的养老服务供给索引平台等项目诞生,老年代步车、多功能老年拐杖等产品需求旺盛,保险公司推出的以房养老的保险产品将会逐渐受到欢迎。

同样,随着全面放开二胎政策的实施,婴幼儿用品市场势必迎来新一轮的发展高峰。

6. 观念变化

观念是人们对事情的主观与客观认识的系统化的集合体。人们会根据自身形成的观念进行各种活动。随着社会经济的发展,人们的观念也一直在发生变化,如果创业者或创业企业不能够意识到这种变化,不能及时抓住相应变化,可能就会影响企业的发展和创业成功。

进入21世纪,随着知识经济的到来和移动互联网的普及,大家更习惯利用碎片化的时间,从移动端获取信息,传统的电视媒体的地位受到严重挑战。于是,很多媒体人便利用这个机会,辞职做起了自媒体。如曾担任《决战商场》《中国经营者》等节目主持人的罗振宇2008年从央视辞职创业,2012年年底,与独立新媒创始人申音合作打造知识型视频脱口秀《逻辑思维》,半年时间就由一款互联网自媒体视频产品,逐渐延伸成长为全新的互联网社群品牌,仅2015年其售书收入已超过1亿元。传统企业的创始人宗毅通过观念改变,提出了"裂变式创业"的思路,使企业在短期内获得了飞速发展。

需要善意提醒的是,观念转变的创新应从具体化开始,并从小规模开始。从一个小的细分市场进入,提供一个"爆款"产品,有利于对人们原有的观念形成强大的冲击,从而改变其消费习惯,快速赢得市场认可。

7. 新知识

基于知识的创新是企业家精神的"超级巨星",它可以得到关注,获得财富。尽管它难以管理、无法预见、花费较高,需要较长的生产准备时间。但是它引人注目、令人兴奋,目前多数组织在各种来源中依然首先强调新知识。而且在创造历史的创新中,这种创新机遇占有很重要的分量。不过基于知识的创新往往不是基于一个因素,而是几种不同知识的汇合,所以单一组织难以成功地引进以新知识为基础的创新,也难以在短期内实现该创新。

2004年,石墨烯就由英国曼彻斯特大学的物理学家安德烈·盖姆和康斯坦丁·诺沃肖洛夫在实验室中成功分离出来,并被证实可以单独存在,将会具有广泛的用途,被称为"黑金"。于是,欧盟委员会将石墨烯作为"未来新兴旗舰技术项目",设立专项研发计划,未来10年内拨出10亿欧元经费。英国政府也投资建立国家石墨烯研究所(NGI),力图使这种材料在未来几十年里可以从实验室进入生产线和市场。直到2013年年初,美国加州大学洛杉矶分校的研究人员才开发出一种以石墨烯为基础的微型超级电容器,该电容器不仅外形小巧,而且充电速度为普通电池的1 000倍,可以在数秒内为手机甚至汽车充电,同时可用于制造体积较小的器件。2015年1月,西班牙Graphenano公司(一家以工业规模生产石墨烯的公司)同西班牙科尔瓦多大学合作研究出首例石墨烯聚合材料电池,其储电量是目前市场最好产品的三倍,用此电池提供电力的电动车最多能行驶1 000公里,而其充电时间不到8分钟。

需要强调的是,知识并不一定只是科技方面的,基于知识的社会创新也同样甚至更加重要。大学生在校期间应该认真学习专业知识，并能够将其吸收转化为内在的能力，以便结合自身的体验和认识，基于新知识进行创新，为社会发展尽一己之力。

四、创业机会的识别

1. 创业机会识别的影响因素

影响创业机会识别的因素有：先前经验、认知因素、社会关系网络和创造性。

先前经验指在特定产业中的先前经验，这将有助于创业者识别机会。一方面是产业经验，在某个产业工作，个体可能识别出未被满足的利基市场；另一方面是创业经验，有创业经验的创业者会很容易发现新的创业机会。某个人一旦投身于某产业创业，他将比那些从产业外观察的人，更容易看到产业内的新机会。

认知因素即对机会的认识和识别。有些人认为创业者的第六感使他们能看到别人错过的机会。多数创业者比别人更警觉，在很大程度上是一种习得性的技能。拥有某个领域更多知识的人，倾向于比其他人对该领域内的机会更警觉。创业者可能比其他人更擅长估计市场规模并推断可能的含义。

社会关系网络即创业者的社会关系网络。个人社会关系网络的深度和广度影响着机会识别。建立了大量社会与专家联系网络的人，比那些拥有少量网络的人容易得到更多机会和创意。按照关系的亲疏远近，社会网络关系可以划分为强关系与弱关系。强关系以频繁相互作用为特点，形成于亲戚、密友和配偶之间；弱关系以不频繁相互作用为特点，形成于同事、同学和一般朋友之间。而创业者通过弱关系比通过强关系更可能获得新的商业创意。在弱关系中，个体之间的意识往往存在着较大差异，某个人可能会对其他人说一些能激发全新创意的事情。

创造性是产生新奇或有用创意的过程。机会识别是一个创造过程，是不断反复的创造性思维过程。创造性包含在许多产品、服务和业务的形成过程中。创造性思维很难找准定位，但有时它又非常具体，几乎每家创业企业都希望能尝试一些创新。在不同的现实背景下，那些具有前瞻性思维的创业者，不仅自身就具备了一些高效的创造性思维习惯，而且早已把培养创造性思维的文化潜移默化地融入了自己的企业之中。

2. 创业机会识别的过程

机会识别是创业者与外部环境（机会来源）互动的过程。在这个过程中，创业者利用各种渠道和各种方式掌握并获取到有关环境变化的信息，从而发现现实世界中在产品、服务、原材料和组织方式等方面存在的差距或缺陷，找出改进或创造"目的—手段"关系的可能性，最终识别出可能带来新产品、新服务、新原料和新组织方式的创业机会。

对于创业者个体而言，创业机会识别过程可分为五个阶段：准备、孵化、洞察、评价和阐述。如果在某个阶段，创业者停顿下来或没有足够信息使识别过程继续下去，那么他的最佳选择就是返回到准备阶段，以便在继续前进之前获得更多知识和经验。

一是准备阶段。这主要指创业者带入机会识别过程中的背景、经验和知识。创业者需要经验以识别机会。研究发现，50%～90%的初创企业创意，来自个人的先前工作经验。

二是孵化阶段。这是个人仔细考虑创意或思考问题的阶段，也是对事情进行深思熟虑的时期。有时孵化是有意识的行为，有时它是无意识行为，并出现在人们从事其他活动的时候。

三是洞察阶段。此时，问题的解决办法被发现或创意得以产生，这是创业者识别出机会的时刻。这种经验有时会推动过程向前发展，而有时候则会促使创业者返回到准备阶段。

四是评价阶段。这是创业机会识别过程中仔细审查创意并分析其可行性的阶段。许多创业者错误地跳过这个阶段，他们在确定创意可行之前就去设法实现它。评价是创业机会识别过程中特别具有挑战性的阶段，因为它要求创业者对创意的可行性采取一种公正的看法。

五是阐述阶段。这是创意变为最终形式的过程。详细情节已构思出来，并且由创意变为了有价值的东西，诸如新产品、新服务或新商业概念，甚至已经形成了能够实现价值的商业模式。

3. 创业机会识别的方法

较为常用的创业机会识别的方法有以下五种：新眼光调查、系统分析、问题分析、顾客建议、创造需求。其中，有的来自启发或者经验，另一些则很复杂，需要市场研究专家等外部力量的支持。

1）新眼光调查

当阅读某人的发现和出版的作品时，实际上就是在进行调查。利用互联网搜索数据，寻找包含你所需要信息的报纸文章等都是调查的形式。大量获取信息对发现问题以及更加快速地切入问题很有帮助。在调查中要学会问问题，同时通过不断地获取信息，建立自己的直觉。新眼光也将不断发展，提供很多看问题的新方法。

2）系统分析

多数机会都可以通过系统分析得到发现。人们可以从企业的宏观环境（政治、法律、技术、人口等）和微观环境（顾客、竞争对手、供应商等）的变化中发现机会。借助市场调研，从环境变化中发现机会，这是机会发现的一般规律。

3）问题分析

问题分析是指从开始就要找出个人或组织的需求和他们面临的问题，这些需求和问题可能很明确，也可能很隐蔽。创业者可能识别它们，也可能忽略它们。创业者需要全面了解顾客的需求，以及可能用来满足这些需求的手段。

4）顾客建议

顾客建议多种多样，他们了解产品和服务，更有可能发现新的机会。讲究实效的创业者总是渴望从顾客那里征求想法。

5）创造需求

这种方法在新技术行业中最为常见。它可能始于明确拟满足的市场需求，从而积极探索相应的新技术和新知识；也可能始于一项新技术发明，进而积极探索新技术的商业价值。通过创造获得机会比其他任何方式的难度都大，风险也更高。同时，如果能够成功，其回报也更大。

4. 创业机会的建构

目前，运用信息加工理论来解释创业机会识别问题，已经成为创业机会研究的一种新趋势。创业机会的建构意味着，创业是创业者从赖以生存的环境中获取信息并建构自认为可靠的机会的认知过程，即使机会是被发现的，它们仍需要被感知。在创业机会的建构过程中，创业者的启发式思维和系统思维对认知加工非常重要。在高度复杂不确定的创业情境下，创业者更倾向于采用启发式思维进行创业决策，不过，成功的创业者往往更善于酌情灵活运用这两种思维方式来识别创业机会。

在建构主义视角下，创业机会开发是一个信息加工的过程，创业者应该采用试错或探索模式，通过诠释法来加工信息，并且利用他们从周围环境中捕捉到的信息来建构他们心目中的现实。

创业机会的建构过程包括三个方面。第一，创业者是具有主动性、目的性和创造性的能动者。第二，创业者在建构创业机会和创业企业的过程中伴随着与他人的互动和交流。第三，创业者在社会性地建构创业机会和企业的过程中受到嵌入特定情境的规则和资源的影响。

五、创业机会识别的关键要素

从众多创意中识别出创业机会，需要具备一定的知识，了解相应的识别方法。识别和认识创业机会，需要观察社会发展趋势，解决需求问题，发现市场空隙，并且要基于创业者的个性特征。

1. 观察趋势

顺应时代发展，引领时代潮流的创业项目容易成功；逆潮流的或者与社会发展趋势相反的项目则容易走向失败。所以，创业者应在众多的创新性想法中，从政治、经济、社会和科技的角度进行分析，选择符合发展趋势的创业机会。

对于那些依赖政府的支持性规定存在的企业，在规章制度发生变化后生存就会受到威胁。如烟草行业和高档酒店行业。因此，创业者在进行机会识别时，要关注机会和政治制度的关系，采取王健林的"亲近政治远离政府"的做法。

当然，政治变革还会带来很多创业机会。例如，全球政治不稳定与恐怖主义的威胁，导致许多企业变得更有安全意识，于是数据备份行业得到扩张和快速发展。黄维学在清华同方工作期间，意识到进入信息化时代后，随着用户的信息化程度提高和对数据的依赖增强的现象，发现数据容灾备份、数据存储和安全市场的巨大需求和潜力，于是，他于2004年12月成立和力记易公司，致力于帮助客户实时备份重要数据，做到对历史数据的任意可追溯并确保业务连续性，从而全面确保数据和业务系统安全。公司业务得到快速发展，从2005年下半年至今，该公司的市场占有率已达到70%以上。

1）经济趋势

对于经济趋势的理解和观察，有助于确定创业机会的适宜领域或回避领域。当经济强劲时，人们会增加消费，而经济低迷时则会减少支出。如经济高速发展时可以从事奢侈品交易，而经济下行时化妆品的经营会取得不错的效果，实现所谓"口红效应"的效益。比如，在2009年美国金融危机的影响之下，重庆的商贸流通、中低档餐饮、微型汽车、国内旅游、文化娱乐休闲健身和教育培训市场却得到了不错的发展。因此，面对经济的不同发展趋势，应该选择不同行业的创业机会。

经济因素的影响还涉及创业机会所提供的产品和服务的主要消费群体，应该考虑该群体的购买力。比如，Jane Chen 与其团队发明的"拥抱"保温袋。在斯坦福大学就读工商管理硕士时，Jane Chen 与其团队发明了一个像睡袋般大小的育婴箱，这些育婴箱已成功救活全世界无数婴儿。但是，由于传统保温箱价格昂贵，贫困地区的人们买不起，每年有400万母亲只能眼睁睁地看着自己的孩子死去。于是，经过大量实验之后，她们生产出了价格低廉的叫做"拥抱"的保温袋。目前，该产品已经拯救了超过 150 000 个小生命。

经济因素导致的另一个趋势是企业受到持续的成本降低的压力。如随着人力成本的上升，温州眼镜业就开始用机器换人并因此降低了成本。通过用激光电焊机取代原来的人工电焊，在减少物料损耗的同时，生产效率提升 1 倍，生产成本减少 60%。由此，势必带动机器人行业的快速发展。大学生如果能立足于自身专业，在自动化领域大显身手，就会找到好的创业机会。

了解经济趋势，有助于识别创业需要回避的领域。例如，由于受国内外市场需求明显下降、国际大宗商品价格持续下跌等影响，钢铁煤炭行业产能过剩矛盾凸显，于是，国家下大力气促使其化解过剩产能。而这势必会带来新型能源和清洁能源产业的发展，清洁能源领域的创业机会就有很好的发展优势。

最后，随着分享经济的到来，分享成为生活的主题，以分享为基础的创业机会均实现了超常增长。如优步在全球各地的快速发展，在中国类似的企业——滴滴、快的等项目也有较快发展。基于分享的时代刚刚开始，相信会有越来越多的好的创业机会等着大家去发现和挖掘。

2）社会趋势

社会趋势的发展会对大多数创业机会形成非常大的影响。因为，所有产品或服务存在的原因，主要都是满足了社会需求而不仅仅是物质层面的需求。例如，O2O 餐饮的快速增长，不是因为大家喜欢快餐、喜欢在家吃外卖，而是在竞争日益激烈的情况下，人们的工作太忙，没有时间亲自做饭；社交类网站的流行，也是基于人们忙碌之中交往的需求。

随着人们对美的追求，让人美的创意也得到较为广泛的人群的大力支持，为人们提供美的工具的美图公司由此得到快速发展。美图公司成立于 2008 年，是中国领先的移动互联网平台公司，围绕着"美"创造了美图秀秀、美颜相机、美拍、美图手机等一系列软硬件产品，让"颜值"文化深入人心。截至 2015 年 7 月 22 日，美图公司移动端产品的用户总数已达到 12 亿，覆盖了 7.5 亿台移动设备。

人们对于环保和健康的关注、二胎政策的全面放开、业务的全球化等社会趋势，都会带来相当多的创业机会。只要用心观察，善于分析社会趋势，就能够从若干创意中找到适合开发的机会。

3）科技趋势

科技趋势常常与社会、经济趋势等相结合，共同创造创业机会。对于科技趋势的预测和利用，可以用来满足人们日益提高的生活品质需求。

如随着人们生活节奏的加快和地球村的形成，国际合作已经成为很多企业的基本特色，但是跨国的交通时间较长，带给需要出差的人群极大的烦恼。2013 年 7 月，美国电动汽车公司 Tesla（特斯拉）和美国科技公司 ET3 相继公布了"超级高铁"设想和"胶囊列车"计划，利用"真空管道运输"的概念，建造一种全新的交通工具。这种列车行驶速度是飞机的两倍，子弹头列车的 3～4 倍；置身"胶囊"车厢，像炮弹一样从车站发射，逐渐加速至每小时 6 500 公里，从纽约至北京只需 2 小时，环球旅行也仅 6 小时。2016 年 5 月 11 日，美国"超回路 1 号"公司在西部内华达州荒漠首次对"超回路技术"中的推进系统进行公开测试，测试结果符合预期。

随着人们对预期寿命提高的期盼以及住房条件改善的要求，3D 打印技术得到迅猛发展，而且已经取得了不小的成功。2014年4月就有首批10栋应用3D打印技术建成的房屋在上海张江高新青浦园区正式交付使用，这大大缩短了房屋的建筑周期，而且大大降低了房屋的建筑成本；2016年5月20日，清华大学长庚医院成功为骶1-2骨巨细胞瘤患者实施根治术，该手术精准化整块（en-bloc）切除高位骶骨肿瘤，并植入3D打印个体化适型假体，重建脊柱骨盆稳定性，成功为患者保住下肢及二便功能，为世界首例。可见，随着科技的发展，技术变化可以使原来很多难以实施的项目变为现实，为创业者带来更多契机。广大学生应善于发现这种变化，充分利用科技趋势。

2. 解决需求问题

创业机会除了可以顺应政治经济社会科技的趋势，还应该能够真正解决市场中消费者的需求，满足当前供给中的不足。

中国人民大学农业与农村发展学院博士、清华大学人文与社会科学学院博士后石嫣在北京创办了"小毛驴市民农园"和"分享收获"，采用了CSA模式（社区支持农业），把有机蔬菜配送到消费者家里，取消中间商，让农民与消费者对接，共同承担风险，分享利益。

中国科学技术大学的化学系本科、布朗大学攻读硕士的宁博，2013年回国后也毅然走上了自主创业的道路，发明了"VeggiePal"懒人智能机，这种种菜机占地面积仅约0.4平方米，每台机器有六层的种植空间，每天可以产出近半斤（200克）蔬菜，每种蔬菜的成熟期约两到三周，关键是这种种菜机还不用换水，深受青年人欢迎。海尔的洗土豆洗衣机也很好地解决了农民用洗衣机洗衣服同时洗土豆的难题。

由此可见，从身边出发，关注日常的需求，从他人的抱怨中深入思考，就会发现很多不错的创业机会。可以借用并改编一句中国的老话，"怨兮机所存"，抱怨本身就是商机的隐身地。发现抱怨，解决抱怨中的问题是比较不错的识别商机的方法。

3. 发现市场空隙

许多新产品的出现，就是因为消费者需要但无法在特定市场买到或者市场根本不存在。此时，沮丧的消费者如果意识到其他人也深有同感时，市场空隙就会被识别出来。

"三个爸爸"空气净化器填补了儿童专用空气净化器的市场空隙，Stance公司的男袜则将袜子变成穿衣搭配时尚单品，大受街头文化爱好者的喜爱。万里学院2008届的毕业生沈旭波成立的宁波联安房产经纪有限公司，通过不收中介费，而且提供装修和托管服务的方式弥补了房屋租赁市场的空隙，为其赢得了很好的发展。

因此，立足身边，善于观察，通过寻找市场空隙，可以有效识别创业机会。

六、有助于创业机会识别的因素

当一件事情发生的时候，对于有些人来说就是很好的创业机会，对于大部分的人则只是一件普通的事情。拥有识别创业机会技巧的少数人抓住了创业机会，取得了创业成功，不了解创业机会识别因素的大多数人则白白丧失了很多良机。一般来说，经验和认知、人际关系网络、分析问题的科学方法和创造性等都是有助于创业机会识别的关键因素和技巧。

1. 经验和认知

1）先前经验

按照"走廊原理"，在某个产业工作的个体，相比于那些在产业外的人来说，基于其在该产业的经验和对于产业的认知，更可能识别出未被满足的利基市场。

腾讯公司正是在QQ运营经验的基础上，基于智能手机的普及和移动互联网的发展，克服了中国移动提供的飞信服务的局限，在2011年1月21日推出了一个为智能手机提供即时通讯服务的免费应用程序微信，它支持跨通信运营商和跨操作系统平台，可以通过网络快速发送免费（需消耗少量网络流量）语音短信、视频、图片和文字，同时，也可以使用通过共享流媒体内容的资料和基于位置的社交插件"摇一摇""漂流瓶""朋友圈""公众平台""语音记事本"等。对于大多数学生来说，在校期间获得直接经验的机会较少，由此就需要多读书，尤其是多读一些创业类读物和人物传记等书籍，通过多获得间接经验来弥补直接经验较少的不足，帮助我们更好地识别创业机会。

2）认知因素

近年来众多学者从创业认知理论出发，研究个体在机会识别方面存在差异性的原因，认为个体层次上的认知因素差别是区别创业者和非创业者的关键要素。机会识别可能是一项先天技能或一种认知过程，多数创业者认为他们比别人更"警觉"，正是这种警觉性可以引发创造性思维，发现比他人更多的创业机会。

在2013年9月胡润财富榜中以人民币1 350亿元的身价第一次成为中国首富，之后又连续成为各种首富的王健林，就以其独到的认知方式做出了一系列重大的商业选择。王健林基于对大政方针、行业趋势、发展热点的把握，能够将企业发展和利润丰厚的地产行业挂钩，将地产发展和中国的城市化进程紧密联系，一开始就能专注商业地产开发，并带领万达将势力范围拓展到北京、上海、深圳等45个城市，在全国建立了超过60座万达广场，造就了中国最大的商业地产企业帝国。同样，对未来文化消费行业高速发展的预期，使得他在2012年9月完成了对美国第二大院线公司AMC娱乐公司的并购，让万达集团同时拥有全球院线排名第二的AMC公司和亚洲排名第一的万达院线，成为全球规模、收入最大的电影院线运营商之一。2015年以来，万达集团又通过并购瑞士盈方体育、美国世界铁人公司、法国拉加代尔公司运动部门，形成了体育赛事举办、运动员经纪、赛事营销、赛事转播的全产业链，成为全球收入最大的国际性体育公司之一。2016年3月21日，国际足联（FIFA）与万达集团签订战略合作协议，万达成为中国首个国际足联顶级赞助商，协议有效期长达15年。从房地产开发转向文化创意产业，又一个华丽转型，和王健林对于中国房地产市场的前景预测，对于文化产业的快速发展认知紧密相关，和"企业经营的最高层次是经营文化"的理念吻合。

研究发现，拥有某个领域更多知识的人，倾向于比其他人对该领域的机会更警觉。因此，大学生应该在学好某一个学科知识的基础上，不断培养自己的创造性思维能力，以发现更多创业机会。

2. 人际关系网络

我国著名学者包昌火教授认为，所谓人际网络，即为达到特定目的，人与人之间进行信息交流的关系网。它基本上是由节点和联系两部分构成。节点是网络中的人或机构，联系则是交流的方式和内容。按照小世界理论的观点，你和任何一个陌生人之间所间隔的人不会超过六个，也就是说，最多通过六个中间人你就能够认识任何一个陌生人。因此，找到关键的六个节点是打造人际关系网络的第一步。

建立了大量社会与专家联系网络的人，比那些拥有少量网络的人更容易得到创业机会。2009年年底，辞去央视公职的王利芬开始创业，2010年3月，她所创办的优米网正式上线，到 2013 年 5 月，优米网拥有 100 万注册用户，15 万付费用户，优米网和王利芬的社交网站关注度超过 800 万人。之所以能取得如此突出的成绩，主要与优米网精准锁定高知、商务消费群，用户覆盖中国经济发达、创业活跃的地区有关，而达到上述目标的前提应该说和王利芬在央视 15 年的工作经历，以及工作过程中形成的广泛的社会关系网络相关。《在路上》系列视频能够顺利录制及在地方 120 多个电台播出，同样和王利芬工作期间策划和主持的大量创业类节目，以及和参加节目嘉宾在互动过程中形成良好的私人关系有关，和其做记者以及主持人的工作经历有关。2014 年 7 月 16 日，新版优米网正式上线，降低了用户门槛。优米域名也正式更为"youmi"，方便好记的同时意味着给优米网的每一位学习者带去价值。

对于建立广泛的人际关系网络，大学生在校期间可以利用熟人介绍、参与社团、利用网络等途径拓展自己的人际关系，以互惠互利、诚实守信、分享、保持等为原则，以"3A"原则、换位思考、善于倾听等技巧扩充人脉，扩大自己的人际关系网，为未来的事业发展做准备。

3. 科学的问题分析方法

一个好的创业者是能够发现问题，并能找到好的解决方法的人。要找到好的解决方法，就需要有科学的问题分析方法。多数机会都可以通过科学系统的问题分析得以发现。

V 印自助云打印的创始人通过分析日常打印工作中的瓶颈（高耗能、高污染、设备重复采购、利用率低等），研制出了能够带来便捷的云印产品。用户在家里就可以通过网络传输实现资料、照片、文件等打印；还可以选择黑白或者彩色打印。如用户将拍摄的照片通过微信发送到 V 印云打印平台，就可以在 V 印云打印终端设备上把照片打印出来，非常简单、便捷，提供了打印行业的社会自助公共服务平台。平台在高校、社区、写字楼、政府、企事业单位、街道、酒店、咖啡馆等地的公共区域添置云打印终端，将那些使用率不高的打印机淘汰。据 V 印团队介绍，只要投放 200 万台左右的公共自助云打印设备，至少可以整合掉 4 000 万~6 000 万台打印复印设备，每年可直接减少 139 亿~212 亿度电的消耗，从而让打印成为节能的事情。目前，公共自助云打印的应用正在悄悄地改变用户打印的习惯和用户对打印机品牌的认识、认知度。

由此可见，掌握科学的分析问题的方法，有助于我们更好地识别出创业机会。日常生活中，应养成善于思考的习惯，并能够将课堂上学到的系统知识和发现的问题相结合，进行有针对性的分析，更好地解决问题，发现并利用商机。

【案例】

余佳文和他的超级课程表

余佳文，1990 年出生于广东潮汕一个普通家庭。2004 年，14 岁的他开始做生意。2007 年，在饶平二中读高一的余佳文开始自学编程，开创了一个高中生社交网站。网站 2008 年盈利，余佳文赚得人生的第一个一百万。

2009 年，余佳文进入广州大学华软软件学院开始了自己的大学生涯。

2011 年，余佳文的大学生活在继续，一星期有三十节课，基本记不住课程表，经常忘记在哪里上课。课上发现漂亮女生，也不敢主动要联系方式。这些日常小烦恼，给了余佳文创业灵感。他拉上几个朋友，组建了 8 个人的创业团队，成员都是清一色的大学生。2011 年下半年，团队开始研发软件"超级课程表"。而由于课程软件"超级课程表"设计粗糙、功能单一，只能显示上课名称、地点和老师姓名，其开发团队的"主角"余佳文在广州大学华软软件学院遭到冷嘲热讽，但这款应用却迅速吸引了几千名在校学生的使用。

后来随着不断改进，这款应用加入了许多小清新功能：比如"同班同学"任务，方便实时搜索到课堂周围的同学；发送聊天"小纸条"（这也和余佳文的需求有关，他刚上大学时不敢和女同学搭讪）；可以搜索空教室、设立考试倒计时；可以在应用中讨论课程内容，让老师知道上课时学生最关注什么；可以分享上课的笔记，共享文件资源；还可以查看到全校课程，并添加为个人旁听课程，制订计划；可以给课程进行评价打分。

此外，插入的 APP 小卖部挑了适合大学生用户的 APP 进行分类导流，对应用市场各种良莠不齐的 APP 起了把控质量的作用，这也是超级课程表的部分广告收入来源。

超级课程表的功能很多，但余佳文和他的团队将这些功能拆分细化，每个月只做一个功能的推广，每个诉求点又会配以 10 个以上的营销方案，每句文案都会经过仔细推敲，纠结几百次。在这个过程中余佳文会亲自测试不同文案的转发率，有很出位的配图，也有小清新校花评选。

课程表、下课聊、小纸条、大学男神等功能开发，成功吸引大量的学生用户。在余佳文眼里，超级课程表起码解决了学生的两点刚需，"首先，它和学校教务系统对接，方便学生下载课程表，还能根据学生的课堂评价，把学校里最优质的课程列出来，做精准的课程推荐，方便学生蹭课；其次，它能通过课程数据建立起同学间的关系链，提供一个社交平台，方便同学交友。"

到 2014 年，那个曾被嘲笑的大学生，以他独特的市场判断力及领导魅力，掌管着拥有 60 多名员工的广州周末网络科技有限公司的运营，并使公司成功获得四轮融资，仅最新一轮融资便获得数千万美元投资，而公司旗下名为超级课程表的校园应用已覆盖全国 3 000 所大学，拥有 1 000 多万注册用户，用户日均登录量 200 多万。

【案例分析】

请讨论：

（1）余佳文是如何想到"超级课程表"这个创业想法的？这是一个好的创业机会吗？

（2）余佳文团队是如何识别和判断该创业机会的？

（3）你对"超级课程表"项目的评价如何？

4. 创造性

创造性有助于产生新奇或有用的创意。从某种程度上讲，机会识别是一个创造过程，是一个不断反复的创造性思维过程。

19 世纪末，法国园艺学家莫尼埃想设计一种牢固坚实的花坛，于是，对建筑结构一窍不通的他便充分利用自己的特长，把花坛的构造转换成植物的根系，以此作为出发点，将植物的根系转换为一根一根的钢筋，将土壤转换为水泥，并用水泥包住钢筋，制成了新兴的花坛，并发明了具有划时代意义的新型建筑材料——钢筋混凝土，引发了建筑材料的一场革命。

及时抓住富有创造性的思维，采用具有创造性的做法，不但可以引发革命性的变革，带来颠覆式的创新，更有利于创业机会的实现。

第二节　创业机会评价

识别出的创业机会并不一定都能够驾驭，也不一定都要去进行开发。只有那些具备特定特征的创业机会才值得投入时间和精力付诸实施。掌握创业机会评价的方法和技巧，有助于将那些真正适合的创业机会挖掘出来。

一、创业机会评价的策略

有价值的创业机会除了具备第一节有价值的创意中提到的新颖性、真实性和价值性之外，还应该具有另外一些特征，如《21世纪创业》的作者杰夫里·第莫斯教授提出的，好的创业机会有以下四个特征：第一，它很能吸引顾客；第二，它能在你的商业环境中行得通；第三，它必须在"机会之窗"敞开期间被实施；第四，必须有资源（人、财、物、信息、时间）和技能与之匹配。所以，应从以下几个方面来评价创业机会。

1. 评价机会的吸引性

蒂蒙斯等人认为，好的机会需要有需求旺盛的市场和丰厚的利润，而且还容易赚钱。只要创业机会具有很强的吸引性，才能够得到潜在客户的关注。

在创业机会实施之前，可以通过市场调查或者市场测试的方法，对项目的吸引性进行验证。小米手机在推出之前就做了产品吸引力的调查分析，得到了大量米粉的支持，雷军说"因为米粉所以小米"，正是吸引性在创业机会实施中基础性作用的表现。现在大量众筹的网上项目，都是从吸引性的角度出发来进行产品开发的。

2. 评价机会的可行性

好的想法未必是好的商业机会，超过80%的新产品都是失败的。只有可行的创业机会才是好的商业机会。

分析创业机会的可行性可以从宏观、中观和微观的角度分别展开分析。宏观角度的分析可以采用PEST分析法，从创业机会的政治、经济、社会和科技的角度入手；中观角度的分析主要是行业层次的分析，常用的方法是波特的"五力分析模型"，从进入壁垒、替代品威胁、买方议价能力、卖方议价能力以及现存竞争者之间的竞争对行业的竞争情况进行分析，并需要通过行业数据的分析，了解行业生命周期，判断是否是"机会窗"打开的期间，对创业机会实施的时机进行判断；微观方面借助SWOT分析法，深入了解外部环境中的机会和威胁，以及创业项目自身的优劣势，对创业机会的可行性进行把握。

3. 评价机会的适时性

马克·吐温说："我很少能看到机会，往往在我看到机会的时候，它已经不再是机会了。"日常生活中，我们也常说"机不可失，失不再来"，这些都说明了机会转瞬即逝的特性。因此，创业者一定要适时抓住机会，开发利用机会。适时性是指在恰当的时间做恰当的事情，不早不晚，过早或过晚的机会可能都是"伪机会"。

通常情况下，只有那些需要很快满足某项重大的需要或愿望，或者尽早帮助人们解决一些重大问题的机会才有较大的胜算，在开发过程中容易取得成功。及时抓住消费者的"痛点"，是创业成功的关键之一。

4. 评价机会的匹配性

对任何人而言，有些机会只能看见，却不能为自己所把握。即使创业机会的价值潜力再大，如果自己缺乏相应的必备条件和因素，盲目行动带来的后果往往也可能是血本无归。因此，对于创业机会是否适合自己的判断，需要分析资源、团队能力的匹配程度。90 后大学生王子月的创业故事很好地说明了匹配性分析的意义。截至 2015 年年底，王子月已经拥有 300 家加盟店，获得 11 项国家专利，被评为浙江省十佳大学生，成功入围中国大学生年度人物。

5. 评价机会的持久性

创业机会的持久性是指机会持续时间的长短与市场成长性。一般来说，好的创业机会一般具有可持久开发的潜力，并且能够为企业带来持续的竞争优势。

无人机由于具有体积小、造价低、使用方便、对作战环境要求低、战场生存能力较强等优点，对未来空战有着重要的意义，在各种不同的灾害救援中也发挥了很大的作用。因此，研发无人机就是一个很好的创业机会。据路透社的统计数据显示，中国无人机制造公司"大疆"创新的产品在美国商用无人机市场占据领先地位，市场份额达 47%，遥遥领先于排名第二的竞争对手。而在全球商用无人机市场中，大疆更是独领风骚，一举夺得近 70% 的市场份额。无疑大疆已成为无人机里的领军人物。同时，大疆在无人机工业、行业用户以及专业航拍应用方面也做了很多探索，为客户提供性能更强、体验更佳的革命性智能飞控产品和解决方案。无人机的民用领域非常广阔，具有很强的持续性。

【案例】

万燕早飞和苹果成熟

1992 年 4 月，美国国际广播电视技术展览会在美国拉斯维加斯举办，时为安徽现代集团总经理的姜万勐带着自己的同事赴美观展。姜万勐被展览会上美国 C－CUBE 公司展出的一项不起眼的 MPEG（图像解压缩）技术所吸引，他凭直觉立刻想到，用这一技术可以把图像和声音同时存储在一张小光盘上。此后，姜万勐先后出资 57 万美元，于 1993 年 9 月，将 MPEG 技术成功地应用到音像视听产品上，研制出一种物美价廉的视听产品——VCD。同年 12 月，他又与美籍华人孙燕生（时为 C－CUBE 公司董事长）共同投资 1 700 万美元成立了万燕公司。可惜万燕推出的第一批 1 000 台 VCD 机，几乎都被国内外各家电公司买去做了样机，成为解剖的对象。中国的老百姓到了 1994 年年底才逐渐认识 VCD。在这一年，万燕生产了几万台 VCD 机，每台定价 4 250 元左右。从 1996 年开始到 1997 年，中国的 VCD 市场每年以数倍的速度增长。从 1995 年的 60 万台猛增至 1996 年 600 多万台，1997 年销售量达到 1 000 万台。只用了短短 5 年，VCD 影碟机累计销售已有 5 000 万台，并催生了爱多、步步高、新科等国内响当当的品牌。但"万燕"却在这个产业中，从"先驱"成为"先烈"，其市场份额从 100% 跌到 2%，也就在这一年，"万燕"被同省的美菱集团重组，成为美菱万燕公司。

世界上第一台平板电脑是台湾宏碁 2002 年推出的 TravelMate C100，但是这个产品和安徽万燕一样都因为进入市场太早而夭折。现在最流行的苹果的平板电脑却是在 2010 年才推出的。苹果公司的策略是：首先在 2001 年推出了 iPod 以及 iTune，在音乐播放器的生产上开始试水；在 2007 年，市场的网络环境已臻成熟时，推出了第一代 iPhone 智慧型手机,开创性地将手机从通信工具变成社交工具;在2008年推出了AppStore这款软件商店平台,并不断丰富商品品种;到2010年,当苹果在软件内容拥有相对的竞争优势、网络环境对于移动上网变得友善、科技生产力得以生产出轻薄便宜的平板电脑之后,该公司才终于推出了iPad这个平板电脑产品,即便是他们早在2004年3月就已经申请了相关专利。

进入市场过早的万燕,只是做了VCD市场的培育者,没能够成为市场的收获者,所以,"早一步是先烈,早半步是先驱"的说法不无道理。而直到时机成熟才推出的苹果平板电脑,则一经推出便备受推崇,销量一路走高。

【案例思考】

(1) 万燕VCD为什么失败了?苹果的iPad为何取得了成功?

(2) 在万燕VCD和苹果iPad项目中,除了推出的时机外,还有什么因素影响了二者的成败?

(3) 案例对于你有何启发?

二、创业机会评价的方法

创业机会评价常用的方法有史蒂文森法、隆杰内克法、标准打分矩阵法、巴蒂选择因素法、普坦辛米特法、蒂蒙斯法等。

1. 霍华德·史蒂文森法

霍华德·史蒂文森(Howard Stevenson)认为可以从以下几个方面来评价创业机会:第一,机会的大小,存在的时间跨度以及成长性;第二,潜在的利润是否可以用来弥补资本、时间和机会成本的投入,并获得令人满意的收益;第三,机会是否开辟了额外的扩张、多样化或综合的商业机会选择;第四,在可能障碍面前,收益是否会持久;第五,产品或服务是否真正满足了真实的需求。

2. 隆杰内克法

隆杰内克(Longenecker)认为,以下五个方面对于一个创业机会的评价至关重要:第一,对产品有明确界定的市场需求,推出的时机也是恰当的;第二,投资的项目必须能够维持持久的竞争优势;第三,投资必须具有一定程度的高回报,从而允许一些投资中的失误;第四,创业者和机会之间必须互相合适;第五,机会中不存在致命的缺陷。

3. 巴蒂选择因素法

巴蒂(Baty)选择了11个对创业机会有重要影响的因素,让使用者据此对发现的创业机会进行评价。如果某个创业机会只符合其中的六个或更少的因素,则这个机会很可能不可取;相反,如果某个创业机会符合其中的七个或以上的因素,则该创业机会将会大有希望获得成功。巴蒂选择因素法的具体内容如表3-1所示。

表3-1 巴蒂选择因素法

序号	选择因素
1	这个创业机会在现阶段是否只有你一个人发现了?
2	初始的产品生产成本是否可以承受?

续表

序号	选择因素
3	初始的市场开发成本是否可以承受？
4	产品是否具有高利润回报的潜力？
5	是否可以预期产品投放市场和达到盈亏平衡点的时间？
6	潜在的市场是否巨大？
7	你的产品是否是一个高速成长的产品家族中的第一个成员？
8	你是否拥有一些现成的初始用户？
9	是否可以预期产品的开发成本和开发周期？
10	是否处于一个成长中的行业？
11	金融界是否能够理解你的产品和顾客对它的需求？

4. 标准打分矩阵方法

该方法选择使创业机会成功的重要影响因素，经由专家打分，据以对不同的创业机会进行比较。每一个因素由专家根据其重要性程度给出 1~3 分的分值，1 为一般，2 为好，3 为很好。标准打分矩阵的具体指标如表 3-2 所示。

表 3-2 标准打分矩阵评价法

标准	专家评分			
	很好（3分）	好（2分）	一般（1分）	加权平均分
易操作性				
质量和易维护性				
市场接受性				
增加资本的能力				
投资回报				
专利权状况				
市场的大小				
制造的简单性				
广告潜力				
成长的潜力				

5. 普坦辛米特法

普坦辛米特法（Potentionmeter）是一种让创业者填写针对不同因素的不同情况，预先设定好权值的选项式问卷方法。对于每个因素来说，不同选项的得分可以从 -2 分到 +2 分，通过对所有因素得分求和得到最后的总分，总分越高说明特定创业机会成功的潜力越高。只有那些最后得分高于 15 分的创业机会才值得创业者进行下一步的策划，低于 15 分的都应被淘汰。该方法的具体内容如表3-3所示。

表3-3 普坦辛米特法

序号	选择因素
1	对于税前投资回报率的贡献
2	预期的年销售额
3	生命周期中预期的成长阶段
4	从创业到销售额高速增长的预期时间
5	投资回收期
6	占有领先者地位的潜力
7	商业周期的影响
8	为产品制订高价的潜力
9	进入市场的容易程度
10	市场试验的时间范围
11	销售人员的要求

三、创业机会评价的标准

无论采用什么方法评价创业机会，都应该把握一定的判断标准。这些标准主要有创意及其竞争力、行业和市场、创业团队以及经济因素和回报等。

1. 创意及其竞争力

有价值的创意，应符合新颖性、真实性和价值性的特点；如果具备以上三个特点，就需要具体分析其在市场上的竞争力。一般来说，要确认并且列出所有竞争产品和竞争企业，而且至少要与3个满足相似市场需求的竞争对手的产品或服务进行对比。通过分析突出自己产品或服务的差异性，形成独特的卖点。与市场上竞争对手的产品或服务相比，企业的产品或服务至少要具备3~5个与众不同的特点。

只有那些有价值和竞争力的创意才值得投入时间和精力去进行开发。

2. 行业和市场

行业一般是指生产同类产品或具有相同工艺过程或提供同类劳动服务划分的经济活动类别。行业由出售者，即生产者或劳务提供者构成。市场是由一切具有特定需求和欲望，并且愿意和能够通过交换的方式来满足需求和欲望的顾客构成。

创业机会评价时要关注提供相同或类似产品或劳务的行业，包括其竞争情况、收获条件等，在行业的机会窗口打开期间进入才能获利；其次要关注消费的市场，只有市场足够大，才能够收回成本获取利润。创业者一定要能够清晰界定细分市场。

一般来说，市场数据应至少3年收集一次，要尽可能多地收集二手数据。

充分竞争的行业和有较大潜力的细分市场可以为创业机会的成功开发提供基本保障。

3. 创业团队

创业团队永远是创业中最核心的因素，是决定创业成败的关键，也是风险投资家最看重的因素。创业团队的评价是项目评价中最重要的标准之一。在进行评估时，要确保团队中至少有一人具备新创意所属行业领域的相关经验，而且团队成员要对拟开发的项目感兴趣，以保证机会的成功开发。

兴趣永远是最好的老师，知识和经验有助于识别并低成本解决开发过程中的问题。

4. 经济因素和回报

创业的目的之一便是获取经济回报，因此，经济因素和投资回报也是评价创业机会时需要重点考虑的标准。创业者应尽可能在成本效益原则的指导下，在较短时间内，以较低成本获得较高的回报。

一般来说，成长较快的行业，收益率较高的行业都是具有吸引力的领域，值得进行创业尝试。当然，这样的领域也会是竞争较激烈的领域，所以，创业者在开发创业机会时要能够进行风险分析和管理，并设计好商业模式。

课后习题

一、思考题

1. 什么样的创意是有价值的创意？
2. 熊彼特认为创新的途径有哪些？
3. 按照德鲁克的说法，创新机遇可以来源于哪些方面？
4. 创业机会评价有哪些方法？
5. 你认为创业机会评价的标准有哪些？

二、拓展阅读一

一副眼镜售价 300 欧元，温州制造实现逆势突破

你楼下的夫妻店一年卖了 10 万亿

三、拓展阅读二（优秀创业校友案例）

玉环市新凯机械制造有限公司董事长——董新恒

第四章
项目选择与市场分析

✱ **学习目标**
- 了解项目选择获取的基本方法；
- 了解市场竞争分析的要素，掌握市场竞争的策略；
- 理解市场营销的基本理论，了解创业市场营销的方法；
- 了解市场调查的基本方法。

✱ **技能目标**
- 利用市场营销和调查的方法确定项目，并制定自己的营销策划方案。

名人语录：

中国的创业者是非常幸福的，哪怕一个很小的细分人群，都有可能是几千万甚至上亿人的市场！

——徐克功

引例：

戴森市场分析

2018年5月31日，北京首家戴森官方体验店开业，这是戴森在中国内地的第四家官方体验店。今年，戴森的门店数量将增至10家，这位2012年才进入内地市场的"后来者"，出击谨慎，进展快速，其成功源于其精准的市场分析。

戴森主打中高端市场，价格在同类产品中偏高——售价6 440元的扫地机器人、4 950元的吸尘器、4 950元的电风扇、3 165元的吹风机。"贵"是中国消费者对其产品的直观感受。在京东平台上，500元以上、月销量前十的吹风机产品中，销量前六的全是戴森的吹风机。不过，价格并不是戴森的唯一标签，为了贯彻"解决他人所忽视的问题"这一设计理念，公司雇用了4 450名工程师，每周投入研发的资金高达800万英镑。

对于中国的市场环境，戴森中国区总裁米凯拉·托德（Michaela Tod）说："我在中国已经很久了，目前去过二十几个城市，实地感受了当地消费者的需求，了解了他们的习惯。另外我也会去中国家庭进行家访，了解中国家庭是怎样做清洁的。中国消费者非常注重消费体验。在购买之前，他们通常会在线下的商铺动手体验产品，与店员交流，当时不一定会买，有可能隔一个礼拜以后在电商平台上购买。所以我觉得融合线上线下的渠道，让消费者在线下对产品有充分的体验非常重要"。

关于中国市场上的竞争对手，米凯拉认为："我们无可避免会有很多竞争对手，无论你在哪个行业，都会有人与你竞争，甚至抄袭你，某些竞争品牌我自己也买过，感觉用起来实在不太顺手，有些品牌在我们发布新品后的第二个月，他们的新品就出来了，连外表都高度相似。对此我们不想多加评论，因为我们专注于往前走，持续更新我们的科技，好的产品都是一分价钱一分货，我们在马来西亚的工厂里，每个产品出厂前都会进行各种各样的安全性测试。比如，我们的工厂会有一些员工专门检测机器质量是否过关"。

对于戴森"小众"的标签，米凯拉认为："戴森的客户并不是某种特定类型的人，比如吹风机的客户是女性偏多，但各个收入阶层的人都有；空气净化风扇，则是男性、已婚家庭、有孩子的客户偏多；而买无绳吸尘器的，可能各个年龄层都有涵盖。我们的营销策略更多是从中产阶级消费者的角度思考，但真正购买我们产品的群体其实更广泛，不限于中产阶级"。

"戴森上海科技实验室的开设就是为了加速戴森设备在中国的本土化，主要有三个目的：第一是为了工程师能实地了解中国家庭的需求，戴森的工程师会去北京的部分家庭做家访和内测；第二，了解中国当前的科技趋势，要想准确捕捉人工智能、机器学习这些技术在中国的发展方向，只有深入此地，才能真正清楚当前趋势的定位和需求；第三，实验室是为产品质量而设，我们尽量让每台机器不出问题，所以在科技实验室里，我们专门有一个部门负责质量把关和产品维护。"

第一节　项目选择

创业者最初萌发一种创业冲动或创业构想，但创意是否可行，能否转化成为一个真正的创业项目，需要看有没有实际的顾客愿意花钱购入，甚至把这种概念开发出某种产品原型或技术趋势，与顾客进行沟通，才可能进一步争取关键资源、融资、组建团队，再到建立企业。所以，从产生创业想法一开始，就已经要考虑市场和接触市场。这之后，经过对市场的分析，认为有市场、有需求，创业者开始组建团队、撰写详尽的商业计划。成功的商业计划除了要有概念上的创新和创意，更需要进行现实的、严谨的市场调研和分析。如果商业计划营销成功，创业团队获得资金可以正式建立企业。再之后，新产品开发出来，创业企业开始用更多投资进行批量生产，开始大规模的产品营销，这也是将产品放到市场全面检验、考察新产品市场好不好的时候。可以看出，创业市场不是某一环节的事情，而是伴随创业企业从萌发创意到真正创业的各个时期。

一、市场调研

市场调研（Marketing Research）是针对企业面临的具体问题，系统的收集、分析和评价相关信息，并对研究结果提出正式报告，以供决策部门解决这一特定问题。

一些较大的公司通常拥有自己的调研部门，在市场营销调研项目上与市场营销经理进行合作。一些公司还会选择外部调研专家或公司与企业管理者共同探讨去解决一些市场营销问题。此外，还有一些公司会选择购买外部调研公司的数据进行分析研究，来解决本公司的市场营销问题。在实际操作中，企业应根据自身规模和实力以及实际问题的具体情况来选择合适的策略。

市场调研是问题导向的，所以首先需要提出问题，这也是后续市场调研的基础。在确定问题时，应充分考虑研究的目的、背景等相关信息。市场调研的目标通常有三种，探索性调研（Exploratory Research）、描述性调研（Descriptive Research）和因果性调研（Causal Research）。探索性调研一般是在调研专题的内容与性质不太明确时，为确定调研方向和范围而进行的搜集初步资料的调查。描述性调研是指针对所面临的不同因素、不同方面的现状进行调查研究，着重于客观事实的静态描述。大多数的市场调研属于这一种。因果性调研则是为了找出关联现象或变量之间的因果关系。

确定研究问题和目标后，需要制订调研计划和收集相关信息。一般来说，调研数据分为原始数据和二手数据。二手数据是现存的为其他目标而收集的数据，大多数时候，市场调研用到的数据都是二手数据。调研人员应注意利用现有信息收集数据，可以从一些商业数据服务机构和政府获得数据来源，很多行业协会也会提供免费信息，此外，企业还可以向付费商业机构购买相关信息和数据。

当二手数据不足以支撑调研活动进行时，便需要进行原始数据的收集。原始数据是为某种特殊目标而专门收集的数据，通常有观察法、实验法、调查法和专家估计法四种。观察法是通过观察正在进行的某一特定营销过程来解决某一营销调研问题的方法。调查人员通过观察消费者行为来探究那些不可能通过询问消费者便可获得的相关信息。实验法是为了试验特定营销刺激对消费者行为的影响，将选定的刺激引入被控制的环境中，系统地改变刺激程度，测定被实验者反应的方法。调查法是收集原始数据的最常用的方法，通常用于调查消费者的认知、态度、偏好等购物行为，最适用于描述性调研。专家评估法是采用专家估计的数据作为参考的方法。当企业没有足够的实践进行严谨的调查，或者即便采用科学的方法也无法获得合适的数据时，便可采用这种方法。

获取数据和信息的渠道有多种，包括邮寄、个人访谈、电话和网络等。邮寄调查是将问卷寄给事先选择好的调查对象，被调查者完成问卷后寄回给调查者的方式。这种方式在网络时代之前被广泛采用。个人访谈是访问员持调查问卷与被访者在同一地点面对面进行信息收集的方法，可以通过入户访问、拦截访问或约谈的方式进行。电话访问是选取一个被访者的样本，在某个场所或用专门的电话访问，在固定时间段内拨打电话进行数据收集的方式。网络市场调研是通过网络进行调查、收集数据的调研方式。现在的互联网信息高速发展，调研活动的方式也发生了巨大的变化。企业可以通过电子邮件、网页链接、微信、微博等渠道邀请被访者回答问题，还可以通过信息技术跟踪记录消费者购物行为和网络浏览习惯等获取相关信息和数据。此外，企业还可以在网络上创立讨论小组进行定期反馈和现场讨论，也可以进行网上实验来获取数据。

通过调查问卷或其他方式获取数据后，需要进行数据的分析。对于数据的加工和整理，调研人员需要注意分离出重要的信息和发现，这些将是调研工作的重点和难点。对于一些较大的定量调研活动，还会涉及相关分析、回归分析、方差分析、因素分析等统计方法。

最后，调研者需要完成调研报告。在调研报告中，调研者应该将调研所获得的重要发现和对决策有用的信息呈现给管理者，注意不要仅仅把数字和统计结果展示给管理者。

二、市场环境分析

假设一个市场由一些企业组成，其中40%的市场份额掌握在市场领导者（Market Leader）手中；30%由市场挑战者（Market Challenger）所掌握；20%在市场跟随者（Market Follower）手中，他们不愿打破现状，只想保持现有的市场份额；而剩下10%的市场份额则掌握在市场利基者（Market Nicher）手中，他们又被称为市场补缺者，专注于大公司并不触及的小市场。

1. 市场领导者竞争战略

市场领导者占有最大的市场份额，而且往往领导着价格调整、新产品推出、分销渠道覆盖和促销力度。虽然营销人员认为著名品牌在消费者心中具有独一无二的地位，但是除非该优势企业享有合法的垄断性，否则还是需要时时保持警惕。一次强有力的产品创新后，可能竞争对手也紧接着会挖掘出全新的营销视角或进行一次重大的营销投资；或者，市场领导者的成本结构可能会不断攀升。要保持领先地位，公司首先必须找到扩大整体市场需求的方法。其次，公司必须以得当的攻守策略保护原有的市场份额。最后，即使市场容量不变，公司也应尝试增加其市场份额。下面我们分别详述每个策略。

1）扩大整体市场需求

当总体市场扩大时，市场领导者通常获利最多。一般来说，增加消费频率有两种方式：一种是在同样的基本使用方法下识别新的使用机会；另一种是另辟更多新用途。营销活动应该传播使用该品牌的适宜性和优势。当消费者对产品的认知和实际功效迥异时，新的机会就出现了。

在试图扩大整个市场容量的同时，市场领导者必须时刻注意保护自己的现有业务不受竞争对手的侵犯。市场领导者做到这些的最有建设性的方式就是持续创新。市场领导者应该引领行业不断开发新产品，提供新的服务，致力于资源的有效分配及成本的持续降低。全面的解决方案可以增加企业的竞争优势和价值，顾客会因此心存感激。

2）保护原有市场份额

作为市场领导者，即使不展开攻势，也必须谨防任何主要侧翼被攻击。防御战略的目的在于减少受到攻击的可能性，将攻击的目标引到威胁较小的领域，并设法减弱攻击的强度。市场领导者会合法并合乎道德地采取一切行动削弱竞争者开发新产品、安全分销以及获取消费者注意的能力。

市场领导者可以采用以下六种防御战略：阵地防御、侧翼防御、先发防御、运动防御、市场扩大化、收缩防御。具体采取哪种战略，部分取决于公司的资源、目标以及对竞争者反应的预期。

阵地防御（Position Defense）。阵地防御意味着占领最大的消费者心智份额，使得品牌形象坚不可摧。

侧翼防御（Flank Defense）。市场领导者也应该建立一些侧翼以保护其薄弱的前沿阵地或者支持一个可能的战略反攻。

先发防御（Preemptive Defense）。一种更加积极的做法是先发制人，也许可以跨越市场开展游击战，在这儿打击这个竞争对手，在那儿打击另一个，从而使得每一个对手都惶恐不安。另一种方法是实现大范围市场包围，向竞争对手发出不要进攻的信号。在先发防御中，市场领导者可以直面回击或者向进攻者侧翼包抄甚至发动钳形攻势，使其不得不回营救主。先发防御的另一种常见方式是进行经济上的打压。市场领导者可以对易流失产品采用低价策略以压倒竞争对手，并从高利润产品获得收益补偿；市场领导者也可以提早宣布产品即将升级换代，防止消费者购买竞争产品。

运动防御（Mobile Defense）。在运动防御中，市场领导者将其领导地位扩展到新的领域，通过市场扩大化或市场多样化使其成为将来的进攻或防御中心。

市场扩大化（Market Broadening）。是将企业的焦点从现行产品转移到满足客户基本需求上，企业将大力投资研发与该需求相关的所有技术。

收缩防御（Contraction Defense）。大公司有时候不能再防守其所有的领地，在计划性地收缩（Planned Contraction）或者战略撤退（Strategic Withdrawal）时，它们放弃弱势市场，重新分配资源至强势市场。

3）增加市场份额

在诸多市场中，市场份额的竞争通常都变得非常激烈，因为企业的市场份额每提高一个百分点，就能带来非常可观的收益。然而，获取日益增长的市场份额，并不意味着就能自动产生更高的利润，特别是对于那些没有形成规模经济的劳动密集型服务公司而言。能否获取更高的利润在很大程度上取决于公司的战略。通过并购获取更多市场份额所付出的代价可能远远超过其收益价值，因此，公司在追求市场份额的增长前应该先考虑以下四个因素。一是激起反托拉斯行动的可能性。如果主导厂商在某个市场上进展过于深入，受挫的竞争者可能会控告其垄断，并采取法律行动。微软和英特尔需要避开全世界很多法律诉讼，正是因为有些竞争者认为其商业操作不适宜或不合法，并且滥用市场权力。二是经济成本。一旦市场份额超过某一水平，公司收益率将会随着市场份额的增长而降低。法律工作成本、公共关系费用以及营销费用都会随着市场份额的增加而增加。三是开展错误营销活动的风险。那些成功获取市场份额的公司一般在以下三个方面胜过其竞争对手：新品推荐活动、相对产品质量和营销花费。那些试图通过比竞争者更大幅度地降价来提升市场份额的公司往往收获不大，因为竞争对手通常能够承受这个降价幅度或者会通过一些手段防止买家转换品牌。

2. 市场挑战者竞争战略

市场挑战者首先必须明确其战略目标。绝大部分公司的目标是扩大市场份额。挑战者也必须确定攻击目标，这一目标通常是成为市场领导者。这是一种高风险但具潜在高回报的战略，特别是领先者在该市场做得并不好的时候，这种方法非常明智。市场挑战者不会以特定的某个公司为攻击对象，而是将整个行业作为比较，或者以一种普遍方式来思考没有被充分满足的消费者需求。

针对明确的竞争对手和目标，市场挑战者可以采取五种攻击策略：正面攻击、侧翼攻击、围堵攻击、迂回攻击和游击攻击。

正面攻击（Frontal Attack）。在纯粹的正面攻击战中，进攻者在产品、广告、价格和分销方面与对手进行正面比拼。这种力量比拼原则上意味着拥有更多资源的一方会取得最终胜利。而如果市场领导者不反击，或者进攻者能让市场相信其产品可媲美领先者的话，一旦遇到正面攻击，降价等手段将会起作用。

侧翼攻击（Flank Attack）。侧翼攻击策略指瞄准竞争对手的弱点、漏洞或者薄弱环节，然后快速填补市场空缺的策略。对于资源较少的挑战者来说，这种策略尤其具有吸引力，其胜算也比正面攻击更大。另一种侧翼攻击战略是去满足那些未被覆盖的市场需求，也可以采用地域攻击策略专挑竞争对手表现不佳的地区重点攻击。

围堵攻击（Encirclement Attack）。围堵攻击是指试图通过在多个前线发动浩大的进攻获取敌人的大片领土。当挑战者掌握了更上等的资源时，这种攻击方式是明智的。

迂回攻击（Circuitous Attack）。迂回攻击绕过所有的对手来进攻最易夺取的市场，可以有三种方针：多样化发展不相关产品；多样化发展新的地理市场；跃进式发展新技术来排挤现有产品。

游击进攻（Guerilla Attack）。游击进攻由小型的、断断续续的攻击组成，骚扰对手使其士气低沉，从而最终赢得持久的立足之地。采取游击战的挑战者同时使用常规和非常规的进攻方式，其中包括选择性降价、频繁的广告促销战以及不时的法律行动。游击战的成本不菲，尽管花费可能会小于正面攻击、围堵攻击或者侧翼攻击，但它通常必须以一次更强的进攻作为后盾来击败对手。

任何营销方案都可能作为攻击手段，如低价或打折的产品、新的或改良的产品和服务、更加多样化的产品供应或者是新颖的分销战略。挑战者的成功取决于如何结合各项战略来逐渐提升自身地位。市场挑战者一旦成功，即使成为市场领导者，也一样必须保持挑战者心态。

3. 市场跟随者竞争战略

许多公司宁愿跟随而不愿挑战市场领导者。在一些行业中，产品差异化和形象差异化的机会小，服务质量相差不大，价格敏感性非常高。这些行业非常排斥短期抢占市场，因为这种战略只会引起强烈的报复，因此绝大部分公司决定不去抢夺其他公司的顾客。相反，它们通常复制领先者的做法，为购买者提供类似的产品和服务，市场份额显示出高度的稳定性。但这并不是说市场跟随者缺乏战略。一个市场跟随者必须清楚如何保留现有顾客和如何赢得相当份额的新顾客，每个跟随者都试图在选用、服务或者财务等方面为其目标市场服务。

跟随者需要设计一条成长路线，但前提是这条路不会带来竞争性报复。许多跟随者会效仿领先者的产品、名字和包装，但加以少许变动，比如在广告和定价上加以改变。科技公司通常采用这种策略。

4. 市场利基者竞争策略

除了在一个巨大的市场中成为跟随者外，另一个选择就是在小市场中成为领先者，或称之为利基者。小公司通常都要避免与大公司竞争，因而它们会选择大公司不感兴趣的小市场作为目标。随着时间的推移，这些市场最终也可以形成大规模。

三、市场细分

创业者最初创业资源有限，很难覆盖整个庞大的市场，还可能面对各种竞争对手的防御。而且随着个性化消费时代的到来，不同的消费者的需求也大不相同，需求动机和购买行为越加多元。所以，创业者和初创企业需区分消费者，寻找最适合企业面向的那部分市场，这一过程就是通过市场细分进行目标市场选择，并通过市场定位再次明确顾客对相应市场的认同度的。

市场细分（Marketing Segmentation）是由美国的温德尔·斯密（WenDell Smith）提出的，指根据消费者需求的差异性，选用一定的标准，将整体市场划分为若干具有不同需求特性的更小市场的过程。

市场细分是指以消费需求的某些特征或变量为依据，区分具有不同需求的顾客群体。其结果是使同类产品市场上，同一细分市场的顾客需求具有更多的共同性，不同细分市场之间的需求具有明显的差异性，从而使企业明确有多少细分市场及各细分市场需求的主要特征。

市场细分的意义如下。第一，有利于掌握潜在市场需求以开拓新市场。通过市场细分，企业比较容易了解消费者需求，可以对细分市场的购买潜力、满足程度、竞争情况等进行分析对比，探索出有利于本企业的市场机会，使企业及时做出投产、销售决策或根据本企业的生产经营条件编制新产品开拓计划，进行必要的产品技术储备，掌握产品更新换代的主动权，开拓新市场，以更好适应市场的需要。第二，有利于满足一部分消费者需求以提高企业的经济效益。通过市场细分后，企业可以提供更加细致的产品和服务，使产品和服务更加适销对路，从而加速商品流转，加大供应数量以及提高产品质量，从而全面提高企业的经济效益。

由于大学生创业企业更多地面向消费者市场，以消费者市场看，通常细分市场的变量主要有地理变量、人口变量、心理变量、行为变量这四大类，创业企业可以根据不同的变量作为市场考虑因素，运用有关变量来细分市场。

1. 按地理变量细分市场

按地理变量也就是按照消费者所处的地理位置、自然环境来细分市场。国家、地区、城市规模、气候、地形地貌、人口密度等方面的差异都是变量要素，创业者可以依据变量分为不同的小市场，因为不同变量影响下消费者对于同一类产品往往有不同的需求与偏好，对企业采取的营销推广活动也会有不同的反应。

2. 按人口变量细分市场

按人口变量即按人口统计因素来细分市场，如年龄、性别、家庭规模、家庭生命周期、收入、职业、教育程度、宗教、种族、国籍等，都是市场细分的要素。

（1）年龄：不同年龄的消费者有不同的需求特点，例如，青年人对服饰的需求与老年人的需求就有差异，青年人需要鲜艳、时髦的服装，老年人则需要端庄素雅的服饰。

（2）性别：男性与女性在产品需求与偏好上有很大不同，比如在服饰、发型、生活必需品等方面均有差别。

（3）收入：低收入和高收入消费者在产品选择、休闲时间的安排、社会交际与交往等方面都会有所不同。

（4）职业与教育：消费者职业的不同、所受教育的不同也会导致所需产品的不同。例如，农民购买自行车偏好载重自行车，而学生、教师则喜欢轻型、样式美观的自行车。

（5）家庭生命周期：一个家庭，按年龄、婚姻和子女状况，可分为单身、新婚、满巢、空巢和孤独五个阶段。在不同阶段，家庭购买力、家庭成员对商品的兴趣与偏好也会有很大的差别。

3. 按心理变量细分市场

心理变量即购买者所处的社会阶层、生活方式、个性特点等心理因素。

（1）社会阶层：指在某一社会中具有相对同质性和持久性的群体。处于同一阶层的成员具有类似的价值观、兴趣爱好和行为方式，而不同阶层的成员对所需的产品也各不相同。

（2）生活方式：人们追求的生活方式不相同也会影响他们对产品的选择。例如，有的追求新潮时髦，有的追求恬静、简朴，有的追求刺激、冒险，有的追求稳定、安逸。西方的一些服装生产企业为"简朴的妇女""时髦的妇女"和"有男子气的妇女"分别设计不同服装；旅行社针对不同人群安排到乡村体验乡土文化与风俗，也可以到现代化都市感受都市气息。

（3）个性：一个人比较稳定的心理倾向与心理特征，也会对市场的产品有不同的反应。有些人个性自信、自主、支配，而有些人顺从、保守、适应。在西方国家，对诸如化妆品、香烟、啤酒、保险之类的产品，一些企业以个性特征为基础进行市场细分并取得了成功。

4. 按行为变量细分市场

行为变量即购买者对产品的了解程度、态度、使用情况及反应等。很多人认为，行为变数能更直接地反映消费者的需求差异，因而成为市场细分的最佳起点。

四、目标市场定位

要想成功创业，创业者必须回答如下重要问题：谁是我们的顾客？该如何吸引他们？一般可以按照三个步骤来回答上述问题：市场细分、选择目标市场、在目标市场中建立独特定位。

1. 市场细分

尽管市场细分非常重要，但常被创业者忽视。忽视这项重要活动可能会导致创业者对新产品或服务的潜在市场规模的错误评估。市场细分的过程包括识别细分市场的重要特征，然后勾勒细分市场的轮廓。通常使用人口特征和消费模式特征相结合的方式来定义细分市场。

2. 选择目标市场

选择目标市场包括比较不同细分市场的吸引力，然后选择最具吸引力的市场作为目标市场。即便某个细分市场具有一定规模和发展特征，并且其结构也很有吸引力，创业者仍需将其自身的目标和资源与该细分市场的情况结合在一起考虑。有些细分市场虽然有较大吸引力，但不符合创业者的长远目标，因此不得不放弃。这是因为这些细分市场本身可能具有吸引力，但是它们不能推动创业者完成自己的目标，甚至会分散创业者的精力，使之无法完成主要目标。即使这个细分市场符合创业者的目标，创业者也必须考虑新企业初创阶段是否具备在该细分市场获胜所必需的技术和资源。无论哪个细分市场，要在其中取得成功，必须具备某些条件。如果创业者在某个细分市场中的某个或某些方面缺乏必要的能力，并且无法获得必要的能力，创业者也要放弃这个细分市场。即使创业者具备必要的能力，也还不够。如果创业者确实能在该细分市场取得成功，也需要建立优势，以压倒竞争对手。如果创业者无法在细分市场创造某种形式的优势，就不应贸然进入。

新企业在选择目标市场时面临的最大挑战是，如何选择一个具有足够吸引力和差异性的市场，从而避免使自己陷入"红海"竞争。企业选择的目标市场，还必须与其商业模式、创业者和其他人员的背景和技能相一致。此外，企业还要持续地监测目标市场的吸引力。社会偏好不断发生着变化，尽管企业自身没有犯错，但目标市场仍然可能会失去吸引力。

3. 在目标市场中建立独特定位

进行企业的市场定位，必须重点回答4个问题。行业中哪些被认为理所当然的因素应该被剔除了？哪些因素的含量应该降低到行业标准以下？哪些因素的含量应该提升到行业标准以上？哪些行业内从未提供过的因素应该被创造？一旦企业以某种方式进行市场定位后，必须能够坚持到底，实践最初的梦想。然而，若顾客试用了企业的产品或服务后不满意的话，没有完全进行市场定位则是有益的，因为这样还有调整的余地。

市场细分

五、产品开发模式

市场定位与产品开发紧密相关，准确的定位有利于成功开发产品，而适合的产品开发模式也有利于市场的准确确定和细分。不同的产品开发模式导致不同的结果和绩效。

1. 传统的新产品导入模式

过去人们开发新产品，主要采取以产品为中心的开发模式。这种模式先是出现在制造业，然后不断向其他行业或领域扩散与发展，并逐步成为初创企业的惯用模式。以产品为中心的开发模式包括从新产品的概念形成到交付到顾客的整个过程。

第一阶段是概念萌芽与创意形成。在这一阶段，创业者往往会抓住灵光一现的奇思妙想，有时甚至将创意写在一张餐巾纸上，然后将其转变成一组核心理念，以此作为实施商业计划的大纲。接下来，他们要弄清楚围绕产品而来的一系列问题，包括产品或服务理念、产品特征和价值分别是什么？产品开发是否需要进一步的技术研究？顾客群体有哪些？怎样才能发现这些群体？这一阶段，创业者会确定一些关于产品的基本假设，包括对竞争差异、销售渠道和成本问题的讨论，以及如何更好地向风投资本家或企业高层介绍公司情况及其带来的利益。此时的商业规划包括市场规模、竞争优势和财务分析等。通过统计市场研究和顾客评论，推动问题评估和商业规划。

第二阶段是产品开发。在这一阶段，产品进入开发流程。这时公司各职能部门相继建立，相关的开发活动被分配到各团队实施。营销部门负责确定商业计划中描述的市场规模，开始定位产品最初的顾客。在组织机构分明的初创企业（热衷于流程开发的企业）中，营销部门甚至会针对目标市场进行一两次焦点小组测试，和产品管理团队一起制定市场需求文档，以便工程部门确定产品的最终特征和功能。与此同时，工程部门开始忙着明确特征和开发产品。产品开发通常会扩展为瀑布式的几个相互关联的步骤，每个步骤都强调最小化已定义产品特征组的开发风险。这一流程源自创业者的愿景，随后被扩展为市场需求文档（以及产品需求文档），然后进一步扩展为详细的工程技术规范。接着，工程部门便开始夜以继日地加班工作。瀑布式开发流程一旦启动就无法回头，产品即使出了问题也不可能再进行修改。通常情况下，这一流程会持续不断地进行18~24个月甚至更长，中间即使出现任何有利于企业的变化或新创意，该流程也不会中断。

第三阶段是对产品进行内部测试和外部测试。工程部门继续按照传统的瀑布式模型开发产品，以首次顾客交付日期为目标安排开发进度。进入外部测试阶段，与少数外部用户一起测试产品，确保产品满足既定的设计目标。营销部门负责开发完整的营销沟通方案，建立企业网站，为销售人员提供各种支持材料，展开公关和演示活动。公关机构负责调整定位，联系知名媒体，营销机构负责展开品牌塑造活动。

第四阶段是产品发布和首次顾客交付。产品投入运营后，企业进入"烧钱"模式。企业举行大型新闻发布会，营销部门推出一系列活动以引导最终用户需求。在销售部门的参与下，企业会聘请一家全国性销售机构，为销售渠道设定配额和销售目标。董事会根据销售执行情况和商业计划的对比来衡量企业表现，从根本上考虑这些计划是否适合时宜，因为它们是在一年之前企业寻求初始投资时制定的。

建立销售渠道和支持营销活动需要耗费大量现金。如果企业不具备早期资产变现能力，势必要筹集更多的资金支持运营。首席执行官会检查产品发布活动以及销售和营销团队的发展规模，再次向投资者募集资金［在互联网泡沫经济期间，投资者在产品发布时利用首次公开募股（IPO）吸引投资，此时尚无迹象表明企业经营会取得成功］。

过去，无数初创企业基于以产品或流程为中心的开发模式，把自己的第一款产品推向市场。而这种模式更适合那些已明确顾客群体、产品特征、市场范围和竞争对手的成熟企业。

2. 顾客开发模式

随着环境的变化越来越剧烈，不确定性程度越来越高，创业者并不清楚面对的顾客群体是谁，也不清楚产品特征和市场范围，可以说是在没有成型的商业模式下开始创业的。因此，创业者需要采取一种不同于传统产品开发模式的产品开发流程。顾客开发模式由四个步骤构成。其中，前两个步骤构成商业模式的调查阶段，后两个步骤经过开发、测试和验证之后构成商业模式的"执行"阶段。

四个步骤的具体内容如下：

1）顾客探索

在这一阶段，通过顾客探索活动，将创业者对企业的愿景转变成商业模式相关要素的假设，并对每个假设进行测试。为实现这个目标，创业者需要丢弃主观猜测，走出办公室，真正倾听顾客的想法，了解他们的问题，了解他们认为哪些产品特征能够解决这些问题，了解他们的企业是如何推荐、批准和采购产品的，从他们的反馈中获取真知灼见，然后对假想的商业模式做出调整。在顾客探索阶段，可能会出现反复调整，也可能发生失败。对商业模式的误解或错误假设会经常出现，例如顾客群体是谁，他们需要解决什么问题，哪些产品特征可以真正解决这些问题，有多少顾客愿意付钱解决这些问题等。

2）顾客验证

顾客验证阶段，是指用于证明经顾客探索阶段测试和迭代过的业务是具备可重复和可升级性的商业模式，可提供大量所需顾客信息，以建立具有盈利能力的企业。在验证过程中，企业需利用新一轮测试，针对更大规模顾客的业务升级能力（如产品、顾客获取、定价和渠道活动），采取更为严格且定量的方法。在这一过程中，初创企业要回答一个问题，即投入1元的销售和营销资源，能否创造2元以上的收入（或是用户、访问量、点击率以及其他衡量指标）。

顾客验证过程要利用最小化可行产品在顾客面前测试产品的主要特征。顾客验证可证明顾客群体的存在，确认顾客会接受最小化可行产品，验证顾客具备真实且可衡量的购买意图。

如何实现这些目标验证可通过试销的方式来衡量，即让顾客掏钱购买（或积极参与产品互动）。在单边市场（用户即支付者的市场）中，稳定的顾客采购流对产品产生的验证结果，比简单的调查更有效。在双边市场或广告支撑型商业模式中，以十万为基数呈几何级增长的顾客规模，往往意味着企业可以寻找那些愿意付费接触这些用户的广告商。

顾客开发模式的前两个步骤，即顾客探索和顾客验证，起到的是提炼、巩固和测试商业模式的作用。只有在具备足够规模的顾客群体，以及可重复式销售流程能够形成可盈利商业模式时，即在确定商业模式过程中积累足够的可衡量改善之后，顾客验证阶段的"逃逸速度"才会出现。这时，企业才可以进入下一个步骤，即扩张阶段，也称顾客生成阶段。

3）顾客生成

顾客生成建立在企业首次成功销售的基础之上，是企业加速发展、花费重金扩张业务、创造终端用户需求和推动销售渠道的阶段。顾客生成过程因初创企业类型不同而不同。有些企业进入的是已有市场，需要与竞争对手展开竞争；有些企业需要开发新的产品或机会，开拓竞争对手还不存在的新市场；还有些企业通过重新细分现有市场或建立利基市场的方式开发低成本的混合模式。

4）企业建设

当创业企业找到可升级和可重复的商业模式时，便进入顾客开发流程的最后阶段。此时，它已不再是以调查探索为目标的临时性组织，而是变成真正意义上的已建成企业。在这一转变过程中，企业建设的关注点要把团队精力从调查模块转移到执行模块，将非正式的以学习和探索为导向的顾客开发团队，转变成正式的结构化部门，如销售部、营销部、商业开发部等，部门主管要关注组建各自的部门，以实现公司业务规模的扩张。

第二节　创业市场竞争

一、市场竞争分析

1. 识别竞争者

1）以行业为维度

一是现有竞争企业，即本行业内现有的与创业企业经营同样产品或提供同样服务的企业，这些企业是创业企业的直接竞争者。

二是潜在加入者，当某一行业前景乐观、有利可图时，会引来新的竞争企业进入本行业，使该行业增加新的生产能力，但会重新瓜分市场份额和主要资源。另外，当初创企业看到可行的市场机会，某些多元化经营的大型企业也可能发现该机会并利用其资源优势从一个行业侵入该行业，进行跨界经营。这些新企业的加入，会加剧竞争，将可能导致产品价格下降，利润减少。

三是替代品企业，指与某一产品具有相同功能、能满足同一需求的可以替代该产品的不同性质的其他产品。随着科学技术的发展，替代品将越来越多，某一行业的所有企业都将面临与生产替代品的其他行业的企业进行竞争。例如，曾经的普通用途照相机，在手机不断更新增加了摄影、摄像功能后，市场大幅缩减，只有在专业人士使用的专业相机市场还保持着较多的市场需求。

2）以市场为维度

一是相近品牌竞争者，在同一行业中为同样的顾客提供与企业类似产品或服务并且价格相近的其他企业，如家用空调市场中，格力空调、海尔空调、三菱空调等厂家都是品牌竞争者。这些企业的产品替代性较高,竞争比较激烈,各企业均以培养顾客的品牌忠诚度作为争夺顾客的重要手段。

二是同行业竞争者,企业提供同类产品或服务,但产品规格、型号、样式不同或者服务规格、标准、方法有所差异,例如,家用立柜空调与墙装空调,家用空调与中央空调,这些企业之间存在相互竞争关系。

三是同需要竞争者,这些竞争者提供不同种类的产品,但满足和实现消费者同种需要,如航空公司、铁路客运、长途客运汽车公司,它们处在不同行业,都可以满足消费者外出旅行的需要,当火车票价上涨时,乘飞机、坐汽车的旅客就可能增加,相互之间争夺满足消费者的同一需要。

四是同消费群体竞争者,其目标客户群体一样,但可以提供不同产品来满足消费者不同愿望,即消费者很可能改变对原来产品或服务的需要。例如,很多消费者收入水平提高后,可以把钱用于旅游,也可用于购买汽车,或购置房产,因而这些企业间存在相互争夺消费者购买力的竞争关系,消费支出结构的变化,对企业的竞争有很大影响。

2. 评估竞争者的实力

了解竞争者的战略目标后,需要进一步分析竞争者的实力,找出竞争者的优势与劣势,并与自己进行对比,这样才便于企业选择和确定竞争战略。竞争者实力需要看几个主要方面。

(1) 产品与服务:包括竞争企业提供产品或服务在市场中的地位,受顾客接受程度,其产品主要的特性、功能和其他价值开发情况。

(2) 销售渠道:包括竞争企业销售渠道的广度与深度,销售渠道的效率与实力,销售渠道的服务能力。

(3) 市场营销:竞争企业市场营销组合的情况,市场调研与新产品开发的能力,销售队伍的培训与技能。

(4) 生产与经营:如果是生产企业,分析竞争企业的生产规模与生产成本水平、设施与设备的技术先进性与灵活性、专利与专有技术、生产能力的扩展、质量控制与成本控制、是否具有区位优势,以及人力资源状况、原材料的来源与成本等。

(5) 研发能力:包括竞争企业内部在产品、工艺、基础研究、仿制等方面所具有的研究与开发能力,研究与开发人员的创造性、可靠性等方面的素质与技能。

(6) 资金实力:包括竞争企业的资金结构与现金流情况,其筹资能力和资信状况以及财务管理能力。

(7) 组织管理情况:包括竞争企业管理者的领导素质与激励能力、管理能力,组织成员价值观的统一,组织结构与企业策略的一致性;组织结构与信息传递的有效性;组织对环境因素变化的适应性与反应程度;组织成员的素质;等等。

二、市场竞争策略

处于竞争的市场中,通过对竞争者进行分析,辨识竞争者在市场中的相对地位,创业者方可根据自己的实力、结合市场的具体情况制订相应的应对竞争的策略。企业实力不同,进入市场参与市场竞争的身份也有所不同,选取的竞争策略也可以有所不同。初创企业可以根据企业实力与产品类型、市场状况采用不同的竞争策略。

1. 低成本战略

低成本战略就是最大努力降低成本，通过低成本来降低商品价格，维持企业竞争优势。低成本战略又称为成本领先战略。要做到成本领先，就必须在管理方面严格控制成本，在生产环节、管理服务环节、营销环节都降低成本，才可以获得高于产业平均水平的利润。在与竞争对手进行竞争时，由于企业运营成本低，竞争对手已没有利润可图时，企业就可以获得利润。当然，价格不能一味降低到低于成本，也不能一味进行价格战，否则不仅没有让利给消费者，反而会引起恶性竞争甚至限制行业整体的良性发展。

降低生产成本，可以通过改进产品设计或者一开始使用简约化的产品设计，也可以节约材料和进行生产创新甚至自动化，还可以节约人工费用。降低营销成本，可以将营销方式与市场资源调整利用，争取变为更大的经济效益，如变革渠道、调整供应关系和改变促销策略。降低服务成本，可以将多种系统优化以减少服务的维护工作，提高效率、改善用户体验，可以实行服务流程或以自动应答服务等新方式减少服务费用，也可以将售后服务外包，委托有实力的售后服务商进行专业售后服务。

【案例】

如家快捷酒店

传统的酒店行业，酒店之间都在为追赶竞争对手而制订竞争策略。与之相反，"如家"自创建以来就定位为经济型，通过对传统星级酒店要素的剔除、减少、增加、创造，把自己与星级酒店和社会旅馆区别开来，创新性地推出了中国的经济型酒店模式。

如今有越来越多的商务旅行人士和经济富裕的外出旅游者，第一需要的是充足的睡眠，传统星级酒店提供的许多空间和服务他们其实根本无暇享受。对他们而言，最重要的设备只有两个：床和卫生间。因此，"如家"做的第一点是：给客人提供一个温馨、舒适的睡眠——睡个好觉，同时能够舒舒服服地洗个澡。而把不必要的星级酒店的服务和娱乐设施去掉。

如家在客房的干净程度、房间的布局、床铺以及淋浴上下足了功夫，因为不在餐厅、大厅、娱乐设施等方面过多投资，其成本也就自然地降了下来。这样"花社会旅馆的钱，享受星级酒店的服务"，自然广受旅客的欢迎。

2. 差异化战略

差异化战略是指使企业产品、服务等与竞争者有明显的区别，以获取市场竞争优势的策略。差异化战略的重点是创造、提供全行业和顾客认为特点显著的产品和服务，即提供的产品或服务别具一格，或功能多，或款式新，或更加美观。如果别具一格的战略可以实现，它就获得在行业中赢得超常收益的可能，能建立起竞争的防御地位，并利用客户对品牌的忠诚而处于竞争优势。

对于初创企业，可采取的有效差异化战略，可以为产品的差异化、服务的差异化和营销的差异化等。产品差异化主要从产品或服务质量、产品服务特征及其产品服务设计方面实现，通过为自己的产品和服务注入新的元素来吸引顾客。服务差异化主要将服务要素融入产品支撑体系，通过服务建立障碍，阻止其他企业竞争。顾客服务水平也是企业的竞争力的一个方面，服务能力越强，市场差异化就越容易实现。营销差异化可以从产品的营销渠道、销售条件、售后服务条件等方面实行差异的方法，特别是售后服务差异化，在越来越多的相同产品、相同性能、相同质量的产品情况下，售后服务不同可以带来很好的竞争地位。

【案例】

当当网的图书经营

当当网于 1999 年开通，多年来保持着高速成长，业务规模每年增长率长期超过 100%，是目前全球最大的中文图书音像电子商务网站之一，面向全世界中文读者提供 30 多万册中文图书和音像制品。

当当网在 1997 年前后处于准备期时，俞渝和李国军了解国外亚马逊、Yahoo 等网站的运营，通过分析亚马逊的商业模式与传统贸易方式的区别，开始筹备、制作数目信息数据库。1998 年马云推出了综合电子商务平台阿里巴巴，为众多企业客户提供信息，后来建立淘宝网开通了众多主要消费品的网上购物平台。当当网坚持做图书，观察亚马逊的做法，模仿亚马逊围绕图书经营众多产品种类，让消费者有更多选择，另外采取价格战略，通过天天打折方式让顾客得到实惠。为了将图书服务做强、做专，当当网还模仿传统行业中的沃尔玛等大型零售商，虽然没有自建物流网络，却利用航空、铁路、城际快递、城市内快递公司等多种渠道，力求快速将图书送达。在收费上采取货到付款的方式，由邮递员将款给快递公司，再转给当当网。在服务上利用电话、QQ、E-mail 等多种方式进行服务，从而建立了网上图书销售的整体系统。

3. 集中化战略

集中化战略是指企业把优势资源集中于某一个特定的细分市场，主攻某个特定的客户群、某产品系列的一个细分区段或某一个地区市场，通过更好地服务于这一特定市场的客户，以获取高的收益率。集中化战略的优点为：企业集中力量为一个市场服务，能全面了解市场的需求，便于采取集中营销，从而突出竞争优势。但是，其前提是公司能够以更高的效率、更好的效果为某一狭窄的战略对象服务，从而超过在更广阔范围内的竞争对手，可知该战略具有赢得超过行业平均水平收益的潜力。

对于创业企业，此战略是最为有效的战略。创业企业资源有限，如果能够提前看到市场上存在的空缺，选择合适的方式进入市场，同时将有限的资源投入到一个领域，避免和资源实力雄厚的成熟企业正面竞争，从而争取更为宽松的生存发展环境，利于自身技术、服务不断优化提升。创业企业也可以集中开发专门技术获取优势。管理大师德鲁克提出的专门技术战略可以为初创企业所借鉴。他指出，看企业能否开发独有的技术，要在新产业、新行业或新趋势的发展早期进行系统的研究和调查，寻找到专门技术的机遇，在整体趋势开始之前行动。

20 世纪 90 年代末以来，美国著名战略学家迈克尔·波特提出成本领先战略、差异化战略和集中化战略三种基本竞争战略。以此为指引，企业几乎都采取了价格战、功能战、广告战、促销战、服务战、品类战来建立自己的竞争优势，以此来打败竞争对手。但是过度地打击对手也会使企业家们面临普遍低利润或者亏损的局面。针对竞争战略理论的缺陷，韩国战略学家 W·钱·金教授和美国战略学家勒妮·莫博涅教授于 2005 年提出了蓝海战略理念。蓝海战略只能短期改善企业遇到的竞争状况，但并没有解决竞争战略理论的缺陷。我国著名战略专家唐东方在 2009 年提出了发展战略理论，提出企业应该首要关注的是企业的发展，而不应是企业的竞争，企业可以通过竞争来实现发展，还可以通过合作来实现发展，也可以避开竞争，选择更具前景的领域来发展。发展战略理论是对传统竞争战略理论的一种颠覆，使企业更加良性地参与竞争，把主要精力投入到企业发展问题的解决上，发展方向、发展速度与质量、发展点和发展能力的规划与实施上，最终实现企业的快速、健康、持续发展。

尽管竞争战略存在一定缺陷，但企业面临竞争是一个基本状态，很多企业也会采取一些竞争手段。创业企业确定了目标市场之后，面对市场竞争需了解基本的竞争策略。

三、消费者分析

消费者行为研究的是个人、群体和组织如何挑选、购买、使用和处置产品、服务、创意或体验来满足他们的需要和欲望的过程。营销人员必须充分理解消费者行为的理论和实践。消费者的购买行为受文化、社会和个人因素的影响，其中文化因素的影响最为广泛和深刻。

1. 影响消费者行为的文化因素

文化因素指文化、亚文化和社会阶层等，这些因素对消费者购买行为具有非常重要的影响。文化是影响人的欲望和行为的基本决定因素。营销人员必须密切关注每一个国家的文化价值观，用最佳的方法营销现有产品并为新产品找到市场机会。每个文化都包含着更小的亚文化，亚文化为其成员提供更为具体的认同和社会化。亚文化包括国籍、宗教、种族和地理区域。当亚文化发展到足够强大时，公司通常设计专门的营销计划来为之服务。另外，所有人类社会都存在社会分层，文化经常以社会阶层的形式体现。社会阶层是在一个社会中具有相对同质性和持久性的群体，他们按等级排列，每一阶层的成员具有类似的价值观、兴趣爱好和行为方式。

2. 影响消费者行为的社会因素

影响购买行为的社会因素包括参考群体、家庭、社会角色和地位等。

参考群体（Reference Group）是指对其成员的看法和行为存在直接或间接影响的所有群体。存在直接影响的群体被称为成员群体，某些成员群体是主要群体，如家庭、朋友、邻居和同事，其成员之间较持续地且非正式地互动。人们还从属于主要群体，如宗教、职业和工会群体，其成员之间的关系一般更正式且互动的持续性较弱。当参考群体的影响较强时，营销人员就必须决定如何去接近和影响群体中的意见领袖。意见领袖是指对一个特定的产品或产品种类提供非正式建议或信息的人，例如哪个品牌最好，或如何使用某个产品等。意见领袖通常高度可信并善于社交，而且经常使用该产品种类。为了接近意见领袖，营销人员通过他们的人口统计信息与心理统计特征来识别，确定他们经常使用的媒体，并将信息直接传向他们。

第三个因素是情境的力量。它决定了那些传播的想法是否能够组织起团体和周围的社区。

3. 影响消费者行为的个人因素

影响消费者决策的个人因素包括年龄和生命周期中的不同阶段、职业和经济状况、个性和自我观念、生活方式和价值观。由于这些都直接影响着消费者的行为，所以对于营销人员来说密切注意这些因素是很重要的。

生命周期阶段会影响人们的消费行为。成人在成长过程中经历了某些阶段或转变，其行为在这些阶段中（如为人父母期间）并不是固定不变的，而是会随着时年龄变化而发生改变。营销人员还应该考虑人生大事或重大变迁引起的新需求，包括婚姻、生育、疾病、离婚、搬迁、第一份工作、职业改变、退休、失去配偶。这些应该提醒服务供应商——银行、律师、以及婚姻、就业与丧亲的辅导员——来提供帮助。据估计，面临人生改变的数量众多的新父母的支出非常可观，因而婴儿行业极大地吸引了许多营销人员。

职业和经济状况也会影响消费模式。营销人员试图确定那些对于产品和服务有着高于平均水平的兴趣的职业群体，甚至专门为特定职业群体设计产品。例如，电脑软件公司会为品牌经理、工程师、律师和医生设计不同的产品。经济状况对产品和品牌选择都有极大的影响。经济状态包括可支配收入（收入水平、稳定性及可支配时间）、储蓄和资产（包括流动资产比例）、负债、借款能力和对支出与储蓄的态度。

个性和自我概念。个性是指一组显著的人类心理特质，这些特质会导致对环境刺激做出相对一致而持久的反应，包括购买行为。我们经常用自信、控制力、自主性、顺从性、社交能力、防范能力和适应性等特质来描述个性。生活方式是一个人在世界上的生活模式，表现在其活动、兴趣和看法里。在与环境互动的过程中，生活方式可以全面地描绘一个人。营销人员寻找产品与不同生活方式群体之间的关系。一个电脑制造商或许发现大多数购买者都是注重成就感的，因此将其品牌更加明确地面向具有成就型生活方式的群体。缺钱或者缺时间的消费者有着不同的生活方式。以缺钱的消费者为目标顾客的公司会提供低成本的产品和服务。通过吸引节俭的消费者，沃尔玛已经成为世界上最大的公司。天天低价的战略已经使沃尔玛从零售供应链中获利数百亿美元，同时由于商品廉价，购物者也节省了大量开支。缺少时间的消费者更倾向于多任务处理，同时做两件或者更多的事情，他们更愿意付钱请别人去完成任务，因为他们的时间比金钱更宝贵，以他们为目标市场的公司会为这些人群制造多种节省时间的好处。

第三节 创业市场营销

根据美国市场营销协会的定义，市场营销是在创造、沟通、传播和交换产品中，为顾客、客户、合作伙伴以及整个社会带来价值的一系列活动、过程和体系。

基于不同的观点和学者给出不同的定义，本书认为市场营销的主要目的是创造顾客，获取和维持顾客。从整体上看，营销过程包括前面所提到的市场细分、目标市场选择、市场定位等，还包括后面提及的产品开发与设计、营销推广计划以及营销活动管理、售后服务等一系列活动。初创企业由于资源禀赋的不同，无法像大企业有更多的优势资源进行营销，但仍可采取一定的市场营销策略。

一、产品导向的营销

以产品为导向的营销理论（4P理论）为四个基本策略的组合，即产品（Product）、价格（Price）、渠道（Place）和促销（Promotion）。由于这四个词的英文字头都是P，再加上策略（Strategy），所以简称为"4Ps"。它在20世纪60年代由美国杰罗姆·麦卡锡提出，相对而言从供给方角度考虑如何将产品或服务成功递到客户群体以实现产品或服务的价值。

企业市场活动受不可控因素和可控因素影响。不可控因素，即营销者本身不可控制的市场、营销环境，包括微观环境和宏观环境。可控因素，即营销者自己可以控制的产品、商标、品牌、价格、广告、渠道等，而 4Ps 就是对各种可控因素的归纳，其贡献价值就在于把错综复杂的经济现象用以下四个方面来概括分析。

1. 产品策略

产品策略是 4Ps 市场营销组合的核心，是价格策略、分销策略和促销策略的基础。产品策略主要指企业面向目标市场提供满足顾客需求的有形和无形产品，以实现其价值主张。它包括对产品的品种、规格、式样、质量、包装、特色、商标、品牌以及相关服务等方面。

1）产品层次

企业的生产经营活动都是围绕产品和服务来进行的。企业开发满足顾客需求的产品，并将产品传递到顾客方。因此，企业必须明确，企业生产什么产品，为谁生产产品，生产多少产品。随着科学技术的快速发展和信息技术的进步，消费者需求日趋个性化，产品的内涵和外延也随之不断丰富和扩大。

产品层次包括核心利益、基础产品、期望产品、附加产品和潜在产品五个层次。核心利益层次是消费者购买产品时所追求的最重要、最基本的那部分利益，是产品最主要的价值所在，消费者购买某种产品不是为了获得产品本身，而是为了获得能够满足其消费需要的效用和利益。因此，核心利益层次代表产品最本质的竞争能力。基础产品层次即产品的基本形式，包括品质、特征、商标、样式和包装，它是核心产品层次能够实现的外在形式。期望产品层次是购买者在购买产品时期望得到的与产品密切相关的一整套属性和条件。附加产品层次是顾客购买产品时所获得的全部附加服务和利益，包括提供信贷、免费送货、安装、售后服务等。随着市场竞争的加剧，用户要求不断提高，增加的服务和利益也就成为赢得竞争的有效手段。潜在产品层次指现有产品包括所有附加产品在内的、可能发展成为未来最终产品的潜在状态的产品，它指出了现有产品的可能的演变趋势和前景。

2）品牌策略

品牌策略是利用品牌将产品和服务推广到消费者心坎里。品牌有利于突出产品的独特性以树立产品形象，有利于保护产品不受竞争者模仿，有利于订单处理和对产品的跟踪等。但是，不一定每种产品、每个企业都使用品牌，还必须考虑产品的实际情况，因为在获得品牌带来的上述好处的同时，建立、维持、保护品牌也要付出巨大成本，如包装费、广告费、标签费、法律保护费等。

那些在加工过程中无法形成一定特色的产品，由于产品同质性很高，消费者在购买时不会过多地注意品牌，所以可以不采用品牌。此外，品牌与产品的包装、产地、价格和生产厂家等一样，都是消费者选择和评价商品的一种外在线索，对于那些消费者只看重产品的式样和价格而忽视品牌的产品，品牌化的意义也就很小。在欧美的一些超市中又出现了一种无品牌化的现象，如细条面、卫生纸等一些包装简单、价格低廉的基本生活用品，还有，企业实力也是考虑因素。对于实力雄厚、生产技术和经营管理水平俱佳的企业，可以考虑使用品牌；但是对于初创企业，使用品牌就需要通过各种手段来使消费者达到品牌识别，这就增加了成本费用，无法通过降低价格来扩大销售。因此，初创企业需要结合企业实力和市场情况、产品特点考虑是否使用品牌。

3）包装策略

目前，包装已成为强有力的营销手段。设计良好的包装能为消费者创造方便价值，为生产者创造促销价值。包装最基本的作用是保护产品，便于储运。有效的产品包装可以起到防潮、防热、防冷、防挥发、防污染、保鲜、防易碎、防变形等系列产品保护的作用。进行产品包装时需考虑包装材料选择和包装技术管理。除了基础作用，包装也有利于树立产品形象，说明产品特色与吸引消费者注意力，有助于消费者迅速辨认产品品牌，给消费者信心。

2. 价格策略

价格策略主要是指企业按照市场规律通过制订价格、变动价格来实现其营销目标，其中包括对同定价有关的基本价格、折扣价格、津贴、付款期限、商业信用以及各种定价方法和定价技巧等可控因素的组合和运用。价格策略的基础任务是定价，定价方法需要根据市场分析结果、市场竞争需要与产品服务本身特点来确定。企业定价包含成本导向、需求导向、竞争导向三类。

1）成本导向定价法

成本导向定价法是以产品单位成本为基本依据，再加上预期利润来确定价格的定价法，是企业最常用、最基本的定价方法。成本导向定价法又衍生出了总成本加成定价法、目标收益定价法、边际成本定价法、盈亏平衡定价法等几种具体的定价方法。

2）撇脂定价方法

撇脂定价即在产品刚刚进入市场时将价格定位在较高水平（即使价格会限制一部分人的购买），在竞争者研制出相似的产品以前，尽快地收回投资，并且取得相当的利润。然后随着时间的推移，再逐步降低价格使新产品进入弹性大的市场。一般而言，对于全新产品、受专利保护的产品、需求价格弹性小的产品、流行产品、未来市场形势难以测定的产品等，可以采用撇脂定价策略。另外，竞争者短期内不易打入市场的产品也可以选择这种方法。最常见的撇脂定价就是商场中的服装、电子产品等新产品，刚上市时实行相对较高价，销售收入达到一定份额或者退市前降低价格。

3）渗透定价方法

渗透定价方法是在产品进入市场初期时将其价格定在较低水平，尽可能吸引最多的消费者的营销策略。它是以一个较低的产品价格打入市场，目的是在短期内加速市场成长，牺牲高毛利以期获得较高的销售量及市场占有率，进而产生显著的成本经济效益，使成本和价格得以不断降低。例如，戴尔公司采用市场渗透定价法，通过低成本的邮购渠道销售高质量的电脑产品，它们的销售量直线上升，而通过零售店销售的IBM、康柏、苹果和其他竞争对手根本无法和它们的价格相比。渗透价格并不意味着绝对的便宜，而是相对于价值来讲比较低。可以看出，渗透定价与撇脂定价相反，在新产品上市初期把价格定得低些，待产品渗入市场，销路打开后，再提高价格。

渗透定价与撇脂定价方法都是一种心理定价方法。

3. 分销策略

分销策略也为渠道策略，指企业以合理地选择分销渠道和组织商品实体流通的方式来实现其营销目标，其中包括对同分销有关的渠道覆盖面、商品流转环节、中间商、网点设置以及储存运输等可控因素的组合和运用。市场营销渠道是在价值链中配合和参与生产、分销和消费某一产品或服务的那些企业、个人，包括材料供应商、生产商、中间商、辅助商、零售商。分销渠道指某种产品和服务在从生产者向消费者转移的过程中，渠道这种产品和服务的所有权或帮助所有权转移的所有企业和个人，包括经销中间商、代理中间商等。

分销渠道设置需考虑层级和宽度。

1）直接渠道和间接渠道

直接分销渠道是指生产者将产品直接供应给消费者或用户，没有中间商介入，即通常所说的零渠道。直接分销渠道的形式是：生产者—用户。直接渠道主要用于工业品分销。例如，大型设备、专用工具及技术复杂等需要提供专门服务的产品，都采用直接分销，消费品中有部分也采用直接分销类型，诸如不易保存的鲜活商品等，还有一个非常重要的业态就是互联网时代下很多基于互联网的创业项目也没有中间渠道。产品直接从生产者转移到消费者手中，减少了中间环节，降低了门槛、降低了成本。企业直接分销的方式很多，包括订购分销、自开门店销售、联营分销。例如，很多工业品采取订购分销方式。进行矿石加工的企业不必自设门店，直接派人员推销联系矿石生产企业，当这些企业再将产品销售给产业链其他环节的企业时，又可以采取联营分销方式；有些农产品种植的创业企业也可以采取订购分销，选择一些城市在人口集中的地方自设门店来推广产品，直接面向消费者。

间接渠道是指生产企业通过中间环节把产品传送给消费者。间接分销渠道的典型形式是：生产者—批发商—零售商—个人消费者（少数为团体用户）。间接渠道是消费品分销的主要类型，工业品中也有许多产品采取间接分销方式，例如，化妆品通过中间商在商场销售。当前在多数市场中消费者占主导地位，消费者的需求越来越丰富，各类企业的联系日益紧密，因此，创业企业是否利用渠道、如何利用渠道使自己的产品进行销售，是考验创业者的一大课题。

2）宽渠道与窄渠道

分销渠道的宽度是指渠道的每个层次拥有同种类型的中间商的数量多少。如果企业使用的同一层级同类中间商多，产品在市场上的分销面广，则为宽渠道。例如，一般的日用消费品，消费需求非常广，可由多家批发商经销，也可转给多家零售商，如此才可大量地接触消费者。如果企业使用的同一层级同类中间商少，则为窄渠道。例如，一些专业技术较强的产品，或者一些贵重的耐用消费品，一般由一家或几家中间商分销。

对初创企业而言，企业实力有限，产品和服务很难在很短的时间内为顾客所接受，可以借助与其他企业合作，比如利用其他企业的营销渠道、生产能力，通过"捆绑式"销售来推广自己的产品和服务；也可以依附于成熟企业比如借助品牌广泛度，将产品推向市场。但是，借助成熟企业必须考虑避开竞争问题，同时在市场里占有一席之地后应尽快建立自己产品和服务的知名度和认同度。创业企业还可以自己建立营销渠道，特别是互联网项目，消除了中间层级，可以不必像以往建立众多人员组成的销售部而可以采取网络营销，通过良好的网络营销方案将产品和服务推向广大消费者。

4. 促销策略

促销策略是指企业以利用各种信息传播手段激起消费者购买欲望，促进产品销售的方式来实现其营销目标。通过同促销有关的广告、人员推销、营业推广、公共关系等可控因素的组合和运用，向消费者或客户传递产品信息，引起他们的兴趣，激发他们的购买愿望和购买行为。企业促销一般是通过两种方式，一种是人员推销，即推销员和顾客面对面进行推销；另一种是通过大众传播媒介向顾客传递信息，主要包括广告、公共关系和营业推广等多种方式。

初创企业与成熟企业不同，在市场竞争中处于劣势，一般促销策略应当集中在能够马上吸引顾客、保证良性循环的方式中。可以借他人推荐来扩大企业知名度，通过良好的人际关系网络以良好的口碑树立产品和服务的形象进行宣传推广，这种方式促销效率虽然较慢，但效果却非常稳固并且成本很低；可以借助良好的公共关系进行推广，例如借新闻媒体报道企业开发的新产品，将产品有关信息传递给顾客，可与外部行业协会、技术专家以及中间商建立良好的沟通，有些还需与政府建立良好的沟通；可以进行广告促销，根据产品和服务面向的客户群体特点，选择传统媒体或新媒体投放广告，一些专业工业品和消费品可以借助专业类杂志和报纸，或选择网络广告降低成本。

二、顾客导向的营销

尽管4Ps营销组合被创业企业接受并广泛地用以实践，但同时在一些方面还存在一些局限。一些市场实践者和营销研究者认为此理论执着于营销者对消费者做什么，而不是从顾客或整个社会利益来考虑，这实际上仍是生产导向观念的反映，而没有体现市场导向或顾客导向。随着"以消费者为中心"时代的来临，消费者需求形态差异很大，整个社会充满了个性化。为此，劳特朗先生1990年对应传统的4P提出了新的观点："营销的4C"，以消费者需求为导向，强调企业首先应该把追求顾客满意放在第一位，产品必须满足顾客需求。

这个理论重新设定了市场营销组合的四个基本要素，4C即顾客（Customer）、成本（Cost）、便利（Convenience）和沟通（Convenience）。

1. 顾客

顾客主要指顾客的需求。企业必须首先了解和研究顾客，根据顾客的需求来提供产品。同时，企业提供的不仅仅是产品和服务，更重要的是由此产生的客户价值（Customer Value）。

2. 成本

成本不单是企业的生产成本，或者说4Ps中的价格（Price），它还包括顾客的购买成本，同时也意味着产品定价的理想情况，应该是既低于顾客的心理价格，也能够让企业有所盈利。此外，这中间的顾客购买成本不仅包括其货币支出，还包括其为此耗费的时间、体力和精力，以及购买风险。

3. 便利

便利，即为顾客提供最大的购物和使用便利。4Cs营销理论强调企业在制订分销策略时，要更多地考虑顾客的方便，而不是企业自己方便。要通过好的售前、售中和售后服务来让顾客在购物的同时，也享受到便利。便利是客户价值不可或缺的一部分。

4. 沟通

沟通则被用以取代4Ps中对应的促销。4Cs营销理论认为，企业应通过同顾客进行积极有效的双向沟通，建立基于共同利益的新型企业、顾客关系。这不再是企业单向的促销和劝导顾客，而是在双方的沟通中找到能同时实现各自目标的通途。

其实，4Ps与4Cs是互补的而非替代关系。例如：顾客，是指用"客户"取代"产品"，要先研究顾客的需求与欲望，然后再去设计、生产和销售顾客确定想要买的服务产品；成本，是指用"成本"取代"价格"，了解顾客要满足其需要与欲求所愿意付出的成本，再去制订定价策略；便利，是指用"便利"取代"地点"，意味着制订分销策略时要尽可能让顾客方便；沟通，是指用"沟通"取代"促销"，"沟通"是双向的，"促销"无论是推动策略还是拉动战略，都是直线式传播。

4Cs营销理论以顾客为导向，而市场经济要求的是竞争导向，顾客导向与市场竞争导向的本质区别是：前者看到的是新的顾客需求；后者不仅看到了需求，还更多地注意到了竞争对手，冷静分析自身在竞争中的优、劣势并采取相应的策略，在竞争中求发展。另外，顾客需求有个合理性问题。顾客总是希望产品质量好、价格低，特别是在价格上的要求是无界限的。只看到满足顾客需求的一面，企业必然付出更大的成本，久而久之，会影响企业的发展。所以从长远看，企业经营要遵循双赢的原则，这是4Cs需要进一步解决的问题。

如今，信息时代使营销发生巨大改变，电脑、传真、电子邮件、互联网和无线技术给营销的方式带来了革命性的变化，甚至在某些方面挑战着传统的营销理论。在互联网时代，产品价格将更加透明，超竞争使价格下跌，客户可以定制自己需要的产品。小米就是利用反向营销，通过互联网征询顾客的意见改进手机的设计，再向顾客推出产品，并通过互联网由顾客自己相互宣传从而扩大销售的。另外，互联网对于消费者而言最大的一个好处就是消除了很多中间层级，使渠道扁平化，很多企业可以通过微信、网络社区群等进行营销。不仅如此，企业更多可以依靠信息来进行决策和营销，可以通过自动化软件来完善售后服务。

对于初创企业，可以参考成熟企业在经营管理中的一些策略和办法，但需要有所取舍、有所侧重。初创企业首先需要保证存活下来，这其中正确的营销策略非常重要。创业企业虽然需看清全球化、WTO及行业的发展趋势，但更需要看清楚自己生存的微观市场环境，需要知道自己的客户究竟在哪里，如何开发出吸引顾客的产品和服务，研究具体的销售策略将产品和服务送至顾客群体。与成熟企业相比，创业企业在营销方面也具有一些优势，如更贴近顾客、更了解客户需求，市场反应和调整速度更快，通过集中化策略更易维护好客户关系。所以，创业企业可以借鉴传统理论，但不能照搬照抄，而应跟上时代发展步伐并结合自身实力开展市场营销活动。

三、创业营销策略

1. 变顾客为销售力量

口碑营销，简单来说就是所有能让人开口谈论一个企业之事。口碑营销是创业者在创业初期常用的一个营销战略。约有82%的创业者都运用口碑营销这种手段来扩大业务。创业者可以通过以下几种常见的方法，促进口口相传的促销：

一是激发顾客谈论你的优质服务。创业企业如果能为顾客创造截然不同的服务体验，便可能脱颖而出，激励顾客将之与他人分享。有效的服务应当是持久的、真诚的和充满热情的。通过提供独特的顾客服务，让老顾客自愿推荐产品与服务给新顾客。

二是通过感谢推荐人计划形成扩大口碑相传的机制。当顾客推荐其他人来光顾企业时，创业者可以通过"感谢"这名老顾客，来建立其忠诚度、培养口碑相传意识。例如，通过送打折优惠券、一份表达谢意的小礼物（如一张贺卡），或仅仅是一张手写的感谢便签，以感谢那些介绍新顾客来企业的人。这样做会使早期顾客有自豪感，让他们知道，创业企业的成功正需要他们来帮忙吸引新的顾客。

三是营造热议活动。可以通过朋友、家庭以及雇员积极营造关于公司的热议来模仿口碑相传，如娱乐界的粉丝团，通过为一个用户群提供免费服务、支持或训练等，来使其成为创业企业的销售力量。

互联网为口碑相传创造了一种新的促销方式，称之为病毒营销。传统的口碑相传在一个人与另一个人之间进行由此到彼的传递，而病毒营销借助网络的力量，通过网站、微博、微信和电子邮件将公司信息进行指数级的传播。除了运用顾客口碑营销外，许多创业者也应学会利用另一个群体，即自己的竞争对手。许多创业者填补的利基市场正是大的竞争对手们不愿服务的市场，因为来自利基市场顾客的销售量对大公司来说并不划算。

2. 基于互联网的营销方法

微博和微信是现代创业型企业广泛采用的营销工具。

微博营销是以微博作为营销平台，每一个粉丝都是潜在的营销对象，企业利用微博向网友传播企业信息和产品信息，通过微博与粉丝交流互动，或者发布大家感兴趣的话题吸引流量以达到营销的目的。

微信营销是企业通过微信进行营销活动。现在手机上网具有移动化、碎片化和个性化的特点，只要有空，用户可以随时随地拿起手机浏览信息。微信让用户们找到了新的沟通方式，并且它也已经成为中国移动用户的主要沟通方式，因此利用微信进行营销已经成为许多企业的首要任务。许多企业利用微信公众号进行营销，企业可以随时将活动通过公众号发送给粉丝，当粉丝决定活动不错时，还会将活动分享到自己的朋友圈，通过微信一个又一个的朋友圈的传递，最终活动在网络中不断扩散，从而达到企业营销的目的。微信营销不仅可以通过文字，还可以通过声音、图片和视频等多维度方式进行信息传递，与用户的互动方式也更加多样、更有亲和力。随着互联网营销的不断发展，许多企业开始利用微信等互联网工具加强线上线下的联系和互动，以线上推广带动线下销售，使企业渠道达到互通。此外，在各种网络直播网站和手机应用端的快速发展下，许多企业也开始利用直播方式进行线上线下互动，进行企业营销活动。

3. 其他简便方法

免费的增值模式。一些知名科技企业，通过免费增值模式获得了巨大成功。在这种模式下，顾客一开始不需要付费，可以免费试用产品。其核心是，先吸引用户"上钩"，然后由用户决定是否付费或继续使用产品或服务的增值功能。免费服务模式有两种：一是顾客可以在试用期间免费使用产品的完整功能，但之后如果想继续使用就需要付费；二是企业的基础产品（可能是仅供一人或两人使用的个人版本）免费，但是如果顾客想要继续使用产品的增值功能或包含商务功能的高级版本，或更多的功能时，则需要付费。免费模式的风险在于，顾客对免费试用的产品感到满意，却认为其不值得付费使用。企业可能会吸引大量的免费试用顾客，但付费用户却寥寥无几。顾客对产品持批评态度或不愿意付费使用，会消耗企业的成本并影响企业利润。另外，企业还需要投入大量的时间和资金为这些用户提供支持。如果这些用户数量过多，那么企业所实施的无异于梦想增值模式，而非免费增值模式。

零成本顾客开发。零成本顾客开发模式是由消费型网络公司，特别是脸书（Facebook）之类的社交网络公司所倡导的，其字面意思为开发新顾客而不需要投入任何成本，它是所有模式中最具有灵活性、最为高效的一种。当用户本身成为企业的产品，即企业将用户的照片、文字、文档与活动作为产品内容时，零成本顾客开发就变得异常简单。企业的产品为用户提供了一个基本框架，而用户以及相关的数字媒体和他们的行为就是其中的内容。当用户充当内容的成分越来越多，其可从分享和互动中获得益处越多，企业的顾客开发成本就越接近于零。这是由于用户乐意邀请朋友与同事使用这一产品，因为邀请的人越多，他能够享受的服务也就越多。

合作。企业可以同已拥有高效营销渠道的大型企业建立合作，以推动自身的销售。但是，这种方式常为人所忽略，因为这伴随着一定成本。首先，与大公司建立合作关系并非易事；其次，建立了合作关系，企业必须向合作伙伴让渡一部分收益。

反复从顾客身上获利。企业最好的收入来源是从现有的顾客身上创造利润。如果某顾客正使用你的产品，就表明你已经支付了获取该顾客的成本。可以经营现有的顾客，企业可以说服他们购买较为昂贵的商品，向他们出售具有新功能的产品，或者向他们收取产品使用费等。对于以广告为主要业务的企业，可说服顾客花费更多的时间浏览企业网站，这样他们就可看到并点击更多的广告。但是这种方法使用过度，也会导致顾客屏蔽所有广告。因此，企业必须找到平衡点。

第四节　调查创业市场

从寻找真实需求、确定目标市场到进行市场营销、参与市场竞争，都需要通过市场调查来获取市场信息以进行分析。市场调查（Marketing Research）就是指运用科学的方法，有目的地、有系统地搜集、记录、整理有关市场信息和资料，分析市场情况，了解市场的现状及其发展趋势。对于初创企业，市场调查不仅可以为市场预测和营销决策提供客观的资料，也可以为最初的创意和创业机会评估提供依据。市场调查包括市场环境调查、市场状况调查、销售可能性调查，还可对消费者及消费需求、企业产品、产品价格、影响销售的社会和自然因素、销售渠道等开展调查。

一、市场调查的作用

1. 有助于学习先进

当今时代科技飞速发展，新发明、新创造、新技术和新产品层出不穷。通过市场调查，有助于我们及时地了解最新的市场动态和科技信息，特别是对创业企业而言，能更好地学习和吸取同行业的先进经验和最新技术，有利于企业的生存和发展。

2. 为企业决策提供依据

任何一个企业都只有在对市场情况有实际了解的情况下，才能有针对性地制订市场营销策略和经营发展策略。创业企业制订产品策略、价格策略、分销策略、广告和促销策略时，需要了解情况和考虑很多问题：本企业产品在什么市场上有发展潜力；在哪个目标市场上预期可销售数量多少；如何才能扩大企业产品的销售量；如何掌握产品的销售价格，保证销售和利润都能增长；怎样组织产品推销，销售费用又将是多少；等等。通过市场调查得来的信息可作为企业决策的依据。

3. 增强企业的竞争力和生存能力

市场情况在不断地发生变化，促使市场发生变化的原因包括产品、价格、分销、广告、推销等市场因素和政治、经济、文化、地理条件等环境因素，它们既相互联系又相互影响。因此，只有通过广泛的市场调查，企业及时地了解各种市场因素和环境因素的变化，才能及时调整，应对竞争。

二、市场调查的内容

市场调查的内容是指在进行市场调查工作的时候应该调查的问题和所需要搜集的资料。这是调查工作的目标所在,因此,在开展市场调查以前就必须明确。

【案例】

新可口可乐跌入调研陷阱

20世纪70年代中期以前,可口可乐公司是美国饮料市场上的NO.1,然而20世纪70年代中后期,百事可乐迅速崛起,可口可乐的市场份额仅领先百事可乐3个百分点。为了应对百事可乐的竞争,可口可乐公司进行了一项代号为"堪萨斯工程"的市场调研活动。1982年,可口可乐广泛地深入到10个主要城市进行市场调查,确定口味因素是否是可口可乐市场份额下降的重要原因,征询顾客对新口味可乐的意见。于是,在问卷设计中,询问了例如"你想试一试新饮料吗?""可口可乐口味变得更柔和一些,您是否满意?"等问题。调研最后结果表明,顾客愿意品尝新口味的可乐。这一结果更加坚定了可口可乐公司的决策者们的想法——长达99年的可口可乐配方已不再适合今天消费者的需要了。

于是,满怀信心的可口可乐开始着手开发新口味可乐。在新可乐推向市场之初,可口可乐公司又不惜血本进行又一轮的口味测试。结果60%的消费者认为新可乐比原来的好,52%的人认为新可乐比百事可乐好。新可乐的受欢迎程度一下打消了可口可乐领导者原有的顾虑,可口可乐公司为了争取市场,不惜又一次投入巨资帮助瓶装商们重新改装生产线。在新可口可乐上市之初,可口可乐又大造了一番广告声势,收到良好收益。但是,这种"变化"受到了原可口可乐消费者的排挤,顾客的愤怒情绪犹如火山爆发般难以驾驭。每天,可口可乐公司都会收到来自愤怒的消费者的成袋信件和1 500多个电话。大量的批评,使可口可乐公司迫于压力不得不开通83部热线电话,雇请大批公关人员来温言安抚愤怒的顾客。而当时,老口味的传统可口可乐则由于人们的预期会减少,而居为奇货,价格竟在不断上涨。面临如此巨大的批评压力,公司决策者们不得不稍做动摇。在又一次推出的顾客意向调查中,30%的人说喜欢新口味可口可乐,而60%的人却明确拒绝新口味可口可乐。可口可乐公司不得不恢复传统配方的可口可乐的生产,同时也保留了新可口可乐的生产线和生产能力。公司曾花费了400万美元,进行了长达2年的调查,还有远远超出调研费的改装费、广告费,却没有获得成功。

可口可乐公司的新产品为什么会出现问题?

新可乐的失败,最大的问题就是出在调研上,本来根据调研所得出的结果,新可乐应该是很成功的,然而结果却截然相反,为什么呢?可口可乐公司测试没有明确告诉消费者新可乐是为取代旧可乐的。调查只限于口味问题,没有考虑无形的资产——可口可乐的名称、历史、包装、文化遗产及产品形象。对许多人来说,可口可乐与棒球、热狗和苹果派一起成为美国的习俗,它代表了美国的社会文化。可口可乐一切都考虑周全了,唯一忽略的就是这种"爱"。在忠实消费者看来,可口可乐代表永恒,代表爱心,代表关怀。对于许多消费者来说,可口可乐的象征性意义比它的口味更重要。而如果调查的范围能够更广泛些,调查的力度能够更深入些,是应该能发现这些情感因素的。

一般来说,我们可以把有关市场调查的问题归结为两个方面:市场潜力调查和适销产品市场情况调查。

1. 市场潜力调查

市场潜力调查是指产品在目标市场的销售前景，其目的是通过调查查明直接影响产品在目标市场上销售的各种因素，明确地分析在目标市场上组织销售的可行性及其发展前景，以便更好地选择产品的目标市场。影响产品的市场潜力的因素主要有以下几点：市场所在地的政策法规；市场容量、消费方式和消费需求；影响需求的各种因素以及市场竞争等。

2. 适销产品市场情况调查

适销产品是指产品本身符合市场的需要，符合消费习惯，并为市场顾客所喜爱乐用。产品要适销对路，首先要满足消费者的喜好和要求，要对消费者的喜好和要求进行调查。同时还要对目标市场进行细分，了解各类顾客对产品的爱好和要求。

三、市场调查的步骤

条条大路通罗马，市场调查没有固定的"格式"，但总体来说，就其共性而言市场调查的步骤一般分为四个阶段，即准备阶段、调查阶段、分析阶段、总结阶段，如图4-1所示。

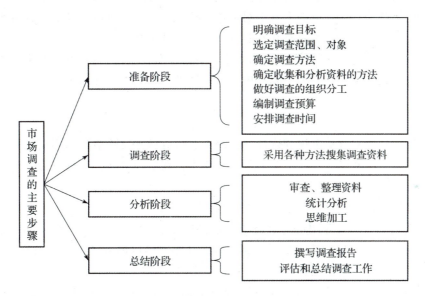

图4-1　市场调查流程示意图

具体调查步骤如下。

1. 准备阶段

准备工作的充分与否直接决定了整个调查活动的成败。对创业者而言，市场调查的主要目标就是了解市场各要素的具体情况，为自己创业行业、创业项目、创业模式等的选择提供必要的决策参考，整个市场调查活动都要紧紧围绕调查目标进行。

1）选定调查范围、调查对象

由于人力、财力的限制，为确保针对性和有效性，调查不能大海捞针般地盲目进行，要确定一定的范围和特定的对象，以取得相对准确的调查结果。

2）确定调查方法

方法决定结果。市场调查有很多种方法，如文献法、问卷法、访谈法、观察法等，每种方法都有各自的优缺点和适用范围，在调查的准备阶段，调查者需要对各种方法的使用了然于胸，根据自己的调查目标和内容确定适当的调查方法，或使用其中一种，或多种方法相结合。

3）其他内容

市场调查是一项综合性的实践活动，需要各环节的紧密配合，在调查准备阶段，还需确定收集和分析资料的方法、做好调查的组织分工、编制调查预算、安排调查时间等。

2. 调查阶段

调查阶段是市场调查研究方案的执行阶段，主要是按照准备阶段调查方案所确定的调查计划、调查方式和调查方法进行资料和信息的收集，具体贯彻调查设计中所确定的思路的活动，这是整个市场调查过程的核心。

3. 分析阶段

这一阶段的主要工作是审查、整理资料，统计分析和思维加工。

审查、整理资料就是对调查获得的文字和数字资料进行审核、加工，使之条理化、系统化、集中、简明地反映调查对象的总体情况。统计分析是运用统计方法揭示调查的规模、结构、水平、比例等关系。思维加工就是对审核、整理后的文字资料和经统计分析的数据进行分析研究，揭示调查对象的本质及其发展规律并得出理论性结论。

对调查资料的分析要比搜集更重要，对于创业者而言，分析应尽量客观，排除个人偏见，必要时可以和第三方机构等一起分析，甚至转换角度站在对立面来分析，然后做出相应预测。

4. 总结阶段

总结阶段的任务主要是撰写调查报告。调查报告应做到反映情况真实完整，所做分析客观科学，所得结论明晰准确。即使在未来的预测中存在多种可能，每种可能也要求有一定的确定性。

一份完整的调查报告应包括以下五项内容。

（1）调查目的：概要介绍本次市场调查的主要目标。

（2）调查范围：根据创业的目标区域，确定在多大范围内开展调查，调查的对象是谁？在什么时间、什么地点进行调查？

（3）调查方法：是全面调查、重点调查还是抽样调查？主要采用文献法、问卷法、访谈法、观察法还是实验法或者几种方法相结合？采用哪种统计方法？

（4）调查内容：这部分是调查报告的主题，包括资料、分析、结论等内容，其中结论是报告的重点，要通过认真研究和科学分析，使报告具有一定的可确定性。

（5）提出建议：把经过整理、分析、判断而形成的初步构想写成备选方案，作为下一步经营计划的蓝本。

课后习题

一、思考题

1. 如何获取真实的市场？
2. 如何进行市场竞争分析？
3. 从供给角度看，市场营销需要考虑哪些方面？

二、案例讨论

印度最大的线上百货零售商 BigBasket

2018年初,印度最大的线上百货零售商 BigBasket 获得3亿美元投资,由中国电商巨头阿里巴巴领投,为其2011年运营以来募集的最大融资,估值达9.5亿美元。公司联合创始人兼 CEO Hari Menon 表示,融资将用于"增长、增长、再增长"。

Menon 评论说,BigBasket 的后台是一台"运转良好的发动机",未来18个月,投资会用于营销、基础建设扩容以及用户界面提升、高级分析等技术领域。

5月初,世界最大零售商沃尔玛宣布以160亿美元的代价,收购印度最大电商平台 Flipkart77%的股份,此前,传闻全球电商巨头亚马逊——同时为印度市场的第二大电商,曾有投资 Flipkart 的意向。与 Flipkart 的交易达成后,沃尔玛在印度有了更稳固的根据地,印度是全球电商增长最迅速的市场之一;就 Flipkart 而言,则储备了更多弹药以抗衡亚马逊,后者正大力下注印度。因格局调整而波及的一大领域,则是线上百货市场。

在印度,百货零售预计占据国内零售市场60%以上的份额。吸引线上零售商的不只是百货市场的体量,用户黏性也颇为可观。水果和蔬菜是每个家庭的重要采购项目,复购率非常高。消费者们购买时,不用再三考虑,一旦在百货领域抓住消费者的心智和钱包,商家将在竞争中处于优势地位,可能成为购买其他商品时的默认选项。

亚马逊公司这样陈述其愿景——改变印度买和卖的方式,准备成为客户"天天购买、万物汇聚"的商店。"我们认为,百货是帮助电商融入印度消费者日常生活的重要品类,我们决定将百货购物变得更方便、零烦恼。"

亚马逊推出"超级价值日""订购与省钱"等促销活动,前一项在每月1号和2号举办,提供更多折扣,符合消费者每月头两天购买百货产品的习惯;后一项,消费者可订购平日常买的产品,既省钱又方便。两个选项均适用于印度全国。亚马逊在印度食品零售领域投资5亿美元的计划,也已得到印度政府批准,允许亚马逊在印度开设售卖食品的全资实体零售店。咨询调研公司 Forrester 资深预测分析师 Satish Meena 认为,没有线下店面的商家很难攻克百货市场,期待亚马逊在印度投资线下百货公司,其逻辑类似于2017年亚马逊在美国收购全食公司(Whole Foods)。

Flipkart 同样紧盯百货领域,数月前,Flipkart 在班加罗尔上线名为"超市"(Supermart)的 App 应用,进行百货递送服务,这是该公司第二次试水该领域。2015年,Flipkart 曾尝试从社区店中递送百货,最终未能成功,Flipkart 便悄悄退出了。"要保持印度线上零售第一的地位,Flipkart 需拓展智能手机和时尚品类以外的业务,与沃尔玛达成的交易可为 Flipkart 带来运营线下店面的能力,获得更多卖家、制造商和供应链资源及经营百货品类的经验。"Meena 说。

BigBasket 的 Menon 宣称,对于即将到来的威胁并不惶恐,竞争只会促进市场增长。线上百货领域需要更多玩家,消费者从实体转移到线上,就百货品类而言并不容易,只要讨论声音增多,更多消费者就会转至线上,随之更多玩家涌入,推动市场快速扩张。

BigBasket 新推了两项进入实体零售的尝试,在住宅公寓、办公综合体铺设自动售货机,并提供新鲜牛奶等产品的订购服务,两个项目均处于试验阶段。Menon 打算在未来24个月中设立一万个自动售卖点,所有机器均无人操作,根据公寓和写字楼的尺寸,售卖24~48种产品,包括水果蔬菜、面包、鸡蛋、乳制品、果汁和零食等日常必备产品,该举措预计将提升消费的购买频率。

  专注垂直领域的打法，能帮助 BigBasket 对抗巨头亚马逊以及沃尔玛支持的 Flipkart 吗？目前，BigBasket 在印度线上百货市场仅次于 Grofers，后者同样关注垂直领域，背靠日本软银这个实力雄厚的投资者，阿里巴巴投资的 Paytm Mall 也在扩大百货领域。在一次媒体访谈中，Paytm 创始人兼 CEO 维贾伊·谢卡尔·沙玛表示，他准备在年底前将百货业务的比重从 25% 提升到 40%。此外，部分线上百货商选择深耕特定的城市，如班加罗尔的 DailyNinja 和特里凡得琅的 Kada。以往数年，有些一度高调的线上百货商，如 PepperTap 和 Local Banya 已经关门大吉。

  咨询公司 Technopak 高级副总裁 Ankur Bisen 认为，沃尔玛投资 Flipkart 是一项重要的进展，他期待未来三年，印度线上百货的体量能在现有格局下持续增长。"传统商超们在努力促成线上百货的成功，一直以来都需要垂直领域的行家，比如英国的 Ocado 崛起为一个品类的创造者。线上百货的微妙和挑战，决定了这类专才的剧本不可能来自既有的商超模型。"Bisen 解释说。

【案例思考】
  在本案例中，Bigbasket 的市场情况是怎样的，它的竞争对手有哪些？Bigbasket 采用的竞争策略是什么？

三、拓展阅读一

创业初期如何定位和选择市场？

浅谈大数据时代对市场营销的影响

四、拓展阅读二（优秀创业校友案例）

温州永昌建设有限公司总经理——肖昌平

第五章

理清创业思路 撰写创业计划书

✲ 学习目标

- 了解撰写创业计划书的重要性；
- 了解创业计划书的类型；
- 掌握撰写创业计划书的注意事项及编写方法；
- 掌握路演的基本要求。

✲ 技能目标

- 能独立编写创业计划书；
- 掌握路演 PPT 制作及路演技巧。

一位风险投资家曾说："如果你想踏踏实实地做一份工作的话，写一份商业计划书能迫使你进行系统的思考。有些创意可能听起来很棒，但是当你把所有的细节和数据写下来的时候，自己就崩溃了。"

引例：

两页纸的商业计划书

出生于1926年的洛克在纽约州罗切斯特市度过艰辛的童年，青年时曾应召入伍，退伍后在学业上发奋图强，1951年从哈佛大学商学院 MBA 毕业，进入纽约的海登斯通投资银行工作。

当时市场上还没有出现完全意义上的风险投资公司，只有一些私人家族的投资机构，比如洛克菲勒家族。那时百废待兴的美国为风险投资业提供了良好的土壤，洛克意识到，若想获利，就必须抢在大多数人之前进行投资。不久洛克就迎来了自己的开山之作。克莱纳等8人计划创办一家生产晶体管的公司，于是给海登斯通公司写信寻求融资，这封信立刻引起了身为海登斯通公司半导体行业分析师洛克的关注，他敏锐地意识到这封信中蕴含的机遇，于是马上拜会了克莱纳及其同伴。克莱纳计划研究一下利用硅来制作晶体管的可能性，如果成功，将掀起一场半导体业的革命。洛克对其计划深感认同并抱有期望，于是愿帮助克莱纳筹集资金建立一家独立的公司。随后洛克向35家大型企业发出融资邀请，但都被拒绝，最后洛克找到开设照相机厂并对技术发明抱有浓厚兴趣的谢尔曼，最终说服其向克莱纳的团队提供150万美元贷款，这样仙童半导体公司才得以正式成立。成立6个月后，仙童半导体便开始盈利，一年后销售额达到50万元。美国东北部的大公司却拥有大量资本，但由于谨慎保守，不愿投资高风险企业。"我决定把东部的钱移到加州来，支持新兴的高科技企业。"洛克希望打通东部和西部之间的资金桥梁。

洛克之后开始创办自己的风险投资基金。此后的一系列投资开始奠定洛克在风投界的"教父"地位。其中从仙童公司离开的罗伯特·诺伊斯和戈登·摩尔找到洛克，希望他能帮助建立一家生产半导体存储器的公司，新公司需要融资250万美元。在新公司的商业计划书只有两页纸的情况下，洛克自己拿出30万美元，并且凭借自己的影响力只花了两天时间就从24位投资者手中筹集到剩余的200多万美元。这家新成立的公司就是英特尔，此后洛克在英特尔公司的董事会一待就是30年之久。

思考： 英特尔的创始人洛克制作的创业计划书仅仅只有两页纸，他是如何在两天内筹集到200多万美元的风险投资资金的？

第一节 如何理解创业计划书

成功在于规划，新时代下，对于创业者而言，创业需要合理地进行规划，一份缜密、可行的创业规划可以让创业者及合作伙伴清晰知道自己有什么，能够做什么，社会需要什么。在创业初期，创业者对于一个正在酝酿中的项目往往较为模糊，创业计划书可以帮助创业者思考如何将一个不错的创意转化成为一个较好的项目，使创业者对创业项目有更加清晰的认识，使得思维更加接近理性和现实，从而有利于创办一个成功的企业，从投资者那里筹集到资金。因此，制定了优秀创业计划的企业家更有机会获得投资，企业也更容易成功。

当前，大众创业、万众创新的新时代，各级各类创新创业比赛都将创业计划书作为评比的重要方式之一，在比赛初期，递交创业计划书的阶段，往往会有大量的创业计划书被淘汰，究其原因，即使拥有过硬的技术，但创业计划书未能充分体现出来，在对市场的分析、财务的预测、项目的运作和发展、如何产生效益等问题上没有进行系统和深入的思考，对于大学生而言，学会撰写创业计划书应该成为他们必备的职业核心能力。

一、创业计划书的概念

创业计划书最初出现在美国，当时被当作是从私人投资者和风险投资者那里获取资金的一种手段，这些投资者会成为公司的合伙人，并提供资金。由此可见，创业计划书是融资的敲门砖，是有效接触投资人的关键一步，创业计划书的好坏直接关系到投资人的最终决定。创业计划书的撰写关键在于对资本市场以及投资人心理的把握，在于是否能够迎合投资人的审阅喜好，用文字与投资人进行沟通，并达成共识，这就需要经验和相对的专业性。因此，创业者书写创业计划书的目的是通过向投资者展示自己的创业蓝图，打动风险投资者的心。

创业计划书又称商业计划书，是指按国际惯例通用的标准文本格式写成的项目建设书，是一份全面说明创业构想以及如何实施创业构想的，详细描述所要创立的企业的文件，是融资方吸引投资者，全方位展示项目商业蓝图，以供投资者分析决策的书面报告。

首先，创业计划书是一份全方位的项目计划，其主要意图是递交给风险投资或评委，以便于是他们能对创业企业或项目做出评判，从而使企业获得融资，因此，创业计划书是创业者与投资者沟通的桥梁，风险投资者会在认真评估创业者的创业计划书后，决定是否与之进一步深入合作沟通。第二，创业计划书具有相对固定的格式，涵盖产品和服务市场化的全过程内容。它包括投资者感兴趣的重要信息，从企业成长经历、产品服务、商业模式、战略规划、市场营销、管理团队、股权结构、经济效益到融资方案。第三，创业计划书有规律可循。创业计划书因创业项目的不同而内容也不同，但不同的创业项目万变不离其宗，还是有规律可循的。

创业计划书绝不是快速写出来，给未来投资者传阅一遍，然后再将它尘封起来的一个文件那么简单；也不是从一本基础知识，或者某个网站上摘录下来一个标准模板后，再对其稍加修改而生成的一个修正版本。创业计划书需要回答三个问题，为什么做这个项目而不是别的项目？为什么是我们做而不是别人做？为什么现在做而不是以后？首先，要告诉投资人您是做什么的。项目介绍除描述自己项目之外，还要多考虑您的项目竞争力、企业短中长期发展目标，如在市场中占什么地位，核心竞争力到底在哪里；未来多少年内，您的项目、产品能够做到怎样的程度。因此，在创业计划书的背后，要全面地了解项目所处的环境及发展趋势。其次是企业的内外部资源，初创企业最大的资源之一就是创业团队，团队需要集体团结协作，分工明确，各司其职，配合默契，能力互补，投资人更加倾向于欣赏"未来型"有潜力的创业项目，更关心未来如何设计和思考，如团队如何建设，组织结构如何设计，人力资源如何配置，激励政策如何制定，等等。最后，要详细阐述自己的商业模式画布，用以描述企业如何创造价值、传递价值和获取价值。狭义上来讲就是如何赚钱，广义上是指用于满足用户某种需求，创造包含经济、社会和文化层面的价值。

二、创业计划书的作用

创业计划书是创业企业的行动指南。一份好的创业计划书是创业者能够基本顺利实施的项目操作计划，是企业发展的关键环节。帮助创业者协调企业的长期目标和短期目标。具体作用表现在：

1. 为创业者理清创业项目的发展思路，确立经营理念

准备创业计划是企业准备创业过程的一部分，通过分析自己的优劣势，发掘自己企业的发展前景，是对自己商业项目的梳理。一个需要生存下来的创业公司比大公司更需要创业计划书，因为创业计划书可以从各个角度来检验公司的业务和发展，使其可以"在纸上犯错误"，而不是在现实世界中犯错误。

2. 为创业者的创业活动进行周密安排，简洁快速地展示项目

帮助潜在投资者了解创业项目的概况、发展前景、商业模式、营销计划、现金流及财务状况等。

3. 识别企业经营过程中所需的各种资源及资源的最佳整合方式

坚定创业者的创业信心，引导管理团队向创业目标奋斗，一份好的创业计划书可以帮助企业把握住那些意料之中和意料之外的机遇，而且还可以帮助企业成功克服将来可能遇到的

障碍，为企业加分，能为管理团队提供必要的经营指导与评价标准，帮助管理团队跟踪、监督、反馈和度量公司业务进展情况。优秀的创业计划书是一份有生命的文档，随着管理团队知识与经验的不断增加以及计划书的执行，它会不断完善，为项目后续实施和调整计划提供行动指南。

4. 企业内部交流和创业合作的蓝本

通过创业计划书的实施，最终提高企业创业成功的概率。准备创业计划的过程需要您客观思考商业理念、商业机会、竞争格局、成功的关键以及在这一过程中所涉及的所有相关人员，能让您的商业愿景逐渐变得清晰，能强迫您去提出一些公司未来发展可能遇到的重大问题，并试着做出回答。它能帮助您鉴定决定着企业生死的那些关键假设，对它们验明正身，看清楚是否是您一厢情愿的妄断，您的认知越充分，公司成功的概率越大。

5. 寻找投资人的敲门砖

创业计划书是融资的主要手段之一。风险投资者在阅读创业计划书后才能知道是否符合他们的兴趣，一份高质量的创业计划书，是宣传推广新公司和新项目的资料，是与各方沟通的工具，它能更好地向风险投资者、银行、政府部门等相关机构介绍新公司及其发展规划，使投资者更快、更有效地了解投资项目，对创业企业充满信心，并进一步决定与创业者进行协商与合作，对创业项目进行投资，避免浪费宝贵时间。

6. 帮助大学生了解企业和社会

培养大学生创新思维，帮助大学生参与创新创业大赛，提升创新创业能力。

三、创业计划书的类型

创业计划书根据受众目标群体不同分为吸引风险投资商的创业计划书、吸引合伙人的创业计划书、获取政府或公共部门支持的创业计划书等类型。

（1）吸引风险投资商的创业计划书。

如果创业计划主要是面对风险投资商的，风险投资商主要是为了获取风险投资的高额回报，那么创业计划书就要对产业和市场、产品和技术、风险和赢利、管理和组织竞争战略等问题进行重点描述，风险投资商在企业创业成功后，多数选择适当的时机退出，因此，创业计划书中要对资金需求、资金使用、回报和退出措施等加以说明，以引起投资者的兴趣。

（2）吸引合伙人的创业计划书。

吸引合伙人与吸引投资商的创业计划书在内容上类似，不同的是合伙人在企业创业成功以后，分享企业的股权、企业的利润，因此，在吸引合伙人的创业计划书中要明确说明合伙人的出资方式、股权划分比例、利益分享机制等，对于需要双方谈判的问题，应当适当留出变通的空间。

（3）获取政府或公共部门支持的创业计划书。

该创业计划书主要以获取政府财政、税收、土地等方面的支持为主要目的，因此创业的项目首先要符合政府或公共部门的政策要求。在这类创业计划书中，要突出创业项目对政府、公共部门、社会的作用与意义，并对希望政府帮助的原因和支持的具体项目进行详细说明。

根据内容长度和详细程度分为操作型创业计划书、常规性创业计划书、脱水型创业计划书和一页纸创业计划书等类型。

（1）操作型创业计划书。

主要针对创业者和整个团队，用于引导项目的筹备、启动和初期成长。这类计划书通常都要超过 80 页。通过这些详尽的筹划，创业者才能真正深入理解问题的方方面面，而这种深入的理解对如何打造、经营其企业是非常重要的。

（2）常规型创业计划书。

如果需要外部资金，创业计划的对象就是股权投资者或贷款人，其长度一般为 25～40 页。这类计划书也适用于对新员工的争取，也有助于向新供货商、新客户等利益相关方宣传您的企业价值。创业者需要认识到这些利益相关方，尤其是像风险资本家和专业贷款人这类的专业股权投资人，不可能从头到尾读完计划书。既然如此，创业者就需要将计划书写得易于他们方便快速地查阅。

（3）脱水型创业计划书。

这种计划书比前两种都短很多，一般不超过 10 页。这种计划书提供对于这个企业的初步概念，是对人员、机会及财务要求等方面情况的简明描述。如果您是与团队合作，一份脱水计划书就像一张线路图，它能确保每个人都有相同的愿景。您可以将计划书的不同部分分配给其他团队成员。比如一个人写营销计划，另一个人写发展计划。每个团队成员手中都有"脱水型计划书"做指引，在整合整个计划时需要调整的东西就不多了。此外，脱水型计划书还适用于在正式会晤前寄给相关利益方，一份对外使用、言简意赅的脱水型计划书能用于激发投资者、客户和供货商的兴趣。

（4）一页纸创业计划书。

一页纸创业计划书即 OGSM 方法，是一种极具创新性的策略规划工具。OGSM 是由 Objective（长期目标）、Goal（短期目标）、Strategies（策略）和 Measures（方法）四个英文单词的首字母组成的。OGSM 方法能将长期目标、短期目标、策略和方法整合在一张纸上，用四步打造出一份可靠的创业计划，确保您的策略清晰、明确、易于实施和分享。

根据行业特点和服务类型不同，创业计划书可以分为专利型创业计划书、产品型创业计划书、服务型创业计划书、概念型创业计划书等类型。

（1）专利型创业计划书是指本身有某领域的专利技术，但缺少资源、资金等支持的创业计划书，该类型以技术驱动型企业、核心资源和研发能力位列商业模式核心。

（2）产品型创业计划书主要适用于产品制造的创业计划，可以细分为硬件产品型创业计划书和软件产品型创业计划书。

（3）服务型创业计划书主要适用于以服务为目的的商业计划。

（4）概念型创业计划书主要适用于有好的概念或商业模式，但缺乏资金或资源的创业计划。

根据创业者对经济利益的追逐程度和顺序，将创业计划书分为商业型创业计划书和公益型创业计划书。

（1）商业型创业计划书是创业者以经济利益为导向，将市场机会转化成财富和价值而撰写的计划书。

（2）公益型创业计划书是指社会组织、企业、非营利组织等在经营过程中，借助一些商业手段来实现公益组织的"造血"功能而制定的计划书，公益型创业计划书将社会价值和经济价值创造性地融合，突出公益性、创业性以及实践性。

拓展阅读

什么样的创业计划书不受青睐？

那些不能给风险投资者以充分的信息，也不能使投资者眼前一亮的创业计划书，其最终结果就是被扔进垃圾箱，如商业模式描述不清楚，包装太明显；没有市场分析，缺少战略定位；财务规划不清晰，财务报表不完整，资金使用计算依据不足，没有盈利计划；市场前景和市场机会分析太片面；缺少创新和亮点，找不到实质内容，假大空，内容凌乱，粗糙没重点；团队不成熟，团队配置不完善；等等。创业计划书存在的主要问题如图5-1所示。

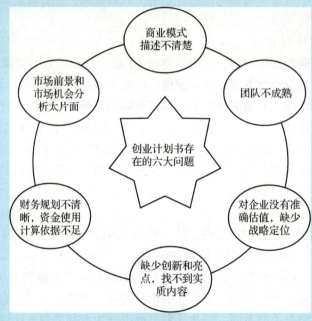

图5-1 创业计划书存在的主要问题

第二节 创业计划书的撰写

一、创业计划书的主要内容

不同行业的创业计划书的内容根据创业者的经验、知识结构以及目的的不同，其形式有所不同，但是创业计划书的内容应尽可能地充实并且可行，经过长期不断地实践，创业计划书的主要内容也逐渐形成了约定俗成的基本格式，为了确保创业计划书能吸引投资者的眼球，从总的结构方面来看，创业计划书应该包括封面和目录、执行概要、主体、附录和封底等四大部分，其中创业计划书主体部分应主要包括市场分析（行业客户、竞争分析）、产品与服务、营销计划、组织结构与创业团队、财务计划与融资分析、风险控制等内容。创业计划书的内容如图5-2所示。

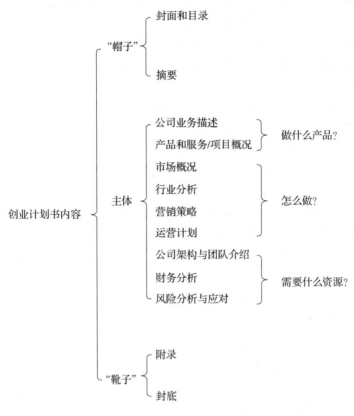

图 5-2　创业计划书的内容

1. 封面和目录

封面要用一句话描述您的公司做的是什么，包含公司名称或简称、公司 LOGO、网址、联系方式等信息，有的创业计划书的封面还包括保密约定，其关键目标在于让评委/投资人大概知道您做的是什么事？您的身份是什么？如果已经有产品和服务的设计简图或照片，且比较美观的话，可以将图片印在封面上。

目录紧接封面页后，列出计划书的主要章节、附录、图索引、表索引和对应页码，便于查找计划书的内容。在目录前，可以添加扉页，扉页可以设计企业标语、App 或者公众号二维码，简单介绍公司地址、创业团队、科技支持、产品介绍、证明许可等内容。

2. 执行概要

创业计划书的执行概要十分重要，应提出本项目的理念，简明扼要地阐述本次项目的主要内容，是整个创业计划书的简要概括，它旨在描述一个令投资者心动的商机，必须能让投资者有兴趣并渴望得到更多的信息，留下长久的印象，并考虑有机会可以从中得到回报，执行概要是创业者所写的最为关键的一部分内容，是投资者首先要看的内容，如果公司是一本书，执行概要就像是这本书的封面，做得好就可以成功吸引投资者的眼球。要像对待广告一样来撰写执行概要，条理清晰、语言精练、富有逻辑、图文并茂。

一份创业业计划书的执行概要主要回答以下 8 个问题：

（1）您的产品和服务是什么，具有什么独特的卖点？即您的产品和服务解决了顾客的痛点或问题。

（2）您的竞争对手有哪些？详细情况如何？有无存在无限商机的行业和市场环境？

（3）您的商业模式是什么（主要的收入来源）？

（4）您的客户是哪些？您的潜在客户和忠实客户如何区分？

（5）您的项目目前发展状况？（主意构想的阶段/业务开发阶段/已有产品和服务/已有收入/已有客观的收入，并且寻求业务的扩张）

（6）你们将如何把产品和服务推向市场，或者相对于竞争者来说，你们公司有哪些更加高效的销售策略？

（7）您的财务潜力如何？即预测一下投资风险、投资回报。

（8）您的创业团队，参与实现目标的那些人有什么特殊的能力或资源？

3. 主体部分

主体部分是创业计划书最为细化的内容部分，包括公司业务描述、产品和服务/项目介绍、市场概况、行业分析、营销策略、运营计划、公司架构与团队介绍、财务分析、风险分析与应对。

1）公司业务描述

公司业务描述是指描绘公司整体情况，通过对项目或公司业务整体业务的描绘或发展历程等方面做出简单的、告知性的介绍，如项目或公司概述、使命、推出什么产品、采用什么模式、战略目标、企业文化等，让读者明白你们项目/公司业务发展的目标是什么，为什么一定会取得成功。在这一部分您要满腔热忱地告诉读者您会如何努力，以及您具备哪些方面的能力。

公司业务描述应该包括哪些信息？

（1）您的想法或业务所处的阶段，是处于设计阶段、初创阶段，还是准备扩张阶段？

（2）这项业务将会服务于哪些市场？

（3）您要推出什么产品和服务？

（4）您采用什么商业模式？

（5）为什么大家要用它？（该产品和服务会解决什么样的用户问题）

（6）公司的总体战略以及发展规划战略。

这部分建议先写下公司业务描述，再起草创业计划，完成创业计划之后再重新修改公司业务描述，如果您的产品和服务非常特别、专业，您可以用一定的篇幅解释它是什么，它会如何发挥作用，这可以帮助读者重点关注你们业务的独特之处。

2）产品和服务/项目概况

在创业计划书中，应提供所有与企业的产品和服务有关的细节，包括企业所实施的所有调查，了解客户的消费动机，设计出适合他们产品和服务，要让投资者感到投资这个项目是值得的。

需要回答的问题包括：

（1）产品和服务是什么？

（2）产品和服务正处于什么样的发展阶段？

（3）产品和服务的创新之处在哪里？

（4）强调产品和服务如何符合客户价值观念，内含什么价值？

（5）与市场上其他产品和服务相比，您的产品和服务有什么优势？

(6) 您的产品和服务应用前景如何？

在产品和服务介绍部分，要对产品和服务做出详细的说明，说明要准确，也要通俗易懂，使不是专业人员的投资者也能明白。一般来说，产品介绍都要附上产品原型照片或其他介绍。服务项目要介绍服务模式。如若该部分内容与商业模式章节内容有所重复，可以考虑适当删减或删除，务必使投资者能够对该项目有个直观的感知。

3) 市场概况

创业计划书要给投资者提供企业对目标市场的深入分析和理解，要细致分析经济、地理、职业以及心理等因素对消费者选择购买本企业产品和服务这一行为的影响。这部分重点说明目标市场即选择购买或持续购买你们的产品和服务的那群人或那些公司，相对于竞争对手而言，你们的产品和服务能更好地解决他们的问题或更好地满足他们的需求。市场概况部分可包括描述市场现状、市场机会、目标客户、市场容量和潜力等，进行竞争分析，介绍可进入的市场总规模，分析市场发展驱动因素和趋势，确定市场的时机、优先进入的市场领域等内容，通过市场规模的描述，让投资者或者大赛评委对项目所处市场有清晰的认识。其中竞争对手是同一行业内与你们公司生产相似产品和服务的公司，也可以是你们的竞争行业，他们与你们面临相似的客户问题。您一定要告诉读投资者或评委所处行业的整体竞争状况，可以包括，但不限于谁会是你们风险投资潜在的直接竞争对手、市场地位如何、您如何获取市场优势等。

在这里您要回答6个问题：

（1）你们在这个市场里有没有机会？
（2）预测您的目标市场规模有多大？
（3）市场对你们产品和服务的需求是否呈上升趋势？
（4）您的目标客户是谁，他们来自哪儿？他们有什么特性？
（5）客户为什么要购买你们的产品和服务？
（6）你们的产品和服务与竞争对手的产品和服务有什么不同？竞争对手的产品和服务，以及他们的优势和劣势是什么？您的产品和服务的优势劣势是什么？如何参与市场竞争？
（7）你们将如何充分利用这个机会？

利用数据描述项目所在行业的用户规模、经济规模及行业集中度等情况，市场规模直接决定项目未来成长性，是投资人或大赛评委关注的重点，因此预测目标市场规模是一个棘手的命题，建议给出准确数据，行业集中度如无相关数据，可考虑不描述。此外，因为市场始终处于不断的变化之中，所以对竞争对手的调查也应该是一个动态的持续过程。最终输出的内容要体现项目如何通过差异化方式与竞争对手抗衡，给投资人或大赛评委信心，尤其强调您在其他竞争压力下如何凸显您的竞争优势，如何规避您的弱势，建议您进行一个SWOT分析。竞争对手部分可以包含在市场概况章节中，也可以单独用一章内容介绍。

拓展链接

市场分析网站参考

艾瑞网	http://www.iresearch.cn/
199IT	http://www.199it.com/
电子商务数据中心	http://www.100ec.cn/zt/data/

4）行业分析

行业分析是评估一个有前景的商业机会价值的基本方面。一个完备的行业分析对一个新企业来说，也表明了企业可能达到什么，又不可能达到什么。在这一部分中，您应该让读者了解该行业的规模、发展趋势，以及关键特征。其目的在于让投资者或者评委了解行业存在的哪些问题或痛点，如何通过项目进行有效解决。

行业分析主要包括哪些信息？

（1）该行业目前正在生产哪种类型的产品和服务？
（2）该行业发展程度如何？现在的发展状况如何？
（3）进入该行业需要您具备哪些资源、知识和技能？
（4）当前所处行业存在的痛点是什么？
（5）用户存在哪些需求？
（6）进入该行业的障碍是什么？您将如何克服？该行业典型的回报率有多少？

行业分析就如同一个参照点，它展示了行业中一般企业的运行情况，行业的总体发展趋势。在撰写创业计划的过程中要不断进行与行业分析的参照对比。需明确，该部分是为引出商业模式所设置的，其逻辑类似于行业存在哪些痛点或者用户存在哪些需求，紧接着在商业模式中描绘我们的项目/产品和服务如何解决痛点或需求。在确定主要发展趋势时，要把您的信息来源全部记录下来。无论是从短期来看，还是从长期来看，在调研阶段所做的记录都会对您大有裨益。

5）营销策略

营销策略是通向成功的路线图，直接关系到企业或项目能否存续，创业计划书中的营销策略要列出本企业打算如何推销您的产品和服务以及开展广告、促销及公共关系活动的地区和方式，明确每一项活动的预算和收益。要简述一下企业的营销战略，包括目标市场战略、产品和服务战略、销售战略、加盟合作战略、广告和推广战略等，如企业是采用代销的方式还是直销，是使用外面的销售代表还是内部员工，是适用转卖商、分销商还是特许商？企业将提供何种类型的销售培训？企业如何进行产品推广？

营销策略要回答以下6个问题：

（1）您的目标市场定位是什么？
（2）您采取的营销方式是什么？您的推广模式和推广方案是什么？
（3）您的项目的广告策略和促销策略是什么？
（4）您的价格策略是什么？
（5）市场营销创新点是什么？
（6）您的营销盈利模式是什么？

营销策略关键目标在于如何说服客户购买你们的产品或者接受你们的服务。要根据您现有的资源和您的目标客户来选择适合你们的产品和服务，或者适合你们目标市场的营销组合；不断从顾客的角度出发去洞察商机，制订一个考虑周详的营销计划，并且还要体现出您将如何实现具体的营销目标。

6）运营计划

运营计划是指能够体现运营现状的关键数据，描述您如何经营企业，展现的方式可以是具体数值、历史增长比较或与竞争对手比较等维度。运营是业务的进展过程，是把想法或原材料变成可以卖给客户的产品和服务的过程。就像生产过程一样，运营计划也必须是一个动态发展过程。在运用该作业计划的过程中应该根据实际情况的需要对它进行经常性的修改。

运营计划部分应当说明以下事项：

（1）对企业的本质特征和企业的成功至关重要的事项是什么？
（2）为您提供非凡竞争优势的事项是什么？
（3）您如何克服同类企业常见问题？
（4）公司怎样为此项业务的利益相关者创造价值？
（5）材料采购的优势是什么？
（6）您的产品有无生产或销售过程的技术革新？
（7）您的企业有无得天独厚的地理位置？
（8）您是否能够想办法找到熟练工人或廉价劳动力？
（9）您有无高效的定价策略？

所需呈现的数据维度，必须是所处行业关键指标，具体指标可以根据行业的不同进行变更。如果已经运营了一段时间，建议进行历史对比、竞争对比，以体现增速，建议采用明细流程图、生产过程描述等形式以及视觉辅助设备，比如图表、图解和表格等，可以使原本显得很复杂的信息以一种更加清晰的方式呈现在读者面前。该部分为投资人或大赛评委判断企业经营能力的关键参考，是创业计划书最为关键的内容之一。准备运营部分时，你有很多信息资源可循，创新创业不动产经纪可以给你描述你所在地区的优势、劣势和可获取的资源，贸易协会可以帮助你找到工程和生产设计方面的顾问，指引你获取设备资源，大多数图书馆以及互联网也可以向你提供关于供应商、分销商等资料。

7）公司架构与团队介绍

人力资源管理是企业管理非常重要的一个环节，社会发展到今天，人已经成为最宝贵的资源。该部分内容包括公司架构、职能说明、股权架构以及团队介绍，其中团队介绍要运用概况性、精练的语言来描绘团队的实力，因为团队是投资人或大赛评委考评早期项目的关键考核因素。内容主要包括介绍 CEO、联合创始人、关键管理人员或团队整体概况，如相关行业工作经验、成功创业经历、管理经验、教育背景以及能力、职务和责任，要体现团队经历和背景与项目的契合度。

主要回答以下 5 个问题：

（1）您的公司架构及公司职能是怎样的？
（2）您的公司资金主要来源是哪里？投资形式和投资收益是什么？
（3）描述您团队成员的优势以及在行业相关领域各自工作经验和成绩是什么？
（4）他们会给该项业务带来哪些方面的知识、技能和特殊能力？
（5）他们对这项事业的忠诚度如何？

团队介绍是早期项目最重要的部分，团队描述中最好能够补充与项目所在行业有相关经验的人员，最好涉及产品、运营、财务、销售等各个方面，并且在创业计划附录部分写上团队成员的个人履历，如果团队成员在教育背景上比较出彩时，可以对其教育背景进行介绍。

8）财务分析

财务分析要描述财政现状和未来的财务预测及需要融资的金额和用途。财务分析代表着您对相关风险和投资回报的最佳估算，是商业成功的有力证据。主要包括主要财务假设，包括资金来源和销售预测，财务报表等内容。针对尚未开始运行、亟须启动资金的产品或项目，财务状况的阐述要尽可能偏重于未来项目运行时可能涉及的相关费用，编制所涉及的预算时，要将所需的预算分阶段进行阐述，并解释预算的原因及预算的依据。针对已经开始运行的产品或项目，财务状况的阐述应相对客观详细，因此，对此类项目要从现金流量、资产负债、利润等方面进行详细列举说明。

财务计划部分要回答以下问题：

（1）明确您的业务资本需求量。

（2）您希望他们能够给您提供多少资金？

（3）您打算如何运用这笔资金？

（4）提供财务预测。

（5）制作损益表、资产负债表、现金流量表。

（6）对销售额进行盈亏平衡分析。

（7）您的商业投资用多少时间能达到盈亏平衡点？

如果您的新业务是投资初创型企业，那么在您的财务计划当中，您就要密切关注现金流量的问题。虽然大多数人都把利润放在第一位，但对于一个初创型企业来说，现金流量则是更为重要的要素。另外，融资的金额、用途、稀释的股份要尽可能阐述清楚。

9）风险分析和应对

在创业计划书中创业者都会对项目做出一番美好的未来规划，但是风险投资者都会害怕面对一个存在着不确定因素太多的项目。不同的公司有不同的情况和面对的风险，为了能够成功融资，风险控制分析部分就是说明各种潜在风险，并向风险投资者阐述针对各类风险的规避措施。关键的风险分析，包括机会、财务、技术、市场、营销、资本、生产、环境、管理、竞争、资金撤出、政策等风险，说明将如何应付或规避风险和问题，并有相应的退出机制，并且需要详细说明该退出方式的合理性。在退出机制中要阐述团队成员的退出程序，主要涉及股权转让、回购、分红等方面的事宜以及投资人开始投资及结束投资的时间节点、投资流程、回报等内容。此外，如果公司在计划期内完成风险资本退出计划，最好要给出次优方案，这样才能让每一个投资人都清晰地知道获利的时间和可选方案。

4. 附录和封底

附录放在创业计划书的后面，是对主体部分的补充，受篇幅限制，向投资者或大赛评委提供参考资料或数据，或者对主体部分进一步深入详细地描述。附录部分可能出现的附件包括市场调研结果、团队成员及专家顾问简介、企业绩效考核制度、规章制度、具体财务报表、技术信息、宣传材料、营业执照、开户许可证、专利证明、信誉证明及主要合同资料等。封底与封面相呼应，要与封底进行统一设计，设计应简洁，具有视觉冲击力和美感。

创业计划书的基本内容可以根据产品与服务的特点不同而改变，撰写者既可以按照上述逻辑阐述创业计划书的实施过程，也可以根据产品与服务的特点拟定撰写逻辑，对基本内容进行合并、裁剪和扩充。

拓展阅读

周鸿祎：教您打造十页完美的创业计划书

第一页，用几句话清楚说明你发现目前市场中存在一个什么空白点，或者存在一个什么问题，以及这个问题有多严重，几句话就够了。例如，现在网游市场里盗号严重，你有一个产品能解决这个问题，只需要一句话说清楚就可以。

第二页，你有什么样的解决方法或者什么样的产品，能够解决这个问题。你的方或者产品是什么，提供了怎样的功能。

第三页，你的产品将面对的用户群是哪些，一定要有一个用户群的划分。

第四页，说明你的竞争力。为什么这件事情你能做，而别人不能做？是你有更多的免费带宽，还是存储可以不要钱？这只是个比方。否则如果这件事谁都能干，为什么要投资给你？你有什么特别的核心竞争力？有什么与众不同的地方？所以，关键不在于所干事情的大小，而在于你能比别人干得好，与别人干得不一样。

第五页，再论证一下这个市场有多大，你认为这个市场的未来是什么样的。

第六页，说明你将如何挣钱，如果真的不知道怎么挣钱，你可以不说，可以老老实实地说，我不知道这个怎么挣钱，但是中国一亿用户会用，如果有一亿人用我觉得肯定有它的价值，想不清楚如何挣钱没有关系，投资人比你有经验，告诉他你的产品多有价值就行了。

第七页，用简单的几句话告诉投资人，这个市场里有没有其他人在干，具体情况是怎样，不要说"我这个想法前无古人后无来者"这样的话，投资人一听这话就要打个问号。有其他人在做同样的事不可怕，重要的是你能不能对这个产业和行业有一个基本了解和客观认识。要说实话，干实事，可以进行一些简单的优劣分析。

第八页，突出自己的亮点。只要有一点比对方亮就行。刚出来的产品肯定有很多问题，说明你的优点在哪里。

第九页，进行财务分析，可以简单一些。不要预算未来三年挣多少钱，没人会信。说说未来一年或者六个月需要多少钱，用这些钱干什么。

第十页，如果别人还愿意听下去，介绍一下自己的团队，团队成员的优秀之处以及自己做过什么。

二、创业计划书的编写要求

1. 创业计划书的注意事项

创业计划书撰写的目的是为创业融资、宣传提供依据，一个没有做过充分的市场调研简单重复他人经营项目，并且没有创新的创业计划书往往不会得到投资者的关注，在撰写创业计划书时要注意遵循以下几个原则：

1）先分后总，图文结合

摘要部分一定要放在最后完成。动笔写摘要之前，先完成整个创业计划书的主体的撰写，然后反复阅读几遍主体文章。提炼出整个计划书的精华所在之后，再开始动笔撰写摘要部分，做到胸有成竹，一气呵成。写完之后，再请周围的人检查过目，提出意见，重点了解他们的反馈，看他们能否马上被您的文章所打动。如果不能，则需要重新考虑如何撰写，直到首先可以打动您身边的人为止。

撰写一定要文笔生动。风格要开门见山，夺人眼目。其中，切忌通篇都是文字，投资者及大赛评委容易审美疲劳，尽量采用恰当的图表来表达文字内容。

2）简明扼要，层次清晰

投资者常常每天要阅读几十份甚至上百份的创业计划书，他们不可能通读计划书的所有内容，因此，创业计划书首先要简洁，能够一句话表述清楚的就一个字也不要多加，最好开门见山，直抒主题，让投资者觉得阅读每一句话都是有意义的。

要根据项目的发展阶段，结合所要获得投资的目的来突出"我有什么""我做了什么"以及"我需要什么"，让投资者一目了然。投资者真正关心的问题都是一样的：做的是什么产品？怎么赚钱？能赚多少钱？为什么？商业机会是什么？所需要的资源是什么？把握这一机会的进程？风险和预期回报是什么？在制定创业计划书之前，能够清晰地就这几个问题解释清楚就可以了。

3）突出重点，力求准确

为了引起投资者的兴趣，除了要注重行文的简洁和实效，还要突出重点，要让读者看明白，我要做什么？为什么要做这个？显示出我的产品的独特优势及竞争力，明确目标客户并进行市场细分，我采取何种营销策略？我的运营模式和盈利点是什么？

此外，创业计划书中的数据，应该基于前期认真的市场调研和分析，财务预测等应有财务专业人士协助完成，要力求准确，这样才不至于高估市场需求和创业成功率，忽视竞争威胁和重大风险，让投资者降低或丧失信任。在写作全部完成时，要先检查有无错别字、大白字等。切忌在文章中出现这些错误。自己检查完之后，再请别人检查，直到确切无误为止。如果在文章中出现了文字错误，将可能失去重要的机会。

4）强调针对性

在撰写创业计划书时，您要常常问自己"谁会读我的计划？"不同的投资者有不同的兴趣和背景，他们看创业计划书侧重点不同。银行等投资者通常对企业之前的成果业绩感兴趣，而投资公司则通常对新技术或者有发展潜力的项目感兴趣。在撰写之前要现对投资者做一番调查研究，突出投资者最感兴趣的方面。对不同的投资者，要突出不同的方面。由于一项投资通常需要几个人或者几个部门共同做决定，因此，也要对整个投资机构有一个较为全面的了解。

撰写创业计划书以外的工作还包括与权威人士建立联系、结交有关方面的朋友、寻找可靠的顾问、在技术和创业技能方面寻求平衡。

2. 创业计划书的编写步骤

创业计划书制作是一个系统工程，如何安排撰写计划往往会使创业者十分困惑。不同的创业者都有自己的撰写思路。一般创业计划书的制作采取以下流程：

1）建立创业计划书编写团队

编写创业计划书需要涉及企业策划、财务、人事、成本核算、市场分析等诸多方面的专业知识，需要由创业者及其团队来编写，并根据个人已有的知识储备和特长进行分工撰写，编写团队应包括精通市场营销、财务会计、人力资源、产品技术、法律等知识的人员。

2）创业计划书构思细化

通过相关问题讨论该创意是不是一个好的创业机会，探讨创业项目的商业模式和发展规划，讨论如何把公司发展构想阶段化，在每一个阶段需要关注哪些核心问题，根据产品与服务特点设计出创业计划制作的阶段。

3）资料获取和市场调研

了解行业：对需要进入的行业与市场进行初步研究，了解该产品与服务在行业与市场中所处的位置。产品分析要阐明产品需求、功能和竞争力。市场分析要量化市场机会。

市场调查：与多个产品与服务的现有和潜在客户建立联系，准备一份客户调查提纲，要获取足够多的信息。

竞争对手：确定竞争对手并分析本行业的竞争态势，准备一份竞争者调查报告。

4）创业计划书初期制作

创业计划书初期制作，应主要包括产品分析、市场分析、公司运营、团队建设、财务分析、撰写摘要、设计封面。在初期制作阶段主要阐明产品需求、功能和竞争力，要量化市场机会，简要阐述从今天到将来的运作方式，阐述团队合理性及成员分工。财务分析主要包括价值评估、收益率和三大报表（损益表、资产负债表、现金流量表）。

5）答辩陈词准备和反馈

准备10分钟的答辩稿和PPT，陈述创业公司获取成功的关键因素，内容要容易理解和有讲解逻辑。

拓展链接

"挑战杯"中国大学生创业竞赛创业计划写作指南

（大学生创新创业基础，付永生，何鹏主编，2017）

目标：指明计划的投资价值所在。解释是什么（What）、为什么（Why）和怎么样（How）。

参赛项目具体来源：参赛小组成员参与的发明创造或专利技术；经授权的发明创造或专利技术（此种情况下，参赛小组须向组委会提交具有法律效力的发明创造或专利技术所有人的书面授权许可）；可能研发实现的概念产品或服务。

1. 核心内容

产品或服务的独特性相近的市场分析和竞争分析；现实的财务预测；明确的投资回收方式；精干的管理队伍。

2. 写作框架

（1）概述：公司的业务和目标；产品或服务的用途、好处、竞争优势所在；专利权、著作权、政府批文、鉴定材料等。

（2）市场：市场状况、变化趋势及潜力；调研数据；细分目标市场及客户描述。

（3）竞争：对现有和潜在的竞争者的分析；竞争优势和战胜对手的方法。

（4）营销：针对每个细分市场的营销计划；如何保持并提高市场占有率。

（5）运作：原材料、工艺、人力安排等。

（6）管理层：每个人的经验、能力和专长；营销、财务、行政、生产、技术方面的分工。

（7）财务预测：营业收入和费用、现金流量；前两年月报，后三年年报。

（8）附录：记录上述信息的材料。

第三节　路演创业项目

一、如何理解路演创业项目

路演一词来自英文"Roadshow"，所谓路演，指的是在公开场合，通过项目解说，传播理念，向大众推广企业品牌、产品及想法的一种方式。如何在路演中完美地呈现项目，吸引投资人或得到大赛评委的肯定是创业者及其团队要考虑的关键环节。项目路演就是企业或创业代表在讲台上向投资方讲解项目属性、发展计划和融资计划，一般分为线上路演和线下路演。那么，创业者应如何成功呈现一场完美的项目路演，如何做出优秀的项目路演PPT呢？

1. 项目路演的作用

（1）可以同时让多个投资者很认真地倾听创业者的讲解和说明，同时还可以有一个思考和交流的过程。

（2）能够让投资者在安静的环境里，在创业者及团队成员声情并茂的展示下，真正读懂企业的项目，从而做出更为准确的判断。

（3）有利于吸引投资方为企业提供资金，为企业带来行业经验、人脉、渠道资源、合作伙伴，有利于提升企业的成长速度。

2. 路演前的准备工作

（1）确定谁是您的听众？

准备项目路演的第一步是尽可能多地搜集您的听众的信息，所有的风险投资公司都有自己的网站，上面会列有公司曾经投资的企业和合作伙伴，通过网络搜索和仔细调查也很容易找到有关天使投资者的背景信息。

您要把重点放在听众认为最重要的部分，风险投资者可能比较关注您的企业的发展速度及预期收益率；对银行家来说，往往关注的是您的现金流是否可以预测以及怎样将风险降至最低；如果是一个天使投资人，可能关注项目的成长性和发展空间等相关问题；如果是大赛评委老师，可能关注您的项目的创新点及项目的可行性论证。

（2）演讲思路的准备。

项目路演的本质是在有限的时间里传递最有效的价值。有效与否的关键，其实是你能否得到评委或投资人的青睐，让他们刻骨铭心，想要认可你，或者直接用钱"砸"你。因此，你需要用提问思维来做好项目路演。因此项目路演前，你应该模仿投资人向自己发问，最本质和最基础的问题是：什么人？做什么事？卖什么产品？卖得怎么样？能否持续卖下去？

（3）演讲内容的准备。

建议在准备创业计划PPT时最好遵循"10-20-30法则"。PPT不超过10张、演讲时间不超20分钟、字体不小于30号。虽然不同的项目因不同的需求，页数有所不同，但包含的大体内容并无二致，陈述一般需要使用10~15张幻灯片，不追求全面，要抓重点，尤其是投资者可能感兴趣的部分。

3. 项目路演PPT内容

（1）描述要解决的问题是什么？

通过案例或背景视频引出你发现了一个什么样的痛点，或需求点，明确要解决的问题，以及谁有这些问题，描述一个问题出现的场景，用图形或图片（一张即可），如已有解决相关痛点的产品或服务，可能需要简要分析已有的产品或服务存在的不足，表明当前的商业机会，说明目前正是做这件事情的最正确的时间，其关键目标在于让评委或投资人点头并认可您的项目。

（2）讲清楚你要做什么？

首先，分析市场现状和行业背景，针对性指出项目相关的行业背景、市场发展趋势、市场空间。

讲清楚你准备做什么产品和服务，演示您的解决方案，或什么样的产品，如何减轻客户的"痛苦"，提供了怎样的功能，最好能配上简单的上下游图、功能示意图或简要流程框图。

列出此解决方案的与其他方案相比的特点或好处，不要追求大而全，要专注聚焦，表明你就想做一件事，而且就想解决这件事中的某一个关键问题。

通过技术原理、图纸或图片的形式展现技术特点，用通俗易懂的语言进行描述，如专利证书或专利授权，让评委/投资人清楚您的技术优势，对项目一目了然，其关键目标在于让评委/投资人清楚您的方案如何解决问题。

（3）说明你的用户群是谁？

说明你的产品或服务将面对的用户群是谁？即清晰的目标用户群定位，阐述目前的客户，如是企业客户，有哪些？如是个人客户，面向哪些群体，有多少？潜在的客户在哪里？关键目标在于让评委/投资人看到您对客户的了解以及客户对公司解决方案的认同。

（4）说明你的产品或服务的核心竞争力是什么？

说明你的产品或服务的竞争力，为什么这件事你能做，而别人不能做？或者为什么你能比别人干得好，分析竞争对手的优劣势，你的特别的核心竞争力是什么，你与众不同的地方是什么？比如是否具备科研成果转化背景或拥有价值的知识产权等。其关键目标在于让评委/投资人了解您跟谁在竞争、为什么您的解决方案更好、为何您能赢。

（5）介绍公司的运营情况。

简单介绍公司的发展历史、何时建立、融资情况、股权结构以及公司产品/服务的研发、面市、客户发展情况等信息。关键目标是让评委/投资人看到公司目前取得的进展。

（6）介绍目标市场。

介绍市场格局和可进入的市场总规模（图表数据），分析市场发展驱动因素和趋势（图表数据），确定市场的时机、优先进入的市场领域。关键目标是让评委/投资人看到市场对公司产品/服务的需求，并相信公司有足够的潜力。

（7）说明如何营销您的产品或服务？

如何销售您的产品/服务，直销？渠道分销？如何直销？有多少销售人员？区域？销售周期？销售政策？如何分销？经销商是谁？需要多少经销商？区域如何划分？关键目标在于让评委/投资人看到公司的产品/服务有合适的方式到达客户。

（8）说明未来如何赚钱？

勾画一份价值链的流程图，公司从哪里获得何种收入？收入在价值链中如何分配？分配方式和比例如何？成本构成、支付方式如何？关键目标是让评委/投资人看到公司如何获得收入、如何赚钱?

(9) 介绍管理团队。

核心管理团队的介绍:相关行业工作经验、成功创业经历、管理经验、教育背景,如有必要,可介绍董事、顾问的情况。关键目标在于让评委/投资人相信这个团队对公司有信念且值得信赖,能够将公司带到下一个里程碑。

(10) 介绍合作伙伴。

介绍公司提供产品/服务的价值链上的关键合作伙伴以及他们的功能、合作进展情况(是否已签约?)关键目标在于让评委/投资人看到公司在产业链上的位置和重要性。

(11) 描述公司发展目标。

公司下一步的计划:产品研发、市场开拓、人员招募、收入和盈利、后续融资,其关键目标是让评委/投资人看到公司下一阶段的发展目标。

(12) 财务及预测。

公司截至目前的历史财务状况(三张报表),公司未来3~5年的收入、利润、现金流、成本、费用等方面的预测,关键目标是让评委/投资人从公司财务指标上看,投资是有利可图的。

(13) 融资方案。

介绍之前公司的股权结构、融资情况、本轮融资额度、拟出让的股权比例,资金用途(市场、产品研发、生产、人员等),后续融资预期,目标退出方式及预期。关键目标在于让评委/投资人知道实现计划的里程碑,以及为什么需要这个额度的钱。

拓展阅读

大学生如何做好创新创业项目路演?

项目路演的本质是在有限的时间里传递最有效的价值。有效与否的关键,其实是你能否得到评委或投资人的青睐,让他们刻骨铭心,想要认可你,或者直接用钱"砸"你。因此,你需要用提问思维来做好项目路演。

提问思维,意味着你能够换到评委或投资人的立场去回答他们心中的疑问。因此项目路演前,你应该模仿投资人向自己发问,最本质和最基础的问题是:什么人?做什么事?卖什么产品?卖得怎么样?能否持续卖下去?

1. 什么人?

蒂蒙斯的创业三模型中有:团队、资源、机会。团队组成如何,其实就是回答"什么人?"的问题。你是一个什么样的人?你的专业教育背景如何?你的工作经历如何?你过往取得哪些成绩?这些都是在告诉评委或投资人:你是一个值得信赖的人,你是很适合这个创业项目的人,你是一个持续创业者。

路演的本质其实是一场营销,而所有营销的本质最终是营销的"人"。用简洁精炼的话语讲清楚自己作为创始人的专业背景、工作经历,以及团队成员尤其关键人物的经历备书,让评委或投资人感受到人与项目有一种纯天然的契合,没有丝毫的违和感,这会让他们踏实些。当然你也可以在丝毫没有区块链的专业背景下告诉他们你想要架构区块链帝国,不过前提是你的团队成员里有区块链的专家,否则你只是在传销式地抛售你的情怀罢了。

2. 做什么事？

一句话讲清楚你在做什么事？通常的格式是：为某个精细群体，提供某种服务或解决方案或产品。有很多创业者，在10分钟的路演时间里，一直喋喋不休地分析创业所在领域里，全球上万亿市场空间、全国上千亿空间。然后口头禅是："由于今天时间不够，所以想要了解更多详情，可以去我们公司看看"。其实一个连时间都无法掌控的人，是无法掌控好创业的。西方创新创业教育界流行的一种方式是：60 s（秒）电梯演讲。假设你在电梯里遇到投资人，60 s你得说服他为你投资。这个极端训练有效地表明：在最短的时间里，回答清楚你做什么事，至关重要。值得学习的是，有很多项目，能清楚表达在做什么事，比如：FACEBOOK，让世界连接起来；OFO，提供单车出行的智能解决方案。

3. 卖什么产品？

这个世界永远不缺情怀，这个世界也永远不缺想法，这个世界缺的是极致的产品。现实中，或许驾驶理论知识能考满分，但实际操作需要调动整个身体，达到人车融合的过程，便是一个发掘"微观体感"的过程。大学生创业者不缺乏宏观战略的表达，中观套路的演绎，但缺的是战略的细化、套路的落地，最终聚焦到你卖的产品到底是什么？从某种程度上说：项目路演甚至可以一句话都不说，展示你的产品，标上价格，评委和投资人便已心中有数、了然于胸。比如大学生如果是从事无人机制造的创新创业项目，最好直接在路演中展示你的无人机，并清晰描述它与市场上其他类别的无人机相比，最大的优势在哪里。产品是大学生在项目路演中最佳的沟通利器。

4. 卖得怎么样？

各类路演的评委及投资人早已看过无数项目，炼就了"火眼金睛"。大学生创新创业的故事很动人，但最终他们想知道，产品卖得怎么样？在哪些渠道现在有哪些数据？用事实说话。如果大学生已经开始产生销售数据，尽管不怎么样，但也表明已经在接受市场检验的过程中。当然，任何一个评委或者投资人不可能了解每一个行业，必然存有知识盲区。这个时候说服他最好的方式就是告诉他："现在卖得怎么样？"。不要大谈特谈市场有多大，投资人想知道的是：市场再大，跟你有啥关系？你已经占据了多大的市场。回答"卖得怎么样？"这个问题，最忌讳的是基本的财务数据都很模糊，基本的销售渠道都理不清，核心的盈利点都搞不明白。创业应该具备基本的成本意识，清楚掌握基础数据，才有可能清醒评估自己的项目。

5. 能否持续卖下去？

大学生创新创业毕竟不是一次大赛，不是一次融资能够铸就，评委或投资人一定会评估项目的可持续发展和项目的竞争壁垒。如果是一个好的创意、产品、模式，但是别人能够轻易抄袭山寨，那就说明创业项目本身就是在"裸泳"：没有任何衣物抵御别人的觊觎。这样的项目势必也难以持久。比如有的大学生是做少儿编程的创业项目，如果课程能轻易被别人模仿、抄袭，那必定无法持续经营下去。因此，在做路演时，一定要展示清楚项目的核心竞争力以及竞争壁垒所在。告诉评委及投资人，或者依托专利发明，或者依托独特的服务体系，或者依托专业知识技术，已经建成了"永恒的护城河"，能够保证项目永续经营，可持续发展。

二、路演答辩注意事项

马云用了6分钟的时间说服孙正义投资2 000万美元的投资,而这6分钟却改变了世界和互联网的走向。马云对电子商务的创造性运作,加快了世界和互联网的进步,使人们的生活更加便捷,而由马云引起的加快互联网开发的势头,同样使整个世界的联系更加紧密。创业者及团队在路演答辩时要做哪些准备工作,要注意哪些事项?

1. 演讲前的准备

商业演讲需要您快速切入主题,恰当地解释创业项目,语言内容仔细斟酌,同时不乏风趣灵活,结构上需要体现较强的系统性与逻辑性,同时在表达过程中可以自由添加或改变某些点作为介绍的拓展,一份背下来的介绍是无法激发听众的激情与兴趣的。

首先,你们要决定由谁来完成演讲。如果您是单独创业,很显然演讲由您单独完成,如果你们是一个团队,就必须决定到底由哪几位成员参加演讲,最好能让核心团队成员都参与演讲,但最好不要超过4位,这也体现了团队成员间的分工协作。这样既可以激起听众的兴趣与注意力,使得演讲节奏变化有致,也使听众对参与演讲的人都有所了解。

其次,你们要训练自己言简意赅的表达能力,训练自己用一分钟来表达、阐述创业企业的性质与职能。您可利用定时器,训练自己在一分钟内阐述公司性质与目前状况,并请听众写出一名表达您公司性质与职能的话,把他们的答案与您自己说的内容进行比较,通过对比结果修正自我表达方式与内容。

再次,您需要进行反复演讲练习,在同事和其他听众面前大声的练习,以期准确控制演讲的时间和获得大家有用的反馈。如果可能最好能把自己说的内容拍摄下来,这样您可以作为旁观者来检查自己的言谈举止和演讲内容,并且如果您看着镜头能谈笑自如,那么您就知道自己可以随时上台了。观摩别人的演讲也是很好的学习,您可以观摩一些现场或网络的相关商业演说,从中能总结出一些成功和失败的经验。

最后,要提前准备答辩问题,以便从容应对投资人或评委关注的问题。还要关注投资人或大赛评委关注的重点,不同类型的企业,投资人或大赛评委关注的重点可能会有所差别,如技术创新的企业,往往缺乏运营和市场营销能力,投资人或大赛评委会看运营和市场营销团队,是否有相关的合伙人。对于商业模式创新的项目,最大的商业壁垒不是您会怎么做,而是能否在短时间内迅速积累起大量用户,所以团队是非常重要的。其中,投资人或大赛评委会着重关注产品经理是否优秀。投资人或大赛评委还会重点看创始人的履历,判断未来能做好什么,就会先看以前做过什么事。此外对于公益创业项目,投资人或大赛评委除了关注创业性之外,还关注该项目是否突出公益性,能不断奉献社会并盈亏平衡,最后达到盈利。

2. 路演人的基本素养

口齿清晰、从容淡定、逻辑缜密、有利他情怀,这些基本素养是演讲水平的体现。通常我们把路演内容比作硬件,演讲水平则比作软件。在这么短的时间内用语言征服别人,要展现路演人的自信、语言表达以及情怀。

3. 路演人的礼仪

注意服饰、礼仪等因素。一个好的项目除了关注创业计划书的撰写和排版美化、PPT的精心制作之外,在路演现场还要注重自己的仪容仪表以及礼节。一般来讲,参与答辩人员应选择正装、简单大方通勤装、符合项目特征的职业装，也可以选择代表项目特色的定制服装。

4. 路演内容

1）PPT展示环节

一般投资人或评委重点关注的内容一定要有所体现，可参考的以下几个角度，分别是产品可理解、技术有优势、对手能比较、客户强需求、模式有创新、运营有数据、项目可持续、团队够强大。

2）答辩环节

PPT演示完之后就进入答辩环节，很多时候我们在紧张的气氛下，容易卡壳，投资人或大赛评委会问这样那样的问题，如能不能一句话讲清楚你的产品是什么？你为什么对你的产品有信心？你的产品和服务到底有什么价值？你的技术核心是什么？为什么用户一定要用你的产品？怎么做？你是不是有执行能力和成功的把握？为什么你能做这件事情（技术、团队、市场营销、销售、竞争、里程碑）？你怎么证明你的项目一定盈利？通过归类，我们发现，出现频率较高的主要是以下四个问题：产品是什么？竞争对手是谁？目标客户是谁？运营情况如何？

关于产品是什么，不一定所有人都了解你的行业，所以用普通人能够理解的方式介绍产品非常关键。技术类项目，如果在演讲和回答时全篇都是技术性语言表述，就很难给评委留下印象。可以巧用"生活化场景"把项目和生活例子结合起来，不仅能让评委快速了解项目，而且更容易留下深刻的印象。路演时要展示专利或者获奖证书，作为投资人或者大赛评委来讲，他们往往不是这个领域的专家，他们首先要看您项目的领先度。

关于竞争对手，很多企业只是按照字面意思回答竞争对手是谁，但从投资人或评委后续问题看，其实是想了解你对行业的看法以及你的产品优势在哪里。

关于目标客户是谁，其实主要是想让你论证，产品对于客户来说，是否是强需求，是否有持续拓展的机会。

关于运营情况如何，投资人或评委其实最关心的问题是项目是否盈利，是否落地。这个时候尽可能用数据说话，提升说服力，没有什么能比数据更有说服力。比如产品销售量、用户量、转化率、市场份额等。如果数据刚开始不看好，那就强调年度增长率和预期。

5. 路演技巧

1）善于讲故事引入产品或服务

要善于讲故事，在同质化严重、充斥各种专业图表、产品口号五花八门这样千篇一律的氛围下，能讲个好故事，能够引发投资人或大赛评委的情感共鸣，进而代入产品，如客户故事、团队故事、创业初心、创业磨难、未来梦想等，故事要有逻辑性，不可虚构和强行插入环节，要和产品相互呼应，故事的节奏不能太慢太长，因为路演的时间有限。

2）放低姿态，谈梦想

不要轻易挑战投资人或大赛评委的立场。不要在路演中轻易挑战或者挖苦知名的、纳税较高的企业。创业者要富有激情，要向投资者及大赛评委谈未来梦想，阐述其社会价值、项目格局等。

3）调动听众的兴趣

路演人在做汇报时，要善于调动听众的兴趣，要有独特的视角及切入点，要有适当的激情,富有感染力,要善用肢体语言,语速要适中,并且要突出关键点,在介绍关键点时,邀请听众辅助参与,最好能展示你们产品的样品。

【答辩问题汇总】

（1）用一句话概括你的项目。
（2）项目核心优势是什么？如何保持优势,且不易被复制？
（3）产品/项目应用场景有哪些？
（4）项目的盈利模式是什么？
（5）项目的竞争对手及其市场策略是什么？
（6）项目会遇到哪些风险,怎样规避？
（7）你们项目的核心客户是谁？

【现场回答注意事项】

1. 有准备的问题

简单精练、干净利落地回答。对问题的要点有准确理解,回答有针对性而不是泛泛而谈。

2. 无准备但会回答的问题

快速整理思路,有逻辑地回答。能迅速作出回答,回答内容连贯、条理清楚、重点突出；回答问题建立在准确的事实和可信的逻辑推理之上；团队成员在回答时要有较好的配合,能协调合作、彼此互补,对相关领域的问题能阐述清楚。

3. 无准备且不会的问题

放平心态,虚心请教。不要不懂装会,答非所问,原则上陈述和回答的内容要遵循一致性原则,回答前后不一会引起投资人或大赛评委的质疑。

【小组活动】

电梯创意演讲

1. 活动背景

"电梯演讲"的创意来源于麦肯锡公司的一次惨痛教训。在从 30 层到 1 层的 300 秒时间内,麦肯锡公司的项目负责人由于没有准备而无法把结果说清楚,以致失去一位重要客户。从此,麦肯锡公司要求员工凡事要在最短的时间内把结果表达清楚,直奔主题和结果。60 秒创意电梯演讲活动给每位参与者提供 60 秒的自由演讲时间,参与者可以通过各种方式简明扼要地阐述他们的创意或产品。在真实情景中,创业者也许与投资人或重要客户的交流时间只有坐电梯的短短 60 秒甚至更短,怎样在最短的时间内表达自己的创意并吸引到对方对创业者来说显得尤为重要。

2. 活动目的

激发大学生创业意识和热情,让学生学会将复杂的想法和方案简洁精要表达,说服听众,展示自己的创意和点子；锻炼创业者表达及整合能力,通过该活动让创业者学会如何进行有说服力的实效演讲、判断听众对什么感兴趣,让客户或投资者在极为短暂的时间内了解问题核心,使创业者在激烈的竞争中抓住机会。

3. 活动步骤

（1）课前准备：观看电梯演讲视频微课,了解电梯演讲要点；准备 60 秒的演讲,反复演练。

情景示例：学校众创空间即将开张,空间负责人杨老师正在寻找学生团队经营空间内的咖啡馆，小明有一个自己的点子和想法，今天，在电梯上正好碰到杨老师，于是小明走上前："杨老师……"

（2）同学轮流上台，进行 60 秒演讲。

演讲要求：

①语出惊人，良好的开头等于成功的一半。

②短小精炼，内容精辟围绕主题，时间控制在 60 秒之内。

③语言避免过于网络化，语言专业，语速平和，音量适中。

（3）各个小组打分（见表 5–1 小组打分表）。

表 5–1 小组打分表

评分项目	分值
演讲内容：围绕主题，内容有创意、有说服力，能够迅速引起注意	40 分
语言表达：语言自然流畅，简洁明了	30 分
形象风度：仪态端庄大方，举止自然得体，上下场致谢、答谢	20 分
综合印象：根据临场表现综合打分	10 分
合计	100 分

（4）自我总结与各小组评价（从点子的创新、演讲内容、语言表达、形象风度等方面）。

【项目实践】

根据小组的创业计划书，进行一次路演练习。

1. 活动规则与准备

3～5 个同学为一个小组，每组准备一份创业计划书，并制作路演 PPT，准备 15 分钟的路演展示，8 分钟答辩，如表 5–2 所示。

表 5–2 活动规则准备

模块	指标	要素	分值	得分
项目情况	创业背景描述	公司概要	5	
	问题/焦点描述	想解决什么问题	5	
	解决问题方法	怎样解决问题	10	
	机会和目标市场	市场有多大，市场占有率，营销策略	10	
	产品（服务）和技术	产品和技术核心竞争力是什么	10	
	竞争	有多少竞争优势，能否持久	10	
	创始人、团队介绍	股权结构，团队结构和背景	10	
	财务计划	主要财务指标	10	
	融资计划	融资计划、风险回避和退出机制	5	

续表

模块	指标	要素	分值	得分
现场情况		思路清晰，逻辑严密，语言简洁	5	
		回答问题准确、通畅	10	
		精神饱满，自然大方	5	
		PPT结构清晰，内容完整，重点突出，形式美观	5	
总分		满分100分，总分超过70分为项目通过	100	

2. 路演评价表

3. 教师对每个项目进行路演点评

4. 创业计划书范例

请大家扫描二维码阅读

课后习题

一、单项选择题

1. 创业计划书为了体现简洁并且完整，一般建议页数是多少？（　　）
   A. 30~50页　　　　　　　　　　B. 20~30页
   C. 10~20页　　　　　　　　　　D. 50页以上

2. 常见的创业计划书主要包含几个部分？（　　）
   A. 7　　　　B. 8　　　　C. 9　　　　D. 10

3. 以下哪个不属于常见的创业计划书的问题？（　　）
   A. 没有市场分析　　　　　　　　B. 企业只做产品不做服务
   C. 团队不成熟　　　　　　　　　D. 内容凌乱

二、判断题

1. 创业计划书中的市场分析内容，如果没有最近的相关数据，可以提供3~5年之间的往期数据进行参考。（　　）

2. 如果没有融资计划，可以不在创业计划书里体现。（　　）

3. 创业计划书是融资方吸引投资者，全方位展示项目商业蓝图，以供投资者分析决策的报告。它包括投资者感兴趣的重要信息，从企业成长经历、产品服务、商业模式、战略规划、市场营销、管理团队、股权结构、经济效益到融资方案。（　　）

三、多项选择题

1. 创业计划书可以从哪些方面体现可行性？（　　）
   A. 市场调研　　　　　　　　　　B. 目标和实施
   C. 财务信息　　　　　　　　　　D. 企业规划

2. 创业计划书需回答以下哪3个问题？（　　）
   A. 为什么做这个？　　　　　　　B. 为什么我们做？
   C. 我们做的是什么？　　　　　　D. 为什么现在做？

四、拓展阅读（优秀创业校友案例）

浙江嘉善申通快递公司总经理——方瑾

第六章
筹集创业资金并创办企业

✹ **学习目标**
- 了解创业资源的概念、类型以及关键创业资源的内涵；
- 掌握创业资源整合的方法、原则；
- 掌握创业融资渠道，以及股权融资与债权融资的概念；
- 了解创业贷款的概念。

✹ **技能目标**
- 设计出符合创业企业要求的融资策划方案，并提出有效的建议；
- 了解股权融资与债权融资的区别；
- 明白如何进行个人创业贷款。

名人语录：
有钱谁都会创业，关键在于没钱怎么创业。

——中田修

引例：

致命的融资

2018年1月25日早晨，80后创业代表人茅侃侃自杀身亡的消息刷爆了互联网。茅侃侃在朋友圈的最后留言，只有简单的几个字：嗯，我爱你不后悔，也尊重故事的结尾。

年少成名

据媒体报道，茅侃侃小学五年级时开始玩电脑，对程序、软件等计算机系统的痴迷让他迅速成为一名电脑高手，12岁玩转各种软件的安装和拆卸，14岁开始在《大众软件》等杂志发表数篇文章，15岁成为瀛海威时空最年轻的BBS版主并自行设计开发软件，17岁高中辍学创业。

2004年年底，茅侃侃碰上一个曾经合作过的国有企业负责人，他把闷在心里想了一年的Majoy项目跟他交流：把网络游戏搬到线下、模仿其后台数据运行，但用实景、由玩家实际扮演。两个人一拍即合，茅侃侃以知识产权入股公司，双方正式运营Majoy，整体投资预计3亿元。21岁，茅侃侃便当上了Majoy总裁。2006年因做客央视的《对话》栏目，他声名大噪，成了那个年代所有80后年轻人的创业偶像，被称为80后的"四大财子"。

踏入电竞

在成立 Majoy 公司之后，茅侃侃先后做了移动医疗领域的 App 以及提供实时路况信息的 App"哪儿堵"。2013 年，茅侃侃加入 GTV，开始踏入电竞圈。2015 年 9 月，茅侃侃与万家文化成立合资公司万家电竞，并出任 CEO。当时万家文化出资 460 万元，认购了 46% 的股份，茅侃侃出资 340 万元，认购 34%，其余 4 家股东分别出资 50 万元。

融资无门

财报显示，万家电竞从成立以来一直处于亏损状态。2016 年，公司实现损益 -1 073.72 万元。但这并不耽搁万家电竞的发展，截至 2016 年年底，万家电竞自行研发移动游戏项目共 5 款，如果资金不断，其中 2 款在 2017 年 10 月便可以向所有一线发行商（包括腾讯、阿里等）提供游戏内测包，进而实现盈利。

2016 年年底，万家电竞还迎来了融资机会，演员赵薇的龙薇传媒拟作价 30.59 亿元收购万家文化 29.135% 股份，后因"龙薇传媒在自身境内资金准备不足、相关审核未通过的情况下发布收购公告，误导投资者"等原因，银行叫停龙薇传媒贷款，证监会对龙薇传媒、万家文化、赵薇等作出行政处罚和市场禁入。受万家文化影响，万家电竞融资计划被迫搁置。

此后，祥源控股在 2017 年 8 月收购万家文化股东万好万家集团，成为万家文化实际控制人。上市公司暂停了对万家电竞的资金支持。祥源文化方面认为万家电竞并不符合祥源文化的发展战略。而且万家电竞处于持续亏损状态，2017 年上半年亏损 215 万元，负债合计约 4 812.7 万元，不利于上市公司年度利润目标的实现。祥源文化还表示，希望万家电竞能在十月中旬就从上市公司剥离。在茅侃侃看来，这在短时间内不可能实现，至少要两三个季度左右的时间才能完成。万家电竞与新进入的祥源控股的关系趋于紧张。

为了能满足员工工资以及公司办公、房租等正常开销，茅侃侃抵押了个人住房和车，为公司借入资金周转，但祥源文化方面表示，不能以超过上市公司向其借款的利息借入高息债务，否则会影响审计。茅侃侃只得原路退回，这也导致了公司彻底停摆。

回顾茅侃侃与万家文化的这一段纠纷，入主万家电竞的祥源文化以旅游地产业为主业，祥源文化作为资本方的态度是希望尽快卖掉部分万家电竞的股权，但并不会出钱参与新一轮融资，也不愿意等万家电竞盈利后进行回购。万家电竞作为实业方，经过一年多的自主研发，5 款移动游戏项目已经成型，急需资金加速推进上线，茅侃侃在一次次融资的希望与失望中苦苦挣扎，最终以生命的代价告别了曾经成就过他的资本界和创投圈。一位创业者在得知该不幸消息后，表示感同身受："创业中，往往大事儿打不倒人，但融资的反复折磨会让人崩溃。资本是锦上添花的，不会雪中送炭，谁管你曾经如何。"

是什么压垮了茅侃侃与万家电竞公司？茅侃侃作为经营者最大的失误在哪里？有没有更好的办法拯救万家电竞公司？

第一节 创业资源

美国著名的创业学教育和研究的领袖人物蒂蒙斯提出创业三要素，即机会、资源和团队，资源是其中之一。他认为，资源对于创业者好比颜料和画笔对于画家，当具有了创作的灵感和创作的画布，只有通过笔墨纸砚，才可能挥毫泼墨。同样，对创业者而言，只有具备足够的资源，才能将好的创意和符合市场需求的创业机会付诸商业实践当中。因此，拥有一定的创业资源是创业成功的必要条件。成功的创业者，往往重视使用、优化和管理资源，通过创业团队将有限的资源发挥最大效用。

一、创业资源的内涵

创业资源是新建企业在创造价值的过程中所需要的特定资产，包括企业所需要的各种生产要素和支撑条件，它是企业建立和运营的必要条件。

为了更好地了解和研究创业资源，学术界对其赋予了不同的定义。

从广义上看，创业资源可界定为：能够支持创业者进行创业活动的一切东西，它既包括可见的物质资源，如厂房、机械设备、资金等；也包括不可见的无形资源，如创业战略、创业方案、知识、技术、创业团队等；既包括创业者实际拥有的资源，也包括创业者可间接获取的资源，如广泛的社会关系等；既包括体现创业者个体特征的个体资源，也包括组织性、社会性的资源；既包括国内各种资源，也包括国外提供的丰富资源。总而言之，广义上的创业资源包括使创业者的创业活动顺利进行的一切支持性资源。

从狭义上看，创业资源是促使创业者启动创业活动的关键优势资源。关键优势资源是指建立企业盈利模式的业务系统所必需的和重要的资源与能力，如麦当劳的标准化资源与能力、海尔的创新资源与能力、沃尔玛的低成本战略资源与能力。并不是企业现有的所有资源与能力都同等珍贵，也不是企业的每一种资源和能力都是企业所必需的，只有和企业定位、盈利模式、整个业务系统流程、现金流结构相契合并且能互相强化的资源和能力才是企业真正需要的。

二、创业资源的类型

1. 创业资源分类

依据不同的分类标准，创业资源能划分为不同的类型，认识分类可以帮助我们进一步认识创业资源。

1）直接资源和间接资源

按照资源要素对企业战略规划过程的参与程度，创业资源可以分为直接资源和间接资源。财务资源、管理资源、市场资源、人才资源是直接参与企业战略规划的资源要素，可以划分为直接资源；政策资源、信息资源、科技资源这三类资源可为创业企业成长提供更多便利和支持，但非直接地参与创业战略的制订和执行，对于创业战略的规划是一种间接作用，可以定义为间接资源。

2）核心资源和非核心资源

根据资源基础论，创业资源可以分为核心资源与非核心资源。

核心资源主要包括人力、管理和技术资源，这几类资源涉及新建企业有别于其他企业的核心竞争力，是创业机会识别、机会筛选和机会运用几大阶段的主线。人力资源对于企业来说，主要表现为一种知识财富，是企业创新的源泉。高素质人才的获取和开发是现代创业者和新建企业可持续发展的关键，特别是创业者自身素质对创业企业的成长有至关重要的作用。管理资源又可理解为创业者和创业团队管理素质方面的资源。科技资源是一种积极的机会资源。对于新建企业来说，主动引进和寻找甚至研发有商业价值的科技成果，是企业的立身之本和竞争能力之源。这样的例子很多，腾讯最初通过模仿研发了QQ，开发了方便的即时对话窗口，随后又通过自我革命设计了微信，引领了移动互联的沟通。

非核心资源主要包括资金、场地和环境资源。资金资源是创业企业开发机会、实现预期盈利目标和保持稳定的资金周转率的重要保障。良好的场地资源能够为企业大幅度降低运营成本，提供便利的生产经营环境。环境资源也作为一种影响着创业企业发展的外围资源。这几年国家大力推动与扶持创业，中国创业环境已有较大改善。

此外，信息资源是在信息活动中积累起来的以信息为核心的各类信息活动要素，如信息技术、设备设施及生产者信息等。文化资源虽是非核心资源，但是在当今发挥着越来越重要的作用，可以推动创业项目的持续发展。

3）内部资源和外部资源

按照创业企业资源的"归属权"，创业资源可分为内部资源和外部资源。内部资源来自内部的积累。这些资源为创业团队自己所拥有，可以自由支配和使用，比如创业者带领的创业团队、员工、土地、自有资金、设备、技术等，自己所获得的创业机会信息，自建的营销网络，控制的物质资源或管理才能等。外部资源更多来自外部机会发现。这些资源并不归创业企业所有，例如，可以借用朋友、亲戚、商务伙伴或其他投资者的资金，或者请到的人和借到的空间、设备或其他原材料（有时是由客户或供应商免费或廉价提供的），或通过提供未来服务、机会等换取到的，有些还可能是社会团体或政府资助的管理帮助计划；有些是通过从具有某些利益共同点的合作方来获取的，比如原材料供应商、技术供给者、销售商、广告商等。

以上是对资源比较一致的几种分类方法。对资源的具体分类，目前没有统一的标准，但是Barney（2001）曾提出资源效用标准，即资源的价值性、稀缺性、不可模仿性和难以替代性等。

2. 主要资源形态

林强（2007）提出一种分类标准，即按照资源对企业成长的作用将其分为要素资源和环境资源两大类。要素资源指直接参与企业生产、经营活动的资源，包括场地资源、资金资源、人才资源、管理资源、科技资源等；环境资源指未直接参与企业生产经营，但其存在极大地提高了企业运营的资源，包括政策资源、信息资源、文化资源、品牌资源等。前一资源可以直接促进新建企业的成长，而环境资源可以影响要素资源，间接促进企业的成长。

1）场地资源

场地资源是要素资源中最基础的资源，每一企业都需要办公场地。对生产型的企业而言，还需要用于生产的厂房，厂房的选址需考虑环境因素和成本问题，比如道路交通是否通畅，是否有利于原料和其他资料的运输，以及场地租金、劳动力成本和技术技能水平等成本问题。传统经营型和服务型企业对企业场所的要求也比较多，要求场地内部拥有健全的基础设施建设、便捷的计算机通信系统、良好的物业管理和商务中心,以及方便的周边交通和生活配套设施等。知识密集型企业也很注重地环境能否体现企业形象与文化,这些要素也成为吸引人才和其他合作者加入所看重的条件。

2) 资金资源

资金资源对于任何一个企业都非常重要,创业企业发展过程中的不确定性和脆弱的风险承担能力导致其资金供给障碍,而且常常由于资金方面的限制、融资渠道不畅、投融资双方沟通障碍等问题,使得好技术、周密的商业计划得不到实施,或者出现实施过程中被迫中断甚至退出的情形。融资问题使创业企业的灵活性优势也难以得到发挥,加剧了企业在财务上的脆弱性,成为比大企业更容易陷入破产境地的一个重要原因。及时的银行贷款和风险投资,各种政策性低息或无息扶持基金,以及写字楼或者孵化器提供的较低租金等,都为初创企业发展提供了良好的资金来源。

3) 人力资源

人力资源是创业企业发展除了场地、资金等硬件设施外的更重要的能动因素。高素质人才的获取和开发,成为现代企业可持续发展的关键。当代企业管理中的人才已经由传统的"劳动力"概念转变为"人才资本"的概念。企业需要的是能够为我所用的人,从创业管理的角度来说,初创企业更需要能够与"企业绑在一架战车上的斯巴达斗士",而不只是需要一个职业人。因此在合适的位置选择合适的人,是任何一个企业发展过程中重要的人力资源管理规则。创业者的人脉圈子,也往往是决定创业成功的重要因素。血缘、地缘、业缘,同乡、校友、同僚、战友等都是人际交往圈的重要资源。创业者往往靠自己的人脉圈组建核心团队。有人说,得合伙人得天下,腾讯五虎、新东方的三驾马车、携程四君子等都是利用校友资源,成为合伙人建立了团队,才逐步发展到今天。

4) 技术资源

技术资源在当今创业时代是企业成长与发展的强大助推器,技术的进步可以极大地影响到企业的产品、市场、服务、供应商、分销商、客户甚至营销方法等,从而改变相对成本和竞争地位。高科技新创企业更是靠研发和生产科技产品占据优势。积极引进寻找有商业价值的科技成果,加强和高校科研院所的产学研合作,将有助于加快产品研制和成型的速度,缩短产品进入市场的时间,为企业的市场竞争提供有力支持。华为多年来走的就是一条自主研发和创新的道路。据世界知识产权组织最新报告显示,2014年华为以3 442件的申请数超越日本松下公司,成为当年申请国际专利的冠军。过去十年中,华为的研发投入累计达1 880亿元人民币,17万员工中研发人员占到45%。

5) 政策资源

政策资源不仅包括关于企业发展的相关政策制度,还包括配套措施及法律法规。掌握和了解更多的政策资源,有利于及时、准确地了解政策并结合国家发展和人民需求,发现和捕捉到更多更好的创业机会和创业项目。从中国的创业环境看,国家和地方政府以及一些社会机构都给予创业企业大量优惠的扶持政策,在政策允许和鼓励的条件下,为初创企业提供更多的国内外人才、贷款和投资、具有明确产权关系的科技成果、各种服务以及场地优惠等。

6) 信息资源

良好的信息资源环境是企业运营的基础和保障。信息的传递包括企业内部之间的信息传递、企业和外部环境之间的信息传递。一个成功的、有效率的企业,信息一定是畅通的、及时的、准确的。信息传递的不平衡是绝对的，平衡是相对的，信息传递不平衡带来的信息失真、信息失效、信息丢失等会给企业带来巨大的损失。专业机构对于信息的搜集、处理和传递，可以为创业者制订研发、采购、生产和销售的决策提供指导和参考。对于高科技新创企业来说，由于竞争十分激烈，就更加需要丰富、及时、准确的信息，以争取到更多的要素资源。这种信息如果由创业者通过市场调研分析获得，成本可能过高，因此常常由专业机构提供。梁伯强本来是广东一家产销人造首饰的大户，1998年他无意间看到报纸上的一则新闻，说一位国务院领导以国产指甲钳质量不高为例，要求轻工企业努力提高产品质量。这为他带来一个信息，就是国内还没有生产质量很好的指甲钳企业，他意识到一个新的市场机会出现，于是他做起来指甲钳。经过多年努力，现在他是国内最大的中高档指甲钳供应商之一，年销量两亿元。

7）文化资源

文化资源是企业内在软实力的具体体现。企业文化是企业全体员工的行为习惯总和。良好的企业文化资源是培养高素质人才的有效途径，同时也是提升企业形象，增加企业附加值的重要手段。对于新创企业来说，文化资源尤为珍贵。文化对于创业企业和创业者有着极大的精神激励作用，令新创企业以更强的动力和能力去有效组合要素并创造价值。硅谷成功的一个很重要的原因是那里的文化氛围浓厚，如鼓励冒险、容忍失败等。雕爷牛腩是一家"轻奢餐"品牌，其烹饪牛腩的秘方是向电影《食神》的原型人物——香港食神戴龙以500万元购得的，其拟用一种大家认同的文化聚拢讲求品位的顾客，同时店面的装修、互联网上的互动都是为了共同营造一种独特的餐饮文化氛围。

8）品牌资源

品牌资源是指企业品牌本身以及围绕品牌的创建、传播、培育、维护、创新等方面而涉及的一切可利用资源，包括品牌本身、企业内部可利用资源和企业外部可利用资源，如资本资源、技术资源、传媒资源、文化资源等。从品牌的系统管理角度理解，首先可将品牌视为企业的一种重要资源，其次围绕着品牌资源的开发与利用，企业需要整合一切可利用资源，最后形成品牌资源的系统管理流程。美国宝洁公司是世界最大的日用消费品公司之一，经营的300多个品牌产品畅销140多个国家和地区，其中包括洗发护发、护肤用品和婴儿护理用品、化妆品、饮料、食品、织物、家用护理用品等，宝洁公司实行"一品多牌"的战略，拥有多个世界知名的品牌，比如在中国大家熟悉的有飘柔、潘婷、海飞丝、玉兰油、汰渍、舒肤佳等。品牌资源具有传播性、增值性、累积性、持续性及两面性等特征。例如，"金嗓子喉宝"曾经在中央电视台打出广告，高金邀请罗纳尔多作代言人，可是罗纳尔多是足球明星，拍运动品牌广告再合适不过，踢足球用脑、用脚但不用口，广告的创意实在太牵强，对品牌推广不仅没有效果，而且还引起大家质疑。优秀的孵化器能为创业企业提供品牌保证，这可以提高政府、投资商和其他企业对在孵企业信誉度的估价。

三、创业资源与一般资源的异同

在管理学研究中，资源就是企业作为一个经济实体，在向社会提供产品或服务的过程中所拥有或者所能够支配的能够实现公司战略目标的各种要素以及要素组合，这些要素或者要素组合包括企业所有的资产、能力、组织结果、企业属性、信息、知识等，这些都是创业资源与一般商业资源所共有的特征。

但是，与一般意义上的商业资源不同，创业活动发展和创业过程推进所需的资源有其独特性，它们所涵盖的内容侧重点也与一般的企业有所不同，需要从创业成长的视角进行分析，把握企业的创建和成长中最关键的要素。因此，我们把新创企业创立以及成长过程中所需要的各种生产要素和支撑条件定义为创业资源，它们不同于一般意义的商业资源。

（1）从创业过程本身来看，创业成长的过程就是创业者组合创业资源、形成产品（或服务）并创造价值的过程。熊彼特认为"创业者的功能就是实现新组合"，这种新组合的对象就是创业资源，创业者实施新组合的途径包括产品（或服务）创新、工艺创新、市场创新、原材料创新和组织创新。新组合的目的就是赚取实现产品（或服务）的市场价值并创造超额利润。因此，创业资源是创业者必须时刻放在最重要地位并反复估量权衡的对象。

（2）创业资源的获取途径主要有两个方面：外部获取以及内部积累。创业者一旦开始创业，一般都会遇到资源短缺的问题，特别是在新创企业发展之初：一方面，企业的创新和成长需要用到大量的资源；另一方面，企业自身还很弱小，缺乏自我积累资源的实力。在创业过程中，创业者要能够积极把握各项外部资源，积极发展获取外部资源的能力，利用外部资源支持创业成长。

（3）创业资源不仅包括一般意义上的生产要素，还包括一些支撑条件。相较于成熟的大企业，新创企业更需要一些成熟的支撑条件，如政策上的特许和优惠、良好的创业文化氛围等。如果没有这些支撑条件，创业者或者根本无法开展创业活动，或者无法顺利开展创业活动。

第二节　整合创业资源

一、创业资源整合的意义

创业者获取创业资源的最终目的是为了组织这些资源，追逐并实现创业机会，提高创业绩效和获得创业的成功。无论是要素资源还是环境资源，无论它们是否直接参与企业的生产，它们的存在都会对创业绩效产生积极的影响。

1. 有利于形成企业的核心能力

从企业初创到成长、发展和成功，资源整合伴随着整个创业过程，创业者需要有效识别各种创业资源，积极借助企业内外部力量进行组织，有效识别与选择、获取与配置、开发与激活各项资源，通过持续不断地整合资源，将资源转化为竞争优势，建立企业的核心竞争力。这个过程中，创业者不仅要广泛地获取创业资源，更要有效利用这些资源。那些善于进行资源整合的创业者和企业，他们善于对未来发展形势做出正确预测和判断。

2. 有利于促进创业企业的可持续发展

创业之初，创业者所需的各种资源往往只能依靠创业者自身努力获取，资源的缺乏是创业企业的一般状态。即便企业具有高度成长性，可以迅速成长扩张，但在组织规模发展到一定阶段时，创业者往往会发现通过自身努力获取的资源远远不能满足企业发展的需求。所以，为了创业企业能够持续发展，获取创业资源特别是外部资源是相当必要的。

3. 有利于提升创业者的能力

创业者创办新企业固然缺乏资源，但这是任何创业者都会面临的问题。创业者创业需战略规划、技术开发、人员管理等多方面的能力，资源整合能力能将诸多能力整合在一起，并且通过合理的运用，在企业正常运行的过程中促进企业发展，同时也使得创业者不断提升资源整合能力，这将对其自身的成长非常重要。

二、创业资源整合路径

创业资源的整合是一个识别资源、获取资源并开发资源的过程。具有不同创业动机的创业者，其创业过程不同，资源整合过程和路径也有所不同。从整体看，创业资源整合的路径就两种，一种是在能力构建机制下，基于内部资源的积累；另一种是在资源获取机制下，对外部资源的利用。

1. 资源识别

企业创建和成长的过程是一个不断整合资源并逐渐形成竞争优势的过程，因此如何识别创业资源对于创业者至关重要。一方面，由于创业环境的动态性，创业者会加强自身对市场变化的敏感度，从市场变化的角度来识别创业所需的资源；另一方面，在企业创建初期，创业资源网络还不稳定，资源识别在很大程度上要依赖于创业者的某些特质。创业者在创业环境中对风险倾向、成就需要、内控制源、不确定性容忍度都会影响资源识别。创业者不仅需要评估资源的类型，确定资源的数量、质量、使用时间和顺序，还需要要识别资源之外潜在的供应商、供应渠道。

2. 资源获取

对于新创企业来说，由于其自身的合法性缺失、企业规模小等特点导致其本身存在资源缺乏的先天不足。尽管新创企业依靠创业者的初始资源获得初步发展，但是由于企业处在动态的环境之中，在不同的发展阶段，对资源的需求可能也不一样，这就要求新创企业在确定了资源需求以后利用自身的资源再不断地获取新资源，即所谓的资源获取。尽管影响各类资源获取的因素不一，不同资源的获取途径也各不相同，但综合起来，企业资源的获取主要有内部积累和外部获得两种途径，而外部获得又分为外部购买和外部吸引两种方式。

1）内部积累

内部积累是一种重要的资源获取方式，主要指企业利用自身现有资源通过内部培育的方式来获得所需资源，主要包括企业内部开发新技术，对员工进行培训以提高他们的技能，通过内部积累获取资金等。对于企业来说，内部积累是必要的资源获取方式，因为战略要素市场不可能为企业提供所需的全部资源，尤其是在环境的宽松性较低的时候，这时企业从外部战略要素市场上获得资源就非常困难，而内部积累此时可以弥补这种缺陷。

【案例】

海尔集团的内部发展成长

海尔集团是国内最知名的家电产品企业，它从最初的默默无闻一步步成长为今天的国内知名品牌，就是特别注重内部资源的积累。海尔以技术创新为核心，中国洗衣机行业2/3的专利来自海尔，海尔投入销售收入的4%用于新产品、新技术研发，确实也取得了很大收益，80%的销售收入也是来自新产品。海尔充分挖掘人力资源，重人才而不重学历，对各类员工进行岗前教育和岗中培训，鼓励员工求学上进、发奋向上；他们对各级管理人员采取轮岗培养，并邀请国际著名企业进行交流，提高企业管理人员的管理水平。他们注重内部企业文化的塑造，在学习了美国、日本企业推崇的创新精神与团队精神的基础上，与中国传统文化相结合，建立了自己的文化，还提出了企业管理中的"斜坡球体论"——海尔定律，认为企业如同斜坡上的球体，市场竞争与员工惰性会形成下滑力，牵引员工后退，而企业必须形成一个向上的制动力来阻止下滑。海尔不仅建立了现代化物流中心，以信息化为动力，注重产品质量，还特别注重内部管理能力提升。内部管理能力不是像有些资源那么容易识别，它是有形资源、组织协调、投入产出等综合作用的结果。海尔强调从产品研发、生产制造到市场营销，不断强化个人能力和组织能力，要求做到更高质量、更低风险。

2）外部获得

外部获得又分为外部购买和外部吸引两种方式。

所谓购买就是企业利用财务杠杆在外部战略要素市场上购买所需的资源，主要包括设备、厂房等，对于大多数新创企业来说，这是它们获取资源最重要的途径。企业有时可以以低于资源本身实际价值的价格来获得这种资源。但是这种方式只能获取一些显著的资源，而对于一些重要的隐性资源则要通过其他方式来获取，比如外部吸引和内部积累的方式。我国国产汽车的生产曾经以购买技术为主进行开发，那时像"红旗"这样国内知名的汽车品牌生产企业很少。后来很多以合资设厂的方式共同开发生产。

外部吸引就是指企业利用本身的资源来撬动和获取其他资源，对于新创企业来说，这是非常困难的但又是非常重要的一种方式。因为新创企业的初始资源是不完整的，创业者需要取得各种资源供应商的信任来获取所需的资源。它们可以通过展示企业良好的一面来博得资源拥有者的好感，比如完美的商业计划书、良好的行业发展前景或者企业的其他优点。对于这种资源获取方式来说，企业良好的社会资本是获取资源的有利条件，因为良好的社会资本会给企业带来信任、机会等，从而获得资源。企业的形象越好，社会资本能力越强，越有利于创业者吸引资源，获取的资源就越多。

当创业企业逐步成长起来，外部吸引可以通过战略联盟和兼并收购的方式实现。战略联盟就是两个或两个以上的企业为了达到共同的战略目标而采取的相互合作、共担风险、共享利益的联合行动。战略联盟主要在联合技术开发、合作生产与后勤供应、分销协议、合资经营等方面，是松散式的阶段化合作形式。兼并收购指兼并和收购两个概念，兼并是一家或者更多的企业合并成一家企业，由一家具优势的公司吸收其他公司；收购是指一家企业用现金或者有价证券购买另一家企业的股票或者资产，以获得对该企业的全部或部分资产的所有权，从而达到对该企业的控制权。采用以上两种方式的企业实力比较雄厚，能够让另一方企业愿意出让它们的资产而实现利益共享，新建企业在创立之初一般难以通过以上方式整合资源。

3. 资源开发

在创业者识别和获取资源之后，并不能保证企业的存活。创业者根据不同的创业理念将资源的价值和潜能加以整合，转化为新企业所特有的资源。资源的开发过程不单单要将获得的资源加以整合，还要将创业者（创业团队）的初始资源和其他资源一起转化为组织资源，以获得特有的能力和功能。再经组合后的资源应该具有新颖性和柔性。资源开发包括资源的合并和转化两个环节。

资源合并是指创业者将各种离散的产权型资源和知识型资源进行整合，形成系统资源的过程。对于大多数新企业来说，组织资源不是立即形成的，而是通过逐渐的演进，经过一定时间周期后形成的。这一过程可以建立在现有的资源和能力基础之上，对现有能力进行提升，也可以通过吸收新的资源、开发新的能力，但无论哪种方式，其最终结果都实现了资源的整合。

资源转化是指在对离散资源组织和整合的同时，创业者或创业团队还必须将个人的优势资源和个人的能力投入到新创企业之中，与组织优势相结合，产生独特的竞争优势。在资源转化中，创业者的知识和能力是实现新企业资源规模不断扩大、价值逐渐提高的必要基础。创业者要通过个人的能力来建立新企业这个学习系统，从而开发、管理和维持整个资源基础。比如，我们想利用一项历史文化资源促进产品的销售，如少数民族织锦，那么需要对这一项资源进行具体的挖掘，寻找与该产品相关的连接点，通过传说故事进行创意、设计，从而将历史文化资源转化为产品包装资源、宣传资源，再利用一定的渠道资源进行推广。

创业企业的资源整合最终将新创企业的各种离散资源转化为组织资源，各环节之间相互依赖，是一个动态的过程。新企业经过资源识别、资源获取和资源开发过程后，在组织内部都会积淀一部分的组织资源，而这些组织资源又会进入到下一个资源整合过程，并对每个环节产生影响。组织资源将作为下一环节的初始资源影响资源识别过程，还将作为创业者的资源杠杆用于获取其他资源。因此，新创企业的资源整合过程是一个动态的反馈过程，而新企业的组织资源是不断积累的结果。

【案例】

美特斯邦威整合资源创业

美特斯邦威依靠多方合作实现了迅速成长，成功演绎了相互依附、共同发展的盈利模式。

美特斯邦威是温州农民周成建创办的一家小型服装企业，但是与众不同的是，该企业既不生产一件成衣，也不销售衣服，而是进行虚拟经营，主要做好两件事，即服装设计和品牌运营。周成建注意到，服装行业和一些行业一样，其较高价值环节在于品牌、研发和销售，低价值环节为生产、原材料供应等。在生产和采购方面，他决定将生产委托给其他厂家，以便解决启动资金不足的问题。他充分整合利用国内闲置的生产厂家的生产能力，与300多家企业合作进行贴牌生产，每年生产系列服装1 600多万套。如果他自己花钱建设生产基地，起码需2亿~3亿元。销售方面，他利用品牌的吸引力整合社会闲散资金，进行特许经营，开加盟连锁经营之先。周成建设计了严格的管理体系，通过契约方式授权加盟店代理品牌，加盟店使用公司统一商标、标识、商号和服务形式。公司对所有加盟店实行"复制式管理"，规定店面形象、产品价格、市场宣传、物流配送以及服务，也就是"五个统一"，并对加盟店进行指导培训，共享管理资源。据统计，其营销体系中，只有15%为直营店。借"加盟连锁"模式，公司节省了1亿多元的市场开发投资成本，使其以最低成本快速扩张。企业成长起来以后，公司又投资1 000万元引进美国系统，通过不断完善网络建设，对专卖店实施远程管理，不仅实现了资源和信息共享，而且加快了供应链上的物流速度。

三、创业资源整合原则

1. 渐进原则

对于任何一个创业企业来说,有利的创业资源都难以完全发掘、配置和利用。因此,必须遵循渐进的原则,根据对资源的需求程度以及资源开发和利用的成本、收益和不确定性三者的综合考虑,逐步寻找和利用各种创业资源。对于每一种创业资源,都应当选择一个适当的整合时机,以降低资源的维护成本。

2. 共赢原则

发掘和应用的每一种创业资源实际上都是一个相对独立的利益体。因此在开发和使用这些资源时,就不能从创业企业的自身利益出发,而必须坚持双赢的原则。尤其是长期使用的创业资源,更要重视对方的既得利益。

【案例】

美团和大众点评合并

美团和大众点评合并后进行新的融资和战略级新业务的调整。美团和大众点评从根本上说区别不大,只是在区域、垂直行业的覆盖渗透率上不一样。美团和大众点评的这一合并由资本环境、O2O发展等各方面因素共同促成,但更关键的是要看到在未来一段时间内,战略发挥作用如何,又会给O2O领域乃至整个国内互联网带来哪些影响。在合并之前,腾讯和阿里巴巴也涉及相关领域,四家公司在整个O2O领域内各有优势。阿里有流量、强运营,但产品电商的优势目前尚未延伸到服务电商领域中,虽然新口碑宣称要有更大投入,但具体拓展情况尚不明朗。腾讯有流量,但对电商(产品加服务)这块基本已经放弃自己去做,而是通过持股20%等方式去打造线下触角。新公司与腾讯、阿里巴巴之间的战略默契将加快中国互联网有机体的进化步伐,而百度则可能需要重新调整一下自己的布局思路。

这几家公司在原有的O2O领域竞争中,摩擦不断加剧,有不断升级的态势。美团与点评之间的你来我往已经见怪不怪:阿里的淘点点、淘宝电影票与美团的美团外卖、猫眼,在业务上都是直接竞争对手;再如大众点评在2015年开始力推的闪惠,其矛头其实都指向了支付宝、微信支付等支付工具。这些竞争导致各方的防线如犬牙交错,而在合并之后美团和大众点评之间的厮杀烟消云散,而且新公司与腾讯、阿里巴巴的关系也将进一步理顺。新公司作为新崛起的O2O巨头,会充分发挥线下线上联动运营的优势,可以聚焦于自己的初心。

3. 量力原则

对于不同的资源需要渐进开发和使用,即使对于同一种创业资源,也存在着逐步开发的问题。尤其是对于创业团队和创业企业来说,资源开发的能力和经验都相对较弱,因此就要采取量力的原则,按部就班地对某一种创业资源进行开发和使用。

【案例】

"视美乐"大学生创业项目稳力推进

"视美乐"是一家学生团队组建的高科技公司,为1999年在清华大学学生创业大赛涌现出来的项目,核心技术产品"多媒体投影机"由清华大学材料系学生邱虹云发明。该项技术当时在国内属于领先,结合了计算机、电子、材料学等多方面领域。视美乐拥有领先产品和优秀团队,又适时与资本、家电行业相结合,渐进发力、稳进扩张。

视美乐的创业团队基本上来自技术相关学科,他们学以致用,正当其时。其团队是一个黄金组合,邱虹云是一位难得的技术人才,被清华校长称为"清华爱迪生"。王科是个战略家、企业家型的人才,有闯劲,有想象力和热情,善于借助各种资源为己所用。徐中与王科正好互补,他见多识广,企业经验丰富,做事风格踏实、稳健,是一个实实在在抓落实的管理者。

技术和创新只有与商业和资本结合,完成研发和商品化,产生盈利,才能获得成功。创业初期因为欠缺经营能力,更欠缺资本运作能力,他们积极地寻找资本合作方。他们找到了以清华大学经济管理学院为依托的清华兴业投资管理公司,清华兴业找来了国内上市公司上海百货,不到一年清华兴业又找来了青岛澳柯玛集团,促成了北京视美乐科技发展有限公司和青岛澳柯玛集团在清华科技园注册成立信息技术有限公司。视美乐和兴业的合作模式是共担风险、共享收益——兴业以提供全方位的顾问业务拥有视美乐5%的股份。从此,视美乐发展中的融资、管理、人力资源等大事都离不开兴业这个高参;同时视美乐的成功也给兴业带来经济回报以及更重要的业界声誉。由此可见,与投资方的理性合作能够实现资源优化并为资本负责。

学生创业在一些方面有一定的优势,有创意、有闯劲,又不怕吃苦,但是他们不懂商业运作,缺乏财务税法和市场方面的知识,也缺少资源整合的眼光和能力,所以创业难度更大。另外,学生创业吸引投资存在三个误区:一是急于得到资金,给小钱让大股份,贱卖技术和创意,以致不少技术拥有者在公司运营一段时间后,对当初协议深感不满并提出毁约;二是即使投资方不能提供增值性服务和指导,仍与其绑在一起;三是对风险投资不负责任地使用,烧别人的钱圆自己的梦。

第三节 创业融资

一、创业融资概述

创业不是一次偶然为之的即兴行为,而是从创业动机产生、创业机会识别、创业组织设立到企业成长及创业收获的整个过程。这个过程离不开资金的支持。资金是初创企业创立、发展与壮大必备的战略资源之一。任何一个创业者都必须站在战略制高点来理解资金对创业的战略意义,扎实做好创业融资工作。创业过程是一个整合资源进行创新的过程,如果缺乏资金等关键资源的支持,任何优秀的项目或好的市场机会都难以把握,这势必导致创业的失败。从创业之初到创业成功一般会经历一段较长的时间,在这个过程中存在较多的不确定性,需要有相应资金的支持。而创业者个人或团队所拥有的资源有限,难以支撑创业的顺利开展,因此,需要持续不断地融资,以保证一定的资金规模。总之,资金是初创企业的基本构成要素之一,融资是创业者的一个重要工作内容,融资规模与融资方式都会影响创业的成功。

1. 创业融资的概念

融资,是指资金的融通。狭义的融资,主要是指资金的融入,也就是通常意义的资金来源,具体是指通过一定的渠道、采用一定的方法、以一定的经济利益付出为代价,从资金持有者手中筹集资金,组织对资金使用者的资金供应,满足资金使用者在经济活动中对资金需要的一种经济行为。广义的融资,不仅包括资金的融入,也包括资金的运用,即包括狭义融资和投资两个方面。

本书中,创业融资是狭义的融资,是指创业者为了将某种创意转化为商业现实,通过不同渠道、采用不同方式筹集资金以建立企业的过程。创业者应该根据新创企业在不同发展阶段的资本需求特征,结合创业计划以及企业发展战略,合理确定融资方式及融资规模。

2. 创业融资的重要性

任何企业的生产经营活动都需要资金的支撑。尤其是对于新创企业来说,在企业的销售活动能够产生现金流之前,企业需要技术研发,需要为购买和生产存货支付资金,需要进行广告宣传,需要支付员工薪酬,还可能需要对员工进行培训;另外,要实现规模经济效应,企业需要持续地进行资本投资;加上产品或服务的开发周期一般比较漫长,就使得创业企业在创业早期需要筹集大量资金。

对创业者来说,融资的重要性主要表现在以下三个方面:

第一,资金是企业的血液。资金不仅是企业生产经营过程的起点,更是企业生存发展的基础。资金链的断裂是企业致命的威胁。

第二,合理融资有利于降低创业风险。创业企业使用的资金,是从各种渠道借来的资金,都具有一定的资金成本。因此,合理选择融资渠道和融资方式,有利于降低资金成本,将创业企业的财务风险控制在一定范围之内。

第三,科学的融资决策不仅能为企业带来资金支持,同时还能为企业引入经验丰富的战略投资人,为创业企业植入"健康的基因",保证创业企业的可持续发展。

3. 创业融资困境分析

创业融资难源于创业活动的高风险性。这种风险包含两部分:一部分来自创业活动本身固有的风险,即创业企业的不确定性;另一部分来自外部投资人对创业活动风险的感觉,即信息不对称。

1) 新创企业不确定性大

创业活动本身面临非常大的不确定性。既有企业也面临环境的不确定性,但创业企业的不确定性比既有企业的不确定性要高得多。创业企业缺少既有企业所具备的应付环境不确定性的经验,尚未发展出以组织形式显现的组织竞争能力。据清华大学中国创业中心 GEM(全球创业观察)项目的研究成果,市场变化大是中国创业环境方面的重要特征。市场变化大意味着更多的创业机会,但创业活动也可能面临更大的风险和不确定性。从统计上看,我国创业者的创业能力低于全球创业观察项目的均值水平,创业者普遍缺乏创办新企业的经验，缺乏进行创业管理的知识和经验，在商机把握和资源组织方面能力不强等。这些导致创业者把握不好创业机会，不能及时对市场变化做出反应，创业容易失败，进而加剧了创业企业的不确定性。据统计，我国新创企业的失败率在70%左右。国外有学者估计新创企业在2年、4年、6年内的消失率分别是34%、50%、60%。创业企业的高失败率给投资者带来很大的风险，导致了创业融资难度增加。

2）创业企业与投资者之间信息不对称

信息不对称是经济生活中普遍存在的现象，例如，产品的卖方比买方更了解产品质量情况，公司经理比公司所有人更了解公司的经营情况。在创业融资中同样存在着信息不对称问题。一般来讲，创业者比投资者对自身能力、企业产品、创新能力、市场前景更加了解，处于信息优势的地位，而投资者则处于相对信息劣势地位。投资前的信息不对称可能导致逆向选择。由于投资者只能根据感知到的信息进行判断，那些素质不高、技术上有缺陷、经营管理不善的创业企业可能会因将各项数据和材料包装得漂亮而获得投资；而真正优秀、未来收益高，但没能做好这方面工作的企业可能失去投资。投资后的不对称则与道德风险有关，被投资公司的创业者往往既是大股东又是经营管理者，可能侵害投资者的利益，改变资金用途、关联交易、股权稀释、给自己订立过高的报酬等，投资者对创业者的行为很难监控，诸多因素导致投资者对创业企业不信任而不敢贸然投资。

破解创业者与投资者之间信息不对称困局的方法有：提供可抵押的资产、企业规模足够大等，以向投资者充分展示自身的财务实力。但这恰恰是创业者的死穴。一项针对中国六家城市商业银行及其分支机构的抽样调查显示，企业规模和贷款申请被拒绝次数呈现负相关关系；同样，企业经营年限与贷款被拒绝次数的比例也是负相关关系。由此可见，企业规模越小、成立时间越短越难以获得银行资金的支持，对创业企业而言，其融资困境更为显著。另外，创业企业缺少可以抵押的资产，既有企业在获得银行贷款资金时，可以用企业的资产作为抵押，而创业企业几乎没有可以提供抵押的资产。为创业企业提供资金，比为其他企业提供资金面临更大的风险。

4. 创业融资的难度

资金是企业的"血液"，是创办企业最基本的要素，也是最重要的创业资源之一。资金问题已成为困扰创业者创业的核心问题，新创企业融资更是困难重重。许多创业者有了很好的创业计划，却难以筹措到创业所需资金。

创业融资困难有一定的原因。

1）创业企业存在劣势

创业企业本身资源有限，甚至没有多少资产。创业企业没有经营历史，未来发展很不确定。另外，创业企业没有经营历史和经营经验，投资者很难预测将来的发展状况，所以对于企业的投资往往显得十分谨慎。创业投资归根结底是资本逐利的过程，融资又是一种信用关系，而一切信用关系都是以经济实力为基础的。初创企业偿债能力和资信程度都较弱，投资人对创业企业的需求满足之前必然要首先考虑风险规避能力。

2）创业者与投资者信息不对称

由于创业企业建立在不确定的创业机会之上，投资者对创业机会的价值认识与对创业者的素质能力的判断存在信息不对称问题，导致新企业从外部获得资金困难。一般而言，投资者对融资企业的产品、创新能力、团队实力、市场前景等信息没有创业者清楚，往往相对处在信息劣势的地位，创业者在本项目处于信息优势的地位。创业融资者往往会掩饰企业存在的问题，展现的是企业优秀的一面，这也使投资者在一定程度上得不到充分的信息。创业融资中的信息不对称导致信任危机，也就是投资者对创业者的不信任，投资者不会将资金投给一个不了解的企业。

5. 创业启动资金预测

创办企业之初，创业者都需要估计创业成本或启动资金，还需要考虑融资。而许多创业者不明白需要多少创办资金，没有科学具体的财务计划指导，创业者对企业未来现金流入与流出量没有清晰的把握。虽然任何人无法准确预测企业开办前几年需要的资金数量，但是进行实际可靠的估算还是有可能的，创业者应树立财务规划的理念，做好基本的财务规划。

创办企业的费用分为投资支出和营运支出两类。

投资支出是指企业开始运营（做贸易、生产或提供服务）之前必须支出的资金，包括购买土地、建设厂房、购买机器、购置办公设备、企业开办费、开业前的广告宣传费用等。其中企业开办费主要包括企业注册登记费、营业执照费、市场调查费、咨询费、技术资料费等，可以根据相关部门收费标准或参考同行业情况进行测算。

营运支出是指企业开始运作直到产生的销售收入能弥补相应的开支期间发生的支出，包括材料费、工资福利费、销售费、设备维修费、水电费、保险费、税收、工商管理费等很多项目。创业者通常只考虑机器、设备、办公费、材料费等基础投入，忽略企业开始经营的一段时间其销售收入根本无法满足各项支出需求的情况，因而常常低估对这部分资金的需求量。企业开办后有各种费用，而销售费用包括产品销售过程中发生的各种费用，主要包括广告宣传、销售人员佣金、运输费、装卸费、储存费、各种促销费用等，应根据预测的销售量和制订的销售计划，按照相关收费标准进行测算加总。

对于一般创业企业而言，需要预测一定的收入以假设成本费用最低期限，通过对运营前成本和运营前期成本进行估计的加总就得出创业启动资金预算。

二、创业融资方式

从融资主体角度，创业融资的方式可进行三个层次的划分：第一层次为外源融资和内源融资；第二层次根据资金供求双方的交易选择方式将外源融资划分为直接融资和间接融资；第三层次则对直接融资和间接融资再做进一步细分。

内源融资是指创业企业依靠其内部积累进行的融资，具体包括资本金（除股本）、留存收益转化的新增投资、折旧基金转化的重置投资。外源融资是指企业通过一定方式从外部融入资金用于扩张。

相对于外源融资，内源融资可以减少信息不对称问题以及与此相关的激励问题，节约企业的交易费用，降低融资成本，也可以增强企业的剩余控制权。但是，内源融资能力及其增长，要受到企业的盈利能力、净资产规模和未来收益预期等方面的制约。任何企业在创业发展过程中，都会遇到一个确定内源融资与外源融资合理比例的问题。内源融资与外源融资的区别如表 6-1 所示。

表 6-1　内源融资与外源融资的比较

分类		来源渠道		特点	投资者
内源融资	股权融资	主要股东投资（原始资本）		原始启动资本	主要股东
		保留盈余（公积金、公益金和未分配利润）		来自企业的税后利润，无风险，融资成本较低，但数量有限	主要股东
	债权融资	主要股东及其亲友的贷款		在企业发展初期较为常见，透明度高，灵活性强，少有信息不对称问题，但利息成本较高	主要股东及其亲友
		事业天使贷款		事业天使指定用途，受监督	有管理/技术技能的人士
		企业内部职工借款		以风险抵押金出现，发达经济中常见	企业职工
外源融资	股权融资	私募方式	创业投资	20年来发展迅速，中小型高科技企业的融资方式	创业投资者和机构
			场外发行和交易市场	机构投资者，有限合伙制机构参与的投资场所，以股权交易和发行新股筹资，是中小企业股安全整合的市场	个人和各种机构投资者
		主板市场		只有少数的中型企业采用	各种投资者
		二板市场		成长性较好的中小型企业融资和创业投资的重要场所	
		直接方式	发行商业票据	少数信用级别较高的中型企业采用	相关客户
			发行债券	少数发展良好、社会信用较好的中小型企业融资方式	社会公众
			商业信用	提供方以延期收款或购货方以预付方式提供企业的信贷	相关交易客户

续表

分类		来源渠道		特点	投资者
外源融资	股权融资	间接方式	银行信用	传统的、主要的融资渠道之一，存在信息不对称问题和道德风险	商业银行
			非银行金融机构贷款	银行以外的其他金融机构提供的信贷	非银行的金融机构
			融资租赁	常见的融资方式之一，风险和成本均较低，而且方便、灵活	相关金融机构

股权融资是指企业的股东愿意让出部分企业所有权，通过企业增资的方式引进新的股东的融资方式。

债权融资是指企业通过借钱的方式进行融资，债权融资所获得的资金，企业首先要承担资金的利息，另外在借款到期后要向债权人偿还资金的本金。

股权融资与债权融资的区别：

1. 股权融资

特点：（1）长期性；（2）不可逆性；（3）无负担性。

优势：（1）治理结构完善；（2）公平、公正、公开；（3）风险小。

公开市场发售：通过股票向公众投资者发行企业股票来募集资金。

私募发售：（1）个人投资者；（2）风险投资机构；（3）产业投资机构；（4）上市公司。

2. 非法集资的特点

（1）未经有关部门依法批准或没有批准权限；

（2）承诺在一定期限内给出资人还本付息；

（3）向社会不特定对象即社会公众筹集资金；

（4）以合法形式掩盖其非法集资的性质。

3. 债权融资

特点：（1）短期性；（2）可逆性；（3）负担性。

优势：（1）银行具有信息收集的优势；（2）银行具有信息分析研究的规模；（3）金融机构有专业的融资技能；（4）银行对企业的控制是一种债权的控制。

债权融资形式：（1）银行贷款；（2）组合贷款；（3）贸易融资；（4）固定回报融资；（5）委托贷款；（6）金融租赁。

三、创业融资渠道

融资渠道是指筹措资金来源的方向和通道，体现资金的源泉和流量。结合大学生创业的特点，融资渠道有自有资金、亲情融资、银行贷款、天使资金、政策性基金等种类，而民间借贷、风险投资、融资租赁、发行企业股票、发行企业债券则非常困难。创业者应对各种融资渠道的特点、融资成本、获取条件等进行详细了解，这样才能选择最有利的融资方法，见表 6-2。

表 6-2 股权融资和债券融资比较

融资类型	融资方法	优点	缺点
股权融资	使用个人存款	1. 独享全部利润； 2. 减少债务数量； 3. 失败的风险转化为成功的动力； 4. 向借款人展示良好的信用	1. 可能损失自己的金钱报表； 2. 需要个人较大付出； 3. 丧失了存款用于其他投资可能产生的收益
	向亲友借贷	1. 可筹集较多资金； 2. 分散财务风险	1. 让出部分利润； 2. 让出部分所有权
	合伙企业	1. 宽松的现金来源； 2. 较小的压力和制约	1. 私人关系破裂的风险； 2. 可能增加其运作的复杂性
	成立公司	1. 可筹集较大量资金； 2. 分散财务风险； 3. 降低法律风险； 4. 降低税负	1. 让出部分利润； 2. 让出企业部分控制权和所有权
	使用风险投资	1. 帮助小企业； 2. 有利于寻求贷款	只关注其资本增值
债券融资	所有形式的借款	1. 比较容易获得； 2. 企业控制权和所有权得到维护； 3. 可选择有利的时间归还； 4. 可以节约自由资金； 5. 借款成本可在税前列支； 6. 通货膨胀可以减少实际还款数	1. 要负担利息成本； 2. 要承担将来利润可能不足以归还借款的风险； 3. 可能导致滥用和浪费资金； 4. 让他人了解了财务及其他一些保密信息； 5. 贷款机构（人）有可能要附加一些限制条款

1. 自有资金

创业者为企业融资时，第一个渠道就是来自创业者自身资金的融资。研究发现，近 70% 的创业者依靠自己的资金为企业提供融资，即使具有高成长潜力的企业，如名列美国 500 强的企业，在很大程度上都依赖于创建者的存款提供最初资金。一方面，创业者比任何投资者都清楚新创企业的商业机会和前景，创业者投入资金本身就是对企业的一种支持和信任；另一方面，投资者也希望创业者能将自己的钱投到新企业，说明对其本身创业项目的信心，创业者自我融资能缓解新企业的部分资金压力，但当新企业所需资金压力较大时，就需要其他的融资方式了。

【案例】

李想，喜欢IT和计算机，把自己喜欢的各类电脑硬件产品在网上展示并与网友进行交流，每个月能赚 6 000~7 000 元，于是 2000 年他高二时退学创业，靠着自己的积蓄（就是前面利用网站介绍产品得到的广告的收入）10 万元创办泡泡网。刚开始网站没有什么访问量，他们便将公司迁移到北京，去更多地了解产品、更好地服务解答，通过内容和服务积累了越来越多的访问量，广告收入越来越多。当时他没有学历也不是"海归"，也不太容易受到投资人的青睐，但是他靠着自己的勤奋和对计算机互联网的敏感边学边做，逐步发展了起来。

2. 亲友融资

筹集创业启动资金还有一种有效的途径就是向亲友借钱，它属于负债筹资的一种方式，一般不需要承担利息，没有资金成本。因此，这种方式只在借钱和还钱时增加现金的流入和流出。用这个方法筹措资金速度快、风险小、成本低，缺陷体现在向亲友借钱创业会给亲友带来资金风险，甚至是资金损失，如果创业失败就会影响双方感情。最理想的方式是说服亲朋好友对项目进行投资，明晰产权关系和双方责任。

3. 政策融资

各级政府为了优化产业结构，支持新创企业的发展，提供了大量的政策性支持，包括利用财政补贴、优惠贷款、税收优惠以及一些专项基金的方式为创业企业提供支持。如针对大学生创业的创业贷款、针对失业人员再就业的小额担保贷款、针对科技型中小企业的创新基金等，此外还有很多地方性优惠政策。

目前，值得大学生创业者关注的融资优惠政策主要有以下几种。一是国家和地方各级政府的科技计划和引导基金，如国家的 863 计划、973 计划、星火计划、火炬计划等科技计划，各类成果推广及科技兴贸计划，中小企业科技创新基金等。当然，各类科技计划及创新基金主要资助具有自主创新能力、科技含量高、市场前景好的研究开发项目，如软件、生物、医药等。地方各级政府也推出了一系列创业引导资金、孵化资金、产业资金等。二是创业小额贷款，即政府为切实解决创业者资金瓶颈问题，努力为中小企业发展以及青年创业提供更多的金融支持，引导广大青年自主创业和自谋职业推出的创业优惠政策。许多地方政府也推出了一系列贷款优惠政策，如青年创业小额贷款、大学生创业小额贷款、创业贷款贴息项目及各类微型信贷产品等。三是小额担保贷款，是指通过政府出资设立担保基金，委托担保机构提供贷款担保，由经办商业银行发放，以解决符合一定条件的待就业人员从事创业经营自筹资金不足的一项贷款业务，包括自谋职业、自主创业或合伙经营和组织创业的开办经费和流动资金。国家规定个人申请额度最高不超过 5 万元，各地区对申请小额担保贷款额度有不同规定，许多地区额度高于 5 万元，而且合伙经营贷款额度更大。小额担保贷款的期限一般不超过 2 年，可延期 1 年。

4. 银行贷款

银行贷款是融资的主要方式，从目前的情况看，银行贷款有以下四种：一是抵押贷款，指借款人向银行提供一定的财产作为信贷抵押的贷款方式；二是信用贷款，指银行仅凭对借款人资信的信任而发放的贷款，借款人无须向银行提供抵押物；三是担保贷款，指以担保人的信用为担保而发放的贷款；四是贴现贷款，指借款人在急需资金时，以未到期的票据向银行申请贴现而融通资金的贷款方式。

银行贷款融资的优点在于程序比较简单，融资成本相对节约，灵活性强，只要企业效益良好、融资较容易。但是对初创企业而言，由于一般要提供抵押或担保，往往附加比较苛刻的前提条件，其目的是约束创业者的资金使用和创业行为，或者在企业经营不善时拥有处置的权利，所以较难筹集。

5. 风险投资

风险资本是指由职业的创业投资者管理的专门进行创业投资的资本，可以分为专业风险投资公司、风险投资资金和大企业附属的风险投资公司三种。投资盈利的主要模式是通过承担高风险来博取高回报，一般在企业中以入股的形式投入资金，最后以上市或者转让的形式退出创业企业，套取现金。由于风险资本支持的创业企业比其他创业企业更有可能公开上市，所以风险投资家与承担首次公开上市的投资银行家发展了强有力的关系。风险投资家能帮助新企业公开上市。在风险投资基金的投资回收末期，风险投资企业将投入资金归还给机构投资者，并加上一定百分比的因投资创业企业所带来的利润。

风险投资的对象大多数是属于初创时期或快速成长时期的高科技企业，如IT、生物工程、医药等企业。风险投资基金具有其他融资来源所不具有的优点：一是无须创业企业的资产抵押担保，手续相对简单；二是通过风险投资基金融资没有债务负担；三是可以得到专家的建议，特别是高新技术产业，风险投资通过专家管理和组合资源，降低了由于投资周期长而带来的行业风险。但是风险投资对所投项目选取会有比较严格的要求，如优秀团队、好的商业模式等，相对来说投资成长期、种子期、初创期的项目较少。

6. 天使投资

天使投资是自由投资者对有创意的项目或小型的初创企业进行一次性的前期投资，是一种非组织化的创业投资形式。他们通常在项目构思阶段就进入，重在获取高额的回报率。天使投资有三个特点：一是直接向企业进行权益性投资；二是不仅提供资金，而且提供知识和社会资源服务；三是过程简单，资金到位及时。

天使投资者通常是以下两类人：一类是成功的创业者，他们主要是基于自己的经验提携后来者，另一类是企业的高管或高等院校和科研机构的专业人员，他们拥有丰富的创业知识和洞察能力。这些投资者就像天使一样，希望通过自己的资金和专业经验辅导和帮助那些正在创业的人们，以自己的企业家精神来激发后者的创业热情，延续或完成他们的创业梦想。

7. 担保机构融资

目前，各地有许多由政府或民间组织的专业担保公司可以为包括初创企业在内的中小企业提供融资担保。担保机构大多实行会员制管理的形式，属于公共服务性、行业自律性、自身非营利组织。创业者可以积极申请成为这些机构的会员，之后向银行借款时，可以由这些机构提供担保。与银行相比，担保公司对抵押品的要求则显得更为灵活。担保公司为了保障自己的利益，往往会要求企业提供反担保措施，有时会派人到企业监控资金流动情况。

四、创业融资的策略

资本暗战

创业融资的方式有很多，但创业者究竟选择哪种融资渠道，应结合投资的性质、企业的资金需求、融资的成本和财务风险以及投资回收期、投资收益率、举债能力等综合因素来考虑。

创业企业的成长一般可分为四个阶段——种子期、初创期、成长期和成熟期。创业企业在不同的发展阶段具有不同的资本需求特征，创业者应该充分考虑不同融资渠道的特点，针对不同阶段采用不同的融资渠道。

1. 种子阶段

种子阶段（成立阶段）是指技术开发和试制阶段，或是商业创意的酝酿与筹备阶段，在内部管理上，是受事件驱动的，一有时间就去解决，没有计划可言。由于管理人员很少，创业者往往在唱独角戏，对企业的一切问题都是直接控制指挥。这一时期的企业面临着高新技术的技术风险、产品的市场风险、创业企业的管理风险等重要风险。此阶段的资本需求量较少，因投资风险太高，风险投资商都会避开这一阶段，故该阶段所融资金应是以非营利性的为主，此时创业者可采用的融资渠道主要包括自有资本筹措、亲朋借贷、政府提供的创业基金，以及一部分天使资本。

2. 初创阶段

初创阶段一般指从产品开发成功到产品适销阶段。这一阶段，企业已经有了一个处于初级阶段的产品，有一项大致的经营计划，初步建立了管理团队，企业基本没有什么策略，很多市场行为都是试探，生存仍然是这一时期的主要目的。资金要求较种子阶段要高出不少，但成功后的获利依然很高。这一阶段，那些非营利性的投资，由于法律的限制将不再适宜，所以创业投资是企业筹集资金的主要形式。这一阶段技术风险相对减少，但需购入生产设备、雇用人员、形成生产力和开拓市场，对资金的需求也往往较大。企业的失败率很高，投资风险也很大，直接从银行贷款的可能性很小，因为就贷款人来说，创建阶段的企业几乎创造不出可以保证用以偿还短期债务的销售收入、利润和现金；即使用作贷款抵押的企业资产所提供的保障也可能不足以获得银行贷款。创业者只能在前期融资的基础上，通过股权性质的风险资本或是用短期租赁方式来解决这一阶段的资本需求问题。

3. 成长阶段

成长阶段是技术发展和生产扩大阶段。企业开始营业，初期产品和服务进入开发阶段，并有数量有限的顾客试用，费用在增加但销售收入少。发展起来以后企业完成产品定型，开始着手市场开拓计划；随着企业的产品和市场占有率得到承认，具有了一定的生产规模，技术和管理也较为成熟，从而建立了较稳定的市场声誉；企业销售收入快速增加，但仍然是以销售为导向。此时，企业通常可以通过银行贷款、融资租赁等融资渠道来补充流动资本，并完善其资本结构。

4. 扩张阶段

扩张阶段是指在最初的试销阶段获得成功后，企业规模扩大，销售快速增长，有了较高的获利能力，有的创业企业开始多元化经营。这时，企业关注的主要问题是筹集足够的资金以支持快速的成长。在内部管理上，由于企业规模的扩大，管理者直接控制指挥已经制约了企业的成长，因此企业开始尝试授权管理、进行组织结构设计，以对企业进行科学有效的控制。这表明创业企业在向专业化企业迈进，企业开始考虑上市计划。扩张阶段意味着企业介于创业投资和股票市场投资之间。无论在销售、财务方面，还是在管理上，企业都承受着快速成长带来的压力。如果能够度过这个阶段，实现向专业化的转变，那么，创业企业就能实现蜕变，发展壮大成为一个大企业或成熟企业。该阶段仍需筹集拓展资金。由于企业的市场信誉开始建立，这时通过银行贷款融资是比较容易也是比较有利的，考虑以前的业绩，风险性大大降低，企业的管理与运作基本到位，并接近于公开上市的飞跃发展，故而对创业投资家有一定的吸引力。公开上市后创业投资家便完成了自己的使命从而撤出企业。在股本金增加的同时，企业还可争取各种形式的资金，包括私募资金、有担保的负债或无担保的可转换债务、优先股等。

由于融资困难，创业者需要利用各种可能的融资渠道来筹集资金。同时还要遵循创业融资的原则，综合考虑自身拥有的资源情况，根据资金来源的性质不同，充分比较股权融资和债权融资两种不同融资方式的利弊，以便做出科学的融资决策。

筹集创业资金时，创业者应在自己能承受的风险基础上，遵循既定的原则，尽可能以较低的成本及时获得足额创业资金。一般来说，创业融资应遵循以下原则：

（1）合法性原则

创业融资作为一种经济活动，影响着社会资本及资源的流向和流量，涉及相关经济主体的经济权益。创业者必须遵守国家的有关法律法规，依法依约履行责任，维护相关融资主体的权益，避免非法融资行为的发生。

（2）合理性原则

在创业的不同时期，创业资金的需求量不同，能够采用的融资方式可能也不同，创业者应根据创业计划，结合创业企业不同发展阶段的经营策略，运用相应的财务手段，合理预测资金需求量，详细分析资金的筹集渠道，确定合理的资本结构，包括股权资金和债权资金的结构，以及债权资金内部的长短期资金的结构等，为企业持续发展植入"健康的基因"。

（3）及时性原则

在市场经济条件下，机会稍纵即逝的特性要求创业者必须能够及时筹集所需资金，将可行的项目付诸实施，并根据初创企业不同阶段的资金需求，使融资和投资在时间上协调一致，避免因资金不足影响生产经营的正常进行。同时也要防止资金过多造成的闲置和浪费，将资金成本控制在合理的范围之内。

（4）效益性原则

创办和经营企业的根本目的是获得一定的经济利益，所以，创业者应在进行成本效益分析的基础上决定资金筹集的方式和来源。鉴于投资是决定融资的主要因素，投资收益和融资成本的对比是创业者在融资之前要做的首要工作。只有投资的报酬率高于融资成本，才能够使创业者实现创业目标；而且投资所需的资金数量决定了融资的数量，对创业项目投资的估计也会影响融资方式和融资成本。因此，创业者应在充分考虑投资效益的基础上，确定最优的融资组合。

（5）杠杆性原则

创业者在筹集创业资金时，应选择有资源背景的资金，以便充分利用资金的杠杆效应，在关键的时候为企业发展助力。大多数优秀的风险投资往往在企业特殊时期会与企业家一起，将有效的资源进行整合（如选择投行、证券公司，进行 IPO 路演等），甚至还参与到企业决策中。这种资源是无价的。因此，创业者不能盲目地"拜金"，找到一个有资源背景的基金更有利于企业的持续快速发展。

第四节　创业贷款

> **名人语录：**
> 我自认为是行动主义者，相信跟我有同样构想的人必定为数不少，只是我能付诸行动，而他们什么也没做。
>
> ——诺兰恩·布希奈尔

一、创业贷款概念

创业贷款是指具有一定生产经营能力或已经从事生产经营的个人，因创业或再创业提出资金需求申请，经银行、典当行等认可担保有效后而发放的一种专项贷款。其中银行又是最主要的贷款渠道。

二、个人创业贷款

1. 个人创业贷款需要的条件

个人创业贷款需要的条件：

（1）持有营业执照、税务登记证及相关的行业经营许可证。
（2）项目具有发展潜力，具备按期偿还贷款本息的能力。
（3）无不良信用纪录，提供银行认可的抵押、质押等。
（4）在经办机构有固定住所和经营场所。
（5）银行规定的其他条件。

2. 贷款额度、期限和利率

个人创业贷款金额最高不超过借款人正常生产经营活动所需流动资金、购置小型设备等所需资金总额的70%。

个人创业贷款期限一般为2年，最长不超过3年，其中生产经营性流动资金贷款期限最长为1年。

个人创业贷款执行中国人民银行颁布的期限贷款利率，可在规定的幅度范围内上下浮动。

3. 创业贷款的申请程序

①准备材料；②填写申请；③身份确认；④获得推荐；⑤银行受理；⑥贷款审核；⑦办理贷款。

4. 窍门

个人创业贷款的三大窍门：

1）活用创业贷款

据最近开展的一项专题调查显示，上海有80%的被调查者表示想尝尝"当老板"的滋味，而要当老板除了要有一个好的投资项目外，还需要有必要的启动资金。创业贷款与高利贷、向亲友借钱等方式相比，不失为一条上策，其安全性、稳定性是民间借贷所无法比拟的。

2）学会抵押贷款

抵押贷款是指按照担保法规定的抵押方式，以借款人或第三人的财产作为抵押物而发放的贷款。目前，银行主要开展的是房屋和汽车的抵押贷款。

【案例】

张女士自下岗后，一直想找一条适合自己的生财之道。张女士看中了黄金地段的沿街商业房一处，想购入后出租。但房价至少要90万元，她费尽周折也只筹借到了50万元，此时，她想到了所在地的工行信贷处。在银行工作人员对房屋进行价值评估后，银行同她签署了拟购房子抵押的协议，并向她提供了商用房抵押贷款40万元，期限为10年。房子到手后，她很快就将房子出租，由于地段好，每月租金和还贷的利差让她有了一笔不菲的收入。

3）利用质押贷款

银行设置了以存单、国库券、保单、个人信用等信贷资源为质押的个人贷款。现在较普遍的是存单、国库券质押。

【案例】

刘先生想开一家柯达彩扩连锁加盟店，但需要9.9万元的启动资金。而他目前手中现金只有5万元。他在银行有一张10万元的定期存单，由于提前支取会造成较大的利息损失，在银行理财师的建议指导下，他办理了定单质押贷款，获得了银行7万元的贷款，既及时筹齐了创业资金，又避免了提前支取后几千元的利息损失。

三、农村创业贷款介绍

1. 农村创业贷款的政策

对农村创业贷款授信主要根据其创业规模来进行，同时结合道德品质、信用记录、经营能力、偿债能力等因素进行授信，授信额度为10万元以内。

符合信用户条件可实行信用贷款，授信额度为5万元以内。

2. 农村创业贷款的条件

（1）从事的生产、经营活动合法合规，符合国家产业政策和社会发展规划要求。

（2）有具体创业项目、经营场所和一定自有资金。

（3）借款人在当地农村信用社开立个人结算账户并有一定业务量发生，自愿接受信贷监督和结算监督。

（4）资信良好，具有清偿贷款本息能力，无不良信用记录。

（5）农村信用社规定的其他贷款条件。

3. 农村创业贷款的流程（见图6-1）

图6-1 农村创业贷款流程图

【练习巩固】

学写大学生创业贷款申请书

  大学生创业贷款申请书是成功申请到大学生创业贷款的重要前提条件。真挚诚恳的大学生创业贷款申请书可以打动相关部门的领导，从而成功申请到创业贷款。但是很多想办理创业贷款的大学生苦于不知道怎么写大学生创业贷款申请书。

  可以参考下面的范本并结合自己的实际情况试写创业贷款申请书。

尊敬的市委、市政府领导：

  我叫_____，出身农村，毕业于_____，_____专业。_____年毕业后由于各方面原因，一直处于失业状态。忆求学之艰辛，顾应聘之痛楚，展前程之迷茫，触吾心悲凉至极。但是，贫苦的农村培育了我坚韧、豁达、追求卓越的性格。党和国家鼓励大学生自主创业的优惠政策、严峻的金融危机和就业形势，让我选择了自主创业。在亲历亲为的社会实践中，我积累了一定的创业经验和创业思想，可是，资金问题现在已经成为制约众多像我一样的创业者创业的瓶颈。我想过向家人、亲戚和朋友筹借，但结果是杳无音讯，因为农村确实太穷。而我爸妈供完我上大学已经是负债累累，面对环堵萧墙的家境，他们更是无能为力。

  资金的困难导致我创业的道路受阻，但我无法放弃用自己的知识和努力来改变自己和家乡命运的想法，因为我现在至少还是一个大学生，是一个应该承担社会责任的青年。带着期待的想法，我写下这篇大学生创业贷款申请书。申请党和政府有关部门能考虑贷给我××万元的创业贷款资金，我一定按时按量归还贷款，虔诚期待领导能考虑。

  此致

敬礼！

  祝领导工作愉快，身体健康！

申请人：×××
202×年×月×日

课后习题

一、思考题

1. 创业有哪几种主要的资源，它们的作用如何？
2. 创业资源整合的过程是什么，创业企业如何将各种离散的资源开发、配置和转化为组织内部有效的资源？
3. 创业企业融资的渠道有哪些？
4. 对于创业者而言，债权融资与股权融资各有什么优缺点？

二、实训题

1. 结合本章介绍的融资渠道，为你的创业方案拟订一份融资计划，要求如下：
（1）列出可能寻求的主要融资渠道；
（2）你所在的城市、大学或你计划投入的行业是否有对创业活动的扶持政策，请尽力收集这些信息，讨论哪些可能为你提供创业资金。
2. 利用课余时间，去中关村创业大街3W咖啡厅坐坐，实地观察一下投资人和创业者之间的交流，要求：
（1）制作访谈大纲，调查投资者和创业者在融资过程中的不同心态和诉求；
（2）微视频记录投融资双方的融资谈判过程；
（3）创业团队之间模拟不同角色，进行创业融资谈判。

三、案例讨论

"三个爸爸"千万元融资神话背后的故事

2015年2月，"三个爸爸"空气净化器准备创业，3月份融资1 000万美元，再后来30天在京东众筹1 100万元，创造了京东众筹的一个纪录。"三个爸爸"创业者是用什么办法快速拿到这么多资金的呢？创始人之一戴赛鹰讲了他们团队的融资故事。

"我们是2月份想做这个事儿的，然后3月份就拿到了1 000万美元的投资：为什么能拿到呢？我去找高榕资本的张震的时候，正好那天北京的空气污染特别严重。我跟他讲，我们要做的是为孩子造一个空气净化器。张震说，你讲的技术方面的东西，我不太懂，也不关心。但是我被你打动了，你知道为什么吗？昨天我把我的老婆和孩子都打发到三亚去了，去躲空气污染。我觉得你这个爸爸想给孩子做净化器，这个点打动了我。我这么理性的人都被你打动了，我想你能打动天下的父亲。"

戴赛鹰的团队在创业过程中，通过周围的朋友和几个母婴社区，调查了700多个父母，找客户痛点。他们与每个父母都进行了长时间的沟通，最后挖掘到的痛点有65个之多，从中找到12个最重要的痛点，又将它们简化成4个一级痛点，开发产品，吸纳"粉丝"参与。他们甚至像小米一样，吸纳了100个梦想赞助商作为"铁杆粉丝"，而且命名为"偏执狂爸妈"。后来，他们在总结他们的创业经验时，主要提出了"痛点+尖叫点+爆点"的结论。同时，在互联网经济下他们熟练地应用了"粉丝"经济、"病毒"营销等方法，这些都促成了他们的创业成功。

阅读上述案例，结合本章所学内容，讨论并实践：
1. 总结"三个爸爸"空气净化器创业方案融资成功的原因；

2. 查阅有关资料，举例说明还有哪些不同种类的众筹融资方式，请为你（你团队）的创业项目设计出一套具体的众筹融资方案；

3. 现场举行项目众筹发布会。

四、拓展阅读（优秀创业校友案例）

易企记杭州企业管理有限公司董事长——汪文武

第七章
初创企业管理

> ✱ **学习目标**
> - 了解创业团队的含义及重要意义；
> - 理解创业团队的类型及组成要素；
> - 掌握创业团队组建的策略和方法；
> - 熟悉团队股权设计；
> - 了解新企业注册程序与步骤。
>
> ✱ **技能目标**
> - 能运用团队组建的策略和方法组建自己的团队，并争取分析创业团队的优劣势，设计出团队股权方案；
> - 按照流程进行新企业的开办，并进行管理。

引例：

创业团队的最佳组合

腾讯创业团队堪称典范，其理性堪称标榜。马化腾与同学张志东"合资"注册了深圳腾讯计算机系统有限公司。之后又吸纳了三位股东：曾李青、许晨晔、陈一丹。为避免彼此争夺权力，马化腾在创立腾讯之初就和四个伙伴约定清楚：各展所长、各管一摊。马化腾是CEO（首席执行官），张志东是CTO（首席技术官），曾李青是COO（首席运营官），许晨晔是CIO（首席信息官），陈一丹是CAO（首席行政官）。5人创业团队一直合作，不离不弃，直到腾讯做到如今的帝国局面，其中4人还在公司一线，只有COO曾李青挂着终身顾问的虚职退休。都说一山不容二虎，尤其是在企业迅速壮大的过程中，要保持创始人团队的稳定合作尤其不容易。在这背后，工程师出身的马化腾从一开始对于合作框架的理性设计功不可没。

从股份构成上来看，5个人一共凑了50万元，其中马化腾出了23.75万元，占了47.5%的股份；张志东出了10万元，占20%的股份；曾李青出了6.25万元，占12.5%的股份；其他两人各出5万元，各占10%的股份。虽然主要资金都由马化腾所出，他却自愿把所占的股份降到一半以下——47.5%。"要他们的总和比我多一点点，不要形成一种垄断、独裁的局面。"而同时，他自己又一定要出主要的资金，占大股。"如果没有一个主心骨，股份大家平分，到时候也肯定会出问题，同样完蛋。"

保持稳定的另一个关键因素，就在于搭档之间的"合理组合"。据《中国互联网史》作者林军回忆说，"马化腾非常聪明，但非常固执，注重用户体验，愿意从普通用户的角度去看产品。张志东是思维非常活跃、对技术很沉迷的一个人。马化腾技术上也非常好，但是他的长处是能够把很多事情简单化，而张志东更多是把一个事情做得完美化。"许晨晔和马化腾、张志东同为深圳大学计算机系的同学，他是一个非常随和、有自己的观点但不轻易表达的人，是有名的"好好先生"。而陈一丹是马化腾在深圳中学时的同学，后来也就读深圳大学，他十分严谨，同时又是一个非常张扬的人，他能在不同的状态下激起大家的激情。

如果说，其他几位合作者都只是"搭档级人物"的话，只有曾李青是腾讯5个创始人中最好玩、最开放、最具激情和感召力的一个，与温和的马化腾、爱好技术的张志东相比，是另一个类型，比马化腾更具备攻击性，更像拿主意的人。

引例分析：

一个优秀的创业团队，需要有一个能带领团队不断走向成功的领导者；同时，在团队成员构成上，如果能在技能、知识和能力方面形成互补，那么创业团队就能实现整体大于部分之和的高效率；创业团队的社会关系在一定方面上意味着这个创业团队获取资源的能力，这在企业创立与发展时十分重要。这些经验在创业团队组建初期时，为我们物色和挑选创业伙伴提供了重要启示。

第一节 创业团队

一、创业团队概述

是单打独斗、演绎个人英雄式的传奇故事，还是组建团队、精诚合作共同创业？这是每一个创业者进行创业活动前必须经历的抉择。

我们的调查表明，70%创业成功的企业，都有多名创始人。其中企业创始人在2～3人的占44%，4人的占17%，5人及以上的占9%。尤其是在高科技领域，团队创业要比个体创业多得多。大量事实业已证明，选择合理的创业模式并组建卓有成效的创业团队，是创业成功的重要基础。创业工作的绩效评估显示，创业团队的工作绩效明显大于所有成员独立工作绩效之和。因此，没有团队的创业也许并不一定会失败，但要创建一个没有团队而具有高成长性的企业却极其困难。

1. 创业团队的含义及其重要性

很多人都有"老板梦"，认为只要自己足够优秀就可以创业成功了，而现实告诉我们，个人的成功并不能代表企业的成功。许多企业之所以倒闭或无法成长，就是因为创业者无法打造出一支强有力的创业队伍。

1）创业团队的概念

创业团队（Entrepreneurial Team，ET）是决定创业企业发展和影响企业绩效的核心群体，是新创企业成败的关键因素，它对吸引投资者是至关重要的。创业者扮演着三个领导角色：组织的领导者、组织目标的构建者和组织成员的领导者。当创业者把创业团队组建起来时，所有这些角色就开始发挥作用了。由于团队有助于提升企业的绩效，创建和维护创业团队是创业者的一项主要职责。对于创业团队，不同学者给出了不同的定义。创业团队是一种特殊团队，也是一个十分重要而又容易引起混淆的概念。

可从两个层面来阐释创业团队的概念。从狭义上说，创业团队指有着共同目的、共享创业收益、共担创业风险的一群经营新成立的营利性组织的人，他们提供一种新的产品或服务，为社会提供新增价值。从广义上说，创业团队不仅包含狭义创业团队，还包括与创业过程有关的各种利益相关者，如风险投资商、供应商、专家咨询群体等。

综上所述，创业团队一般是由两个及以上的人组成，不仅仅是简单的团队，他们拥有共同的目标和价值观，在工作中相互依赖、相互补位，对创业企业的未来负责。他们在创业企业中处于决策和主要执行者的位置，对创业团队和创业企业负责。一般而言，核心创业者、执行者、被雇佣者组成创业团队。

2）创业团队的重要性

在创业企业中，采用团队形式至少有以下几方面的作用：

（1）能促进团结和合作，提高员工的士气，增加满意度；

（2）使管理者有时间进行战略性的思考，而把许多问题留给团队自身解决；

（3）提高决策的速度，因为团队成员离具体问题比较近，所以团队决策速度比较快；

（4）促进成员队伍的多样化；

（5）提高团队和组织的绩效。

一个好的创业团队对于新创企业的成功有着举足轻重的作用。新创企业的发展潜力与企业管理团队之间有着十分密切的联系。优秀的创业团队可以创造出有重要价值并有收益选择权的公司。当然，并不是说没有团队的创业企业一定会失败，但可以说要建立一个没有团队而仍然具有高成长潜力的企业是极其困难的。

3）大学生创业团队的特征

大学生创业团队，一般具有以下几个主要特征：

（1）团队具有创新性。

随着科技和经济的发展，现代大学生的创新意识越来越强，对新事物的追求和敢于挑战自我的精神，使得大学生创业团队更加具有创新性。

（2）团队热情度高。

大学生对未来充满了热情和希望，对创业项目具有很高的积极性。

（3）团队成员各具特长，分工明确。

团队一般选择性格互补、特长各异的成员以保证成员间能够相互协作、知识共享，保持团队关系的和谐，提高团队工作效率。

（4）团队具有不稳定性。

大学生创业团队由于缺乏社会经验，加上资金等资源的不足，心理承受能力相对较差，所以团队内部容易发生争端，进而分崩离析。

【知识串接】企业的创建者可以是个人，也可以是团队。通常一些有着共同愿景和价值观的人，怀着对梦想的渴望而走到一起，形成最初的创业团队。他们通过对资源和生产要素的重新组合，来开发自己的产品或服务，满足市场的某种需求，这时，企业就诞生了。

创业团队是指在创业初期（包括企业成立前和成立早期），由一群才能互补、责任共担、愿为共同的创业目标而奋斗，并能做到利益让渡的人所组成的特殊群体。

4）创业团队的组成要素

【辅助板书】

创业团队的组成要素如图7-1所示。

图7-1 创业团队的组成要素

（1）目标。

创业团队应该有一个既定的共同目标，为团队成员导航，知道要向何处去。

目标的体现形式：创业企业的远景、战略等。

【教师举例】一年后实现……销售额；产品品类达到……；5年后上市等。

（2）人。

人是构成创业团队最核心的力量。三个及三个以上的人就形成了一个群体，当群体有共同奋斗的目标时就形成了团队。

目标是通过人员来实现的，所以人员的选择是创业团队中非常重要的一个部分。在一个团队中可能需要有人出主意，有人定计划，有人实施，有人协调不同的人一起去工作，还有人去监督创业团队工作的进展、评价创业团队最终的贡献，不同的人通过分工来共同完成创业团队的目标。

【课堂互动】在我们每次的小组作业中，各小组就是一个团队，想想看你在团队中扮演着什么角色？通常做哪方面的工作？

（3）定位。

创业团队的定位包含两层意思：

①创业团队在企业中处于什么位置，由谁选择和决定团队的成员，创业团队最终应对谁负责，创业团队采取什么方式激励下属。

②成员在创业团队中扮演什么角色，是制订计划还是具体实施或评估。

（4）权限。

创业团队中领导人的权力大小与其团队的发展阶段和创业企业所在行业相关。一般来说，创业团队越成熟，领导者所拥有的权力相应越小；在创业团队发展的初期，领导权相对比较集中。

（5）计划。

创业团队的计划包含两层意思：

①由于目标的最终实现需要一系列具体的行动方案，因此，可以把计划理解成达到目标的具体工作程序。

②只有在有计划地操作下，创业团队才会一步一步地贴近目标，从而最终实现目标。

【课堂互动】

如何理解这五个要素之间的相互作用？

提示：创业团队要素的相互作用在于：创业团队有共同的价值观、统一的目标和标准；创业团队成员负有共同的责任；创业团队成员的才能互补；创业团队成员愿为共同的目标做出奉献。

【知识串接】创业团队在创业中必不可少，那么我们如何选择团队成员，如何组建起优秀的创业团队呢？

5）组建优秀创业团队的要点

由于组建创业团队的基石在于创业远景与共同信念，因此创业者需要提出一套能够凝聚人心的远景与经营理念，从而形成共同的目标与企业文化。

【教师举例】

马云是如何创建团队，他本人又是如何看待创业团队的呢？我们来看一段视频了解一下。（教师播放《马云谈创业团队》视频资料）

组建一个优秀的创业团队应特别注意：

（1）彼此了解。

创业团队的所有成员都应该相互非常熟悉，非常清醒地认识到自身的优劣势，同时对其他成员的长处和短处也一清二楚。

好处：避免团队成员之间因为相互不熟悉而造成的各种矛盾、纠纷，强化团队的向心力和凝聚力。

（2）相互信任。

信任是解决分歧、达成一致的唯一途径。青年学生创业团队不仅要志同道合，更需彼此信任。最初创业时，要把最基本的责、权、利说得明白透彻，尤其是股权、利益分配，另外还包括增资、扩股、融资、撤资、人事安排及解散等。

好处：在企业发展壮大后，不会出现因利益、股权等的分配分歧产生矛盾，导致创业团队的解体。

（3）理念一致，目标相同。

所有团队成员都必须认同大家共同确定的创业目标、分配制度、管理制度、企业发展战略、经营理念、企业文化等，都必须保持对企业长期经营的信心。

（4）取长补短，相得益彰。

建立优势互补的创业团队是保持创业团队稳定的关键。要使创业团队发挥最大的能量，在创建团队时不仅仅要考虑成员之间的关系，更重要的是要考虑成员特点之间的互补性，如彼此之间性格、经验、专长、技术等的互补，以此来达到团队的平衡。

一般来说，一个优秀的创业团队必须包括以下几种人：

①一个很好的"领袖"。此人必须能够高瞻远瞩，能够为企业制定明确的战略、战术；必须有很好的人品，处事公正，能够服众，能够团结整个团队；还必须具有很好的协调能力，能够及时化解团队成员的矛盾。

【课堂互动】

《西游记》的故事同学们应该比较熟悉，在4个人的小团体中谁是领导者？那他（唐僧）是如何领导团队的呢？教师播放《唐僧是如何领导团队的》视频资料，请同学们体会创业中领导者的重要性以及领导者的魅力所在，明白团队中领导者身上肩负的责任。

提示：首先，唐僧具有核心竞争力，不可替代。

取经团队取的是什么？——佛经。

取经团队里谁会念经？——唐僧。

孙悟空神通再大，也无法取代唐僧，为什么？——不会念经。

这告诉我们一个道理。如果要成为一个组织中不可或缺的人物，那么，一定要拥有自己无人能及的核心竞争力。否则，你的位子任何时候都是可以被别人替代的。其次，唐僧有目标导向，意志坚定，百折不挠。

唐僧不但对取经这个目标认识非常清晰，而且时时刻刻不忘定位、不忘初心、紧盯目标。同时，他具有实现目标的坚定意志和高度意愿。就算是没有这群神通广大的徒弟的陪伴，他一个人也仍然会去，即使可能会在取经路上被妖魔鬼怪吃掉，也毫不动摇决心。正是这种强大的愿景，感染了团队成员，为他们实现目标提供了有力的指引。最后，唐僧以身作则，身体力行，勇作表率。

十万八千里的取经路上，作为一个凡人，唐僧发挥着"一不怕苦、二不怕死"的精神，用柔弱的"小身板"无所畏惧地带领着"超人"徒弟们克服不断出现的各种艰难险阻，一步一步地去接近目标。在整个取经过程中，唐僧看似什么都没有做，却又无时无刻不在用自己的言行影响着他人。这种表率作用正是唐僧领导力的一种重要体现，以身作则就是"行不言之教"。

②一个很好的"管家"。此人主要负责企业的日常运营及各项规章制度的制定。由于企业日常事务非常琐碎，因此，此人必须心思缜密、工作细致。

③一个很好的"财务总管"。资金是企业的生命线，因此，创业团队中最好有一个好的"财务总管"，能合理地安排企业收支，帮助企业融资。

④一个很好的"营销总监"。我们经常说，产品是基础，营销是龙头。如果营销不行，产品就不能变成钱，企业只有关门大吉。

此外，如果创业企业是一个技术类企业，可能还需要一个很好的技术专家，从而帮助企业不断地将技术或产品推陈出新，始终站在行业的前沿。

【课堂互动】选择什么样的队友？选择多少个队友？选择是一成不变的吗？

提示：应注意互补原则、精简高效原则及动态开放原则。

【知识串接】组建了团队，团队各成员并不一定就会一成不变地为创业付出。事实上也有很多创业中遇到困难、团队解散的案例。因此，有效的团队管理能使各个本来分散的个体和具有不同能力、不同个性的人，组成一个有共同目标、相互协调的整体。团队管理就是要使团队具有不断改善、不断革新的精神，使每个人的才能不断地发展和增强，达到"1＋1＞2"的效果。进行创业团队的管理，主要从以下几个方面进行。

2. 创业团队的类型

1）依据成员的不同组合，分为星状创业团队、网状创业团队和虚拟星状创业团队

依据创业团队的组成者来划分，创业团队可分为星状创业团队（Star Team）、网状创业团队（Net Team）和从网状创业团队中演化而来的虚拟星状创业团队（Virtual Star Team）。无论哪种类型的创业团队，均需要形成一致的创业思路，团队成员要有共同的目标愿景，认同团队将要努力的目标和方向；同时，还需要保证团队成员之间通畅的沟通渠道。沟通对于一个创业项目的成功与否至关重要，贯穿于创业过程的每一个环节。

（1）星状创业团队。

一般在团队中有一个核心人物（Cole Leader），充当领队的角色。这种团队在形成之前，一般是核心人物有了创业的想法，然后根据自己的设想进行创业团队的组织。因此，在团队

形成之前，核心人物已经就团队组成进行过仔细思考，并根据自己的想法选择相应人员加入团队，这些加入创业团队的成员也许是核心人物以前熟悉的人，也有可能是不熟悉的人，但这些团队成员在企业中更多时候扮演支持者（Supporter）的角色。

这种创业团队有几个明显的特点：

①组织结构紧密，向心力强，主导人物在组织中的行为对其他个体影响巨大；

②决策程序相对简单，组织效率较高；

③容易形成权力过分集中的局面，从而使决策失误的风险加大；

④由于核心主导人物的特殊权威，其他团队成员在冲突发生时往往处于被动地位，在冲突较严重时，一般都会选择离开团队，可能对组织产生较大影响。

（2）网状创业团队。

这种创业团队的成员一般在创业之前都有密切的关系，比如是同学、亲友、同事、朋友等。一般都是在交往过程中，共同认可某一创业想法，并就创业达成了共识以后，开始共同进行创业的。在创业团队组成时，没有明确的核心人物，大家根据各自的特点进行自发的组织角色定位。因此，在企业初创时期，各位成员基本上扮演的都是协作者或者伙伴角色（Partner）。

这种创业团队的特点：

①团队没有明显的核心，整体结构较为松散；

②组织决策时，一般采取集体决策的方式，通过大量的沟通和讨论达成一致意见，因此组织的决策效率相对较低；

③由于团队成员在团队中的地位相似，因此容易在组织中形成多头领导的局面；

④当团队成员之间发生冲突时，一般都能采取平等协商、积极解决的态度消除冲突，团队成员不会轻易离开。但是一旦团队成员间的冲突升级，使某些团队成员撤出团队，就容易导致整个团队的涣散。

（3）虚拟星状创业团队。

这种创业团队是由网状创业团队演化而来的，基本上是前两种的中间形态。在团队中，有一个核心成员，但是该核心成员地位的确立是团队成员协商的结果，因此，核心人物从某种意义上说是整个团队的代言人，而不是主导型人物，其在团队中的行为，必须充分考虑其他团队成员的意见，不如星状创业团队中的核心主导人物那样有权威。

2）依据目标产品的特性不同，分为研发主导型、市场主导型、产品主导型创业团队

根据目标产品的特性来分类，可以分为研发主导、市场主导、产品主导三种类型，但每种模式下都会面临不同的问题。

（1）研发主导型创业团队。

以技术研发为主，但是通常忙于开发，缺乏对产品需求的逻辑性把控，以及对产品体验和设计上的考虑。

（2）市场主导型创业团队。

以市场需求为导向，进行产品设计。通常有非常多的想法，但是难于落地。接触到很多用户需求，但没有办法快速形成真实可用的产品，缺乏对产品的整体规划和快速实施能力。

（3）产品主导型创业团队。

专注于产品设计，更多地考虑怎样把产品设计好，花大量的时间讨论产品方向和需求细

节，缺乏对未来产品快速实施和快速产出的能力。

3）依据创业项目与互联网的依附关系，分为在线型、"水泥+鼠标"型和延伸型创业团队

（1）在线型创业团队。

完全依托于互联网而存在的互联网创业团队，称为在线型创业团队，其典型特征就是向客户提供产品或服务的过程，完全在互联网上进行。创业平台构筑在互联网上，创业团队所提供的产品或服务完全通过互联网经营，与客户通过网络交互，在线进行交易的支付等。

该类型，既是创业团队对于营销方式的创新，又是营销渠道的创新，造就了一批新型网络创业团队，用他们对互联网独到的眼光，创造出新的商机。

（2）"水泥+鼠标"型创业团队。

该类型的创业团队是对基于传统商务的创新，在传统商务模式之中加入互联网因素，其业务是由若干离线的传统商务活动和若干在线的商务活动所组成的价值链，既大大降低了商务运作的成本，又提高了运营的效率。

此类创业团队，善于抓住市场商机，灵活运用自身所具备的网络信息技术，对传统业务进行改造，从而赢得更大的市场份额。

（3）延伸型创业团队。

创业团队将他们的经营活动从物理场所拓展到网络空间，在线商务与传统商务同时存在，在传统业务链条上衍生出一组新的链条，新链条基本与传统链条的作用相同，网上经营活动只是拓展了其原有的商业空间。

对于许多传统型企业的创业团队来说，利用互联网能够发现许多新的商机和利润增长点，从而可以实现二次创业。

3. 创业团队的组成要素

从创业团队的定义可以看出，创业团队需具备五个重要的团队组成要素，由于其英文单词首字母都以"P"开头，因此也称为5P模型。

（1）目标（Purpose）。创业团队应该有一个既定的共同目标为团队成员导航，使团队知道要向何处去，没有目标这个团队就没有存在的价值。

目标在创业企业的管理中以创业企业的愿景、战略的形式体现。

（2）人（People）。人是构成创业团队最核心的力量。三个及三个以上的人就形成一个群体，当群体有共同奋斗的目标就形成了团队。在一个创业团队中，人力资源是所有创业资源中最活跃、最重要的资源。应充分调动创业者的各种资源和能力，将人力资源进一步转化为人力资本。

（3）创业团队的定位（Place）。创业团队的定位包含两层意思：①创业团队的定位，创业团队在企业中处于什么位置，由谁选择和决定团队的成员，创业团队最终应对谁负责，创业团队采取什么方式激励下属；②个体（创业者）的定位，作为成员在创业团队中扮演什么角色，是制订计划还是具体实施或评估；是大家共同出资，委派某个人参与管理，还是大家共同出资，共同参与管理；或是共同出资，聘请第三方（职业经理人）管理。这体现在创业实体的组织形式上，是合伙企业或是公司制企业。

（4）权限（Power）。创业团队中领导人的权力大小与其团队的发展阶段和创业实体所在行业相关。一般来说，创业团队越成熟，领导者所拥有的权力相应越小，在创业团队发展

的初期阶段领导权相对比较集中。高科技实体多数实行民主的管理方式。

（5）计划（Plan）。计划的两层含义：①目标最终的实现，需要一系列具体的行动方案，可以把计划理解成实现目标的具体工作程序；②按计划进行可以保证创业团队的进度，只有在计划的统领下创业团队才会一步一步地贴近目标，从而最终实现目标。

二、创业团队的优劣势分析

1. 创业团队的优势

著名心理学家荣格曾列出一个公式：$I + We = Fully\ I$。意思是说，一个人只有把自己融入集体中，才能最大限度地实现个人价值，绽放出完美绚丽的人生。在当今经济社会中，创业已非纯粹追求个人英雄主义的行为，团队创业的成功概率要远高于个人的独立创业。与个体创业相比，团队创业具有多方面的优势，对创业成功起着举足轻重的作用。

团队创业的优势主要体现如下：

（1）可以激发团结精神，增强灵活性，提高工作效率。团队成员受教育程度、工作经验以及社会关系网络等方面的多样性使获取到的资源更加丰富、决策质量更高。

（2）创业团队工作绩效大于所有个体成员独立工作时的绩效之和。创业团队成员在创业初期把创建新企业作为共同努力的目标，在集体创新、分享认知、共担风险、协作进取的过程中，形成了特殊的情感；通过坦诚的意见沟通形成了团队协作的行为风格，能够共同地对拟创建的新企业负责，具备一定的团队凝聚力。工作群体绩效主要依赖于成员的个人贡献，而团队绩效则基于每一个团队成员的不同角色和能力而尽力产生的乘数效应。

（3）创业团队能够使新创企业更好地适应内外环境的变化，能够更迅速、更准确地对千变万化的市场做出反应；能够在企业内部建立合作、协调机制；能够适应市场需求多样化的要求，变大规模生产为灵活生产，变分工和等级制为合作与协作，发挥整体优势。

（4）创业团队有利于分散创业风险，通过创业团队成员之间的技能互补可以提高驾驭环境不确定性的能力，从而降低新创企业的失败风险。

（5）创业团队是高层管理团队的基础和最初组织形式。创业团队处在创建新企业的初期或小企业成长早期，现实中往往被人们称为"元老"。而高层管理团队则是创业团队组织形式的继续。虽然高层管理团队中既可能还存在着部分创业时期的元老，也可能所有的创业元老都不再存在，但创业团队的管理风格将在很长一个时期内被高层管理团队所传承。

2. 创业团队的劣势

创业实践表明，创业团队建立新企业的失败率远低于个人创办的企业，因此，团队共同创业要比个人创业的风险小得多。这也是风险投资者总是倾向于把资金投给团队创业的重要原因之一。但不能忽视团队创业的如下不利因素。

（1）收益分享冲突。在创业初期没有制订明确的利润分配方案，随着企业的发展和利润的增加，团队成员因为利润分配而发生争执。此外，团队创业必然"稀释"新创企业的所有权。常规情况下，除非股份的接受者能做出实质性贡献，否则给出股权就是不明智的。对于非直接投资者，即便是基于股权，直接分配股权的效果也远不及期权。

（2）创业团队成员的经营理念与方式不一致，思想无法统一。当一些团队成员不认可新创企业的目标和经营策略时，将导致团队成员之间发生价值观冲突，往往引起创业团队解散，引发企业经营的巨大风险。

（3）情感冲突。创业团队成员之间的个性与兴趣不和，可能导致出现磨合问题，难以正常开展创业活动。

（4）团队创业有可能导致创业决策缓慢，影响创业团队对于一些稍纵即逝的市场机遇的把握。此外，随着新创业企业的发展，企业管理幅度与管理层次发生变化，也可能导致决策迟缓，从而使创新性受到压制。

（5）团队成员之间权力及责任不平等的负面效应。尽管理论上来看，创业团队中的每个创业者都是平等的，但由于团队成员的个体资源禀赋以及所担负的责任不同，决定了成员间权力、责任甚至利益的不平等，这有可能导致某些人产生离开团队的想法。

（6）"请神容易送神难"。组建创业团队时创业发起人请某人，以股份许诺，期待他能对新创企业做出较大贡献。但如果他没有达到预期的业绩，甚至根本不可能实现事先承诺，只要他预期这个企业是有前景的，就可能赖着不走。在这种情况下，就很难将他"送出"新创企业，甚至难以收回创业之初给予他的股份。这就必然影响新创企业未来的运营与发展。

【案例】

合伙创业：利益分配要"丑话说在前面"

在创业圈里流传着一个真实的故事，几兄弟合伙创业，打造了红极一时的西少爷肉夹馍，事业如火如荼。但在该项目成功登上CCTV、各种网络媒体之际，却爆出合伙人之间出现分歧与股权纠纷，一个生机勃勃的创业项目瞬间分崩离析。

"熟人不要合伙开公司。"这句电影《中国合伙人》里的论断，被现实案例再次演绎，创业圈内一片哗然。

"其实创业者要明白，合伙人最深层次的关系是利益关系。"在商界流行一句话，即"没有永恒的朋友，只有永恒的利益"。话丑理端，理清楚这个关系，会简单很多。在创业的过程中，合伙人之间的利益分配与权力分配等问题，一定要"丑话说在前面"。

"关系再好的合伙人，最终会落到一个'利'字上。"跟钱有关的事情一定要摆在台面上一条一条地说清楚，包括股权分配、利益分成、决策权力等问题，必须事先说明并且落实在白纸黑字上。初创团队最不应该把问题放在"以后再说"，即使是小问题，也等于给未来埋下了风险，并且会在团队强大的时候变成一个大问题。

第二节 创业团队组建

一、创业团队的组建

依据不同逻辑组建创业团队既可能带来优势，也可能带来障碍，对后续创业活动会带来潜在的影响。一般来说，创业团队需要经历"生存下来→成功转型→规范建设"这个充满艰险的过程。大多数创业团队都没有生存下来并成功转型，而成功转型的企业无疑都成功地建立了成熟的企业制度。在这个"惊险的一跃"中，只有高质量、生存下来的团队，才能为企业成长积累经验和人才，奠定良好的基础。在此过程中，需要遵循团队组建的原则。

1. 团队组建的共同志向原则

志向原则是指创业团队成员具有共同的创业理念、创业愿景，彼此相互信任。

每一个优秀的创业团队都有自己的核心理念和愿景。愿景将告诉社会"我们（企业）将成为什么"。一个明晰的愿景，是对企业内外的一种宏伟承诺，使人们可以预见达成愿景后的收益。创业团队应在创建初期召集所有成员，共同商讨新创企业的发展方向，制订详细的规划目标，形成一致的创业理念和共同的价值观，并且在企业发展过程中，始终坚定不移地朝着既定的目标努力，不断完善和巩固团队的共同理念，提高团队的凝聚力。

1）创业团队形成共同理念需要关注的四大基本要求

（1）积极面对所有事务，包括机遇与危机，培养自身抵抗挫折的心理素质，一切问题从自身找原因，不相互抱怨，不怨天尤人。

（2）认真做事、踏实做人，任何一个伟人的成功，都是从细节、从小事认真做起的，团队成员要学会从自己做起，做好本职工作。

（3）了解自己，认识他人，尊重别人的生活习惯和工作方式，团队需要协作和互补。

（4）于无形中迅速提升工作效率，形成团队协作精神，培养积极的团队文化。

2）创业团队防止不信任的有效途径

创业团队内部只有形成了基于文化认同和道德认同的互尊、互信、互爱、互惠的互动关系，才有可能步入成功的良性循环。建立和维护创业团队成员之间的信任、防止信任转变为不信任是提高团队凝聚力的关键。信任是一种非常脆弱的心理状态，一旦产生裂痕就可能很难缝合，要消除不信任及其带来的影响往往要付出巨大代价。所以，防止不信任比增强信任更加重要。

（1）选择正确的人才。创业团队的组建不是以个人的能力或技能为参考的，而是重点考察个人的素质。人的职业技能或专业技能在企业发展过程中能够不断提升，但是个性、品德等隐性的素质很难改变。因此，创业团队组建初期应对团队成员进行评价，以确认该成员是否适合整个团队的发展需求，是否能建立起统一的价值观和行为目标。

（2）考评每个成员的表现。把团队的利益与个人利益挂钩，把企业目标看成团队的共同目标，共同制定目标，定期向团队通报完成情况，使每个成员能够清楚自己得到了什么，还需要做什么。

（3）充分调动团队成员的积极性。团队成员自发自觉地将自己的责任肩负起来，让每个成员有团队成就感和荣誉感。

（4）了解团队成员的需求，建立信任，树立关心的意识，满足成员的合理需求。

2. 团队组建的原则

当前，大学生常见的创业方式包括网络创业、加盟创业、兼职创业、大赛创业、内部创业等，创业者可以依据不同的创业方式和逻辑组建自己的团队。在团队建设中，要遵循一定的原则和策略，以保证创业团队作用的发挥，创业目标的实现。

1）共同的价值观与目标

创业团队要有共同的价值观与目标，只有成员个人的目标与团队的发展愿景一致，才能朝着共同的目标努力奋斗。然而，在现实创业中，大学生创业团队的成员，往往没有十分清晰和明确的奋斗目标，甚至很多时候他们还不明白怎么回事，就走上了创业的道路。因而，一旦出现矛盾、争论和冲突，团队就如同一盘散沙，无法发挥团队的整合效应。

因此，在组建创业团队、挑选成员时，要认真思考团队成员和团队是否拥有共同的价值观与奋斗目标，是否能将个人目标整合到组织目标当中，并愿意为此而奋斗。共同的价值观与目标是创业团队组建的首要原则。

2）优势互补原则

从人力资源管理的角度来看，建立优势互补的创业团队是保持创业团队稳定发展的关键原则。当团队成员在知识、技能、经验、能力等方面实现优势互补时，团队合作最能发挥出"1+1＞2"的协同效应。从创业资源的角度来看，具备不同资质、经历背景的团队成员，会带来不同的人际关系、资源网络，更利于团队创业的顺利开展。

因此，大学生在组建创业团队时，应充分考虑团队成员在技术、能力、资源方面的互补和异质性。这不仅有利于创业团队的稳定性，更有利于大学生创业目标的实现。

3）精简高效原则

大学生创业通常面临的最大问题是资金、资源问题。因此，为降低创业期的运作成本、运作风险，最大比例地分享项目利润，创业团队在人员、资金、物资等资源配备使用过程中，在保证项目高效运作的前提下，应尽量精简，减少不必要的损耗和浪费，确保创业团队稳妥、高效运行。

4）权益合理分配原则

创业团队成员间的权益分配是一个敏感、困难但又至关重要的问题。创业团队权益分配是指以法律文本的形式确定一个清晰的利润分配方案，把最基本的责权利界定清楚，尤其是股权、期权和分红权，此外还包括增资、扩股、融资、撤资等与团队成员利益紧密相关的事宜。

大学生创业团队在创建初期，团队成员往往是基于兴趣走到一起，人数少、管理简单，大多数成员没有考虑到未来利润的分配问题。随着团队的发展壮大及形成规模，团队成员的权益分配问题将日渐凸显，并影响、制约团队的健康发展。

因此，在团队创业初期，就应初步设计出较为明确、合理的利润权益分配方案，并根据创业发展所处的不同阶段，进行适时、合理的调整。

3. 团队组建的程序

1）明确创业目标

一方面应明确自己的创业思路，另一方面必须将自己掌握的创业机会形成一定的创意，进而形成一个创业目标。

总目标确定后，为了推动团队最终实现创业目标，再将总目标加以分解，设定若干可行的、阶段性的子目标。

2）制订创业计划

一份完整的创业计划，必须包括创业核心团队的计划和人力资源计划。通过创业计划可以进一步明确创业团队的具体需求，比如人员的构成、素质和能力要求、数量要求等。

创业团队的组建需要契合创业计划的要求，以匹配创业项目的运作。

3）招募合适的人员

招募合适的人员是组建创业团队最关键的一步。

创业团队成员的招募应考虑两个方面：一是互补性。创业团队至少需要管理、技术和营销三个方面的人才，只有这三个方面的人才形成良好的沟通协作关系后，创业团队才可能实现稳定高效。二是适度规模。这是保证团队高效运转的重要条件,团队成员一般为 3～25 人。

4) 进行职权划分

创业者要处理好责、权、利等各方面的关系,即确定每个成员所要负担的职责以及所享有的权限。根据创业计划的需要,明确团队成员的职责定位,可以使创业团队形成合力,共同实现创业目标,同时也可避免因职责不明、权力分配不明确引发的冲突。

一般来说,创业团队越成熟,领导者所拥有的权力相应越小;在创业团队发展的初期,领导权相对比较集中。

5) 构建创业团队的制度体系

创业团队制度体系体现了创业团队对成员的控制和激励能力,主要包括团队的各种约束制度和各种激励制度。

6) 对团队进行调整融合

随着团队的运作,团队组建时在人员配备、制度设计、职权划分等方面的不合理之处会逐渐暴露出来,这时就需要对团队进行调整融合,这是一个动态持续的过程。

二、创业团队的管理策略

创业团队管理的重点是在维持团队稳定的前提下发挥团队的多样性优势。创业团队的管理策略如图 7-2 所示。

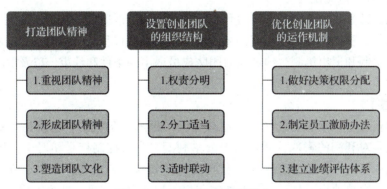

图 7-2 创业团队的管理策略

【辅助板书】

1. 设置创业团队的组织结构

设置创业团队的组织结构时,必须以团队的战略任务和经营目标为依据,具体要注意以下几点:

1) 权责分明

团队的任何一项工作都离不开其他人的配合,只有协作配合好,才能顺利完成管理工作。对于初创的创业团队,人员分工一般都比较粗放,很多事情不分彼此,一起决策、共同实施;但一定要注意落实责任、权责分明,避免出错或者失误后互相推诿,造成团队成员之间的矛盾。

2) 分工适当

分工并不是越细越好,分工过细会导致工作环节的增加,引起工作流程延长,削弱分工带来的好处。解决扯皮的关键是整个团队或成员要在团队精神的指导下相互协调，以完成总体目标。

【教师举例】

拿我们的小组作业来说，每次作业都有若干个小项目，有调查的、有分析的、有总结的、有发言的、有写稿的、有评价的。如果没有明确分工，某个环节做不好就会影响整体的学习效果和平时成绩。

3）适时联动

适时联动是为了完成特定任务，成立打破部门分工、跨越部门职能的专门工作小组。小组成员具有双重身份，既要向本部门主管汇报工作，又要向跨部门小组组长负责。跨部门工作小组在组长的协调下，可充分发挥团队精神，提高工作效率。

【注意要点】

适时联动模式适用于已经具有一定规模的创业企业。创业团队初期由于没有专门的跨部门功能小组，各成员各司其职，在企业规模不是很大的情况下，运行状况还比较好。但是随着企业规模的不断扩大，尤其在新产品更新速度不断加快和一些比较重大的项目上，缺乏全盘的统筹和协调，会造成企业运转困难。

因此，成立一个专门负责新项目或一些重大项目的组织协调工作的机构就显得尤为重要。

2. 优化创业团队的运作机制

1）做好决策权限分配

创业团队内部要妥善处理各种权力和利益关系，确定谁适合于从事何种关键任务和谁对关键任务承担什么责任。在治理层面，主要解决剩余索取权和剩余控制权的问题。同时，还必须建立进入机制和退出机制，约定以后团队成员退出的条件和约束，以及股权的转让、增股等问题。

【知识链接】

剩余索取权是一项索取剩余（总收益减去合约报酬）的权力，也就是对资本剩余的索取。简单地说是对利润的索取，即经营者分享利润。剩余控制权是相对于合同收益权而言的，是指对企业收入在扣除所有固定的合同支付（如原材料成本、固定工资、利息等）的余额的要求权，简单地说就是对纯利润的控制权，如使用、支配、处置等权能。

【注意要点】

在管理层面最基本的原则：一是平等原则，制度面前人人平等；二是服从原则，下级服从上级，行动要听指挥；三是秩序原则，不能随意越级指导，也不能随意越级请示。

大学生创业团队内部的管理界限没有那么明显，但一定得把决策权限厘清，做到有权有责。

2）制定员工激励办法

创新团队需要妥善处理创业团队内部的利益关系。大学生创业的资金筹措本来就是难题，分配就更应合理谨慎。团队的管理者要认真研究和设计整个团队的报酬体系，使之具有吸引力，并且使报酬水平不受贡献水平的变化和人员增加的限制，即能够保证按贡献付酬和不因人员增加而降低报酬水平。

3）建立业绩评估体系

业绩考核必须与个人的能力、团队的发展、扮演的角色和取得的成绩结合起来。传统的绩效评估体系和绩效管理只关注个人绩效如何，而不去考虑个人绩效与团队绩效的结合。造成这种状况的原因多种多样，包括评估不及时、各方意见不能真实反映实际情况、评估含糊不清、易掺入情感因素、忽略了被评估人的绩效给他人带来的影响等。成功的绩效管理不再限定于只注重个人的绩效，而是更加注重整体表现。这样的评估体系能让员工个人了解团队合作的重要性，个人需要不断进行自我调整，以适应不断变化的环境和业务发展。

【课堂互动】

假设你自己创办了一个小公司，雇了4名员工（2名全职、2名兼职）。你的这些员工都很可靠，只是有一名全职员工虽然工作做得不错，但经常迟到，还总是请假。这种情况影响了其他员工，并且影响到了整个公司的士气和规范管理。根据上述问题，找出解决方法。（请2~3名学生回答）

3. 创业团队管理的五要素

创业团队管理的重点，是在维持团队稳定的前提下尽可能发挥团队的多样性优势。创业团队管理需要具备五个重要的要素（简称5P）：目标、人员、定位、职权和计划。

（1）目标。创业团队应该有一个既定的共同目标，为团队成员导航，知道要往何处去。目标在创业企业的管理中以创业企业的远景、战略的形式体现出来。

（2）人员。在一个创业团队中，人力资源是所有创业资源中最活跃、最重要的资源。应充分调动创业者的各种资源和能力，将人力资源进一步转化为人力资本。目标是通过人员来实现的，所以，人员的选择是创业团队中非常重要的一个部分。在一个团队中可能需要有人出主意，有人定计划，有人负责实施，有人协调不同的人一起工作，还有人监督创业团队工作的进展、评价创业团队的最终贡献。不同的人通过分工来共同完成创业团队的目标。在人员选择方面要考虑人员的能力如何、技能是否互补、人员的经验如何。

（3）定位。创业团队的定位蕴含两层意义。其一是创业团队的定位，即创业团队在企业中处于什么位置，由谁选择和决定团队成员，创业团队最终应对谁负责，创业团队应采取什么方式激励下属；其二是行为个体（创业者）的定位，即作为成员在创业团队中的角色，是制订计划还是具体实施或评估，是大家共同出资、委派某个人参与管理，还是大家共同出资、共同参与管理，或共同出资、聘请第三方（职业经理人）管理。这体现在创业实体的组织形式上，即是合伙企业还是公司制企业。

（4）职权。创业团队中领导人的权力大小与团队发展阶段和创业实体所在的行业相关。一般而言，创业团队越成熟，领导者所拥有的权力相应就越小。在创业团队发展的初期，领导权相对比较集中。

（5）计划。计划有两层含义，一是目标的最终实现，需要一系列具体的行动方案，可以把计划理解成达到目标的具体工作程序；二是按计划进行，可以保证创业团队的顺利进展。只有在计划的指导下，创业团队才会一步一步地贴近目标，最终实现目标。

在创业团队形成和发展的不同阶段，5P要素有着不同的特点，如表7-1所示。

4. 创业团队中领导者的行为策略

1）针对不同阶段采取不同措施

在形成期，团队共同的目标、成员之间的关系、共同规范尚未形成，此时领导创业者的核心任务是快速让成员融入团队，要让成员理解个人的目标和团队目标的相互依存性。在凝聚期，日常事务能正常运作，但主要的决策与问题，仍需要领导的指示。此时领导的管理内容是挑选核心成员,培养核心成员的能力,建立更广泛的授权与更清晰的权责划分。在开放期,允许成员提出不同的意见与看法,目标由领导者制订转变为团队成员的共同愿景。此时的管理内容是培养团队的自主能力。在成熟期,团队爆发出前所未有的潜能,创造出非凡的成果,并且获得很高的客户满意度。此时的管理内容是保持成长的动力,避免老化。

表 7-1 创业团队的管理要素

团队管理要素	形成	规范	震荡	成熟
定位	主要是根据项目类型,寻找必需的创业核心,一般是管理、技术、产品、销售、融资(财务)几个方面的互补性人才,可优先考虑熟悉型人脉	磨合后的各种管理规范建立,形成稳定的制约机制	经营一段时间后,公司和个别成员出现问题的应对	根据企业发展新阶段,为企业新的发展储备人才
职权	宜根据特长与职能初步划分,在磨合中微调	划分清晰,形成组织架构	根据团队问题,权责调整	制订新组织架构,建立新发展格局
目标	快速揽定企业经营的关键人才,为企业快速起步做好准备	提高绩效,提升团队作战能力	应对各种可能出现的大问题	为企业新发展做好准备
计划	根据人脉情况,固定目标后,做出计划时间表	根据经营情况制订管理计划	人员调整计划	人员长远发展规划
人员	核心团队,人员不多可忽略	确定长期合作者,做好沟通	稳定现有成员,通过各种渠道寻求新的合作伙伴	建立创业团队层次与大团队建设

2) 维护团队的意识

团队是企业凝聚力的基础,成败是整体的而非个人的,成员能够同甘共苦,经营成果能够公开且合理地分享,团队就会形成坚强的凝聚力与一体感。团队中没有个人英雄主义,每一位成员的价值表现为其对于团队整体价值的贡献。每一位成员都应将团队利益置于个人利益之上,个人利益是建立在团队利益基础之上的,因此成员必须愿意牺牲短期利益来换取长期的成功果实,而不计较短期薪资、福利、津贴等,将利益分享放在成功后。因此,团队领导应该在创业的整个过程中贯彻团队意识与集体合作的精神,从而提高团队的凝聚力,这是提高创业绩效的基本保证。

3) 培养成员间的融洽关系

创业团队领导者应该将团队打造成互信互赖的高效整体。因此,领导者必须积极地与团队成员进行良好的沟通,并且正确地处理好成员之间的矛盾,多为团队成员着想,培养成员间的融洽关系，从而能够帮助团队拥有抵御创业风险的能力。

4）及时解决成员间的矛盾

作为团队领导者，必须及时认识到团队内部的矛盾，并且找出产生矛盾或冲突的原因，进而合理地解决问题。然而，矛盾不仅仅代表着团队内部的不和谐，如果处理得当，还可能促进团队绩效，领导者应该对矛盾和冲突做出正确的判断和调节。

一般来说，冲突按其性质可以分为两大类。一类是恶性冲突，也可以称其为破坏性冲突，主要是由冲突双方的目的和途径不一致所导致的。此类冲突所带来的后果往往是具有破坏性的。持不同意见的双方缺乏统一的既定目标，过多地纠缠于细枝末节，在冲突的过程中不分场合、途径，是团队内耗的主要原因，严重时还可能会导致团队的分裂甚至解体，这类冲突是管理层所应当尽量避免的。还有一类冲突称为建设性冲突或良性冲突，即冲突双方的目标一致，在一定范围内所引发的争执。良性冲突的主要特点是双方有共同的奋斗目标，通过一致的途径及场合了解对方的观点、意见，大家以争论的问题为中心，在冲突中互相交换信息，最终达成一致。这类冲突对于创业团队目标的实现是有利的，应当加以鼓励和适当引导。GE公司前任CEO杰克·韦尔奇（Jack Welch）在团队建设的过程中就十分重视发挥建设性冲突的积极作用。他认为开放、坦诚、不分彼此以及建设性冲突是团队合作成功的必需要素。团队成员必须反对盲目的服从，每一位员工都应有表达反对意见的自由和自信，将事实摆在桌面上进行讨论，尊重不同的意见。韦尔奇称此为建设性冲突的开放式辩论风格。

三、新企业管理的特殊性

企业创办初期，往往以生存管理为基础，以销售目标为导向，依靠内部积累为主要资金来源，以群体管理为基本特征，以"人治"为典型的管理模式。

1. 以生存管理为基础

企业创办是一个从无到有、从0到1的过程，在这个过程中，一切都具有很大的不确定性，企业随时会面临破产清算的风险。因此，如何生存下来便是每一个创业者每天要思考的问题。企业的一切会围绕生存运作，任何危及生存的做法都应该避免。为此，企业应尽量做到以收抵支、及时偿债，以产品或服务销售取得的现金抵补日常的经营支出，并且及时偿还到期债务。

2. 以销售目标为导向

新企业要在市场上立足，就需要尽快得到客户的认可，将提供的产品或服务销售出去。因此，创业初期，企业经常是以销售为导向的，将产品销售作为企业的首要目标，以扩大市场占有率为核心。为此，包括所有者在内的多数人都要出去销售产品或服务，通过各种人际关系及宣传来争取客户，以取得第一桶金，为未来的发展打下基础。

3. 以经营积累为主要资金来源

创业初期较高的不确定性带来的高风险和企业缺乏相应可抵押资产的状况，使得创业企业从外界取得债权资金比较困难；另外，初创企业的估值与既有企业相比难度较大，缺乏可资参考的经营信息和投资报酬率的参考估计，外部的股权融资也难以取得。于是，创业企业只能依靠企业自身创造现金流，靠产品或服务的销售产生现金流入；对于有获利的企业，也往往不会进行利润分配，而是将大部分留存下来作为经营资金的补充。

4. 以群体管理为基本特征

创业初期，创业团队虽然会有内部分工，但由于人少事儿多，往往会使得企业的工作开展难以严格按照分工执行,往往是一人兼数职,哪里有需要就在哪里填空缺。大家在分工的基础上更强调合作,更多依靠员工的热情和团队精神完成任务。为此,创业者应充分认识员工之间在知识、信息、资源、能力等方面的互补性,结合其各自最擅长的领域进行相应分工,同时应充分发挥每一位员工的优势,强化员工之间的彼此合作。

5. 以"人治"为典型的管理模式

创业初期,创业者会深入企业的每个角落,参与到企业运行的每个环节。例如,创业者会常常亲自与供应商谈判,亲自到车间里追踪客户的紧急订单,亲自向消费者推销产品或服务,亲自装车、送货,亲自跑银行、办理税务事宜,亲自制订工作计划和激励方案,亲自策划新产品销售策略,甚至亲自面对经销商的欺骗和消费者的当面训斥。但也正因为如此,创业者会对企业的经营状态和经营过程有全方位的了解,在业务上也才能越来越精通。此时,创业者的个人能力和人格魅力是激发员工主动性和创造性的利器,企业的运行和秩序维护主要靠创业者自身的特质,企业管理呈现出典型的"人治"模式。因此,创业者应不断强化自身的业务能力、领导魅力和管理能力,尽早形成创业团队的目标共识,建立顺畅的内部沟通机制和协调机制,为企业可持续发展打好制度基础。

四、新企业成长的驱动因素

创业企业要在日后获得快速成长,就需要在初创期充分了解影响企业快速成长的因素,事先做好准备。一般来说,影响新企业成长的因素既有内部因素,也有外部因素。

1. 影响新企业成长的内部因素

影响新企业成长的内部因素包括创业者的特质和能力、创业团队的愿景和股权设计、创业资源的配置与积累。

1)创业者的特质和能力

创业者的高成长欲望、永不服输的工作激情、勇于挑战的特质等都会驱动企业快速成长。高成长的欲望会使创业者在企业有盈利时,将大部分的利润留存,为企业发展提供持续的资金支持;永不服输的工作激情,则会使创业者在遇到困难时,想方设法去解决,从而不至于半途而废,可以使企业不断前进;勇于挑战的特质则会使创业者在企业面临的外部环境发生变化时,进行积极主动的应对,从关注机会的角度采取行动,使企业走向正确轨道。

创业者识别和把握机会的能力、管理能力和配置资源的能力,会帮助其更好辨别发展的方向,管理发展过程中出现的新情况,将资源从效率低的领域转到效率高的领域之中,产生更多的经济效益,让企业具有创新优势,赢得快速成长的机会。

幸运的是,创业者特质可以通过自我管理和训练获得。所以,有志于成为创业者的人可以尽早参加训练,进行自我管理,培养自己的企业家特质;同时通过学习和实践,掌握和提高创业能力。

2)创业团队的愿景和股权设置

愿景是对企业前景和发展方向的一种高度概括,反映了企业的价值观和渴望。当一个团队拥有共同的愿景时,团队内部的所有人才能得到有效的培育与鼓舞,团队成员的个人潜能才会被彻底激发,企业才能够在日后得以快速成长。因此,创业者应调动团队的每位成员参与构思制订愿景,并通过制订愿景的过程,使愿景更有价值,从而激发组织的活力,使企业更有竞争力。

合理的股权设置对于一个企业的健康成长和快速发展具有非常重要的意义。合理的股权结构可以充分调动团队成员的积极性和创造性，使其将企业发展和个人的发展同等看待，并在遇到矛盾时能够以团队的利益为重，在利润分配时更加考虑企业长远发展的资金需求，为企业快速成长提供内部资源支持。因此，创业者应设置合理的股权结构和利益分配机制，为企业的快速成长打下制度基础。

此外，创业团队的专业水平和组织方式，也会对企业成长有很大的影响作用。团队成员应努力提高在营销、管理、技术等方面的专业素质和能力水平，建立合适的运作机制和治理结构，提高新企业成长的实践能力，激发团队成员的工作热情。

2014年，芬尼克兹创始人宗毅首创的"裂变式创业"模式引发关注，他在公司内部搞创业大赛，有野心、有能力的员工都可参赛，让高管用钱投票，让获胜员工做新公司股东、做总经理带团队。通过裂变式创业，芬尼克兹在短时间内便孵化出了七家新公司，并且每家都赢利。宗毅这种通过合理的股权设计将员工和高管变成合伙人的裂变式创业方式，不但使企业获得了快速成长，而且也广为商界人士称道。

3）创业资源的配置与积累

科学的资源配置方式能够使资源不断从效益低的领域转到效益高的领域，提升企业的经济效益。企业创办起来之后，就应该适时地从资源获取向资源利用过渡，更好地将筹办期间筹集到的各种资源进行充分合理的利用，通过调整资源的配置方式，使其发挥更好的效益。为此，要求创业者具备较强的创新能力，能够以创新的眼光，从不同角度分析资源，按照最有利企业成长的方式配置资源。

适当的资源积累，则有利于企业从内部筹集发展所需的资源支持，尤其是人力资源和技术资源的积累，一方面会有利于提振团队成员和员工的气势，使其看到未来发展的期望，另一方面则有利于提升企业的核心竞争力，形成外界难以模仿的专业技术。所以，创业者应结合企业的股权设计，制订合理的利润分配机制，在满足团队成员现实利益诉求的同时，适当积累资源。

2. 影响新企业成长的外部因素

影响新企业成长的外部因素则主要是产业和技术发展，以及细分市场的变化。

1）产业和技术发展

产业发展周期会在一定程度上影响创业项目的增长速度。处于成长期的产业会有一个增长红利，使得处于其中的企业可以坐享行业成长的成果，再加上企业自身的增长速度，企业的快速发展自然不出所料；然而，如果项目不幸地选在了一个处于成熟期或者导入期的产业，或者国家不支持甚至调整结构的产业，要获得高速成长就得要求创业者或团队具有非凡的能力。比如，这几年的白酒行业和高档餐饮行业就面临很大的发展瓶颈，文化艺术产业和智能制造领域则是国家未来经济发展的支撑产业。因此，创业之前，一定要研究国家的产业政策，尽量在国家重点支持的行业中选择创业项目，这样不但可以得到相应的税费减免，还会得到更多关键资源，比如资金支持、科研项目支持、基础设施的配套支持等。

技术的发展对于创业企业的成长也非常关键，当创业企业需要的配套技术能够得以快速完善和成熟时，企业的产品或服务的质量就会得以持续提高，也会较容易升级换代，进一步满足消费者需求。相反，如果外部的技术发展缓慢，则可能会使得企业原本不错的产品的推广受到很大局限。如生产世界上第一台平板电脑的宏碁（Acer），早在2002年就推出了

TravelMate C100，但 2002 年的宏碁，还没有 iTune 或 AppStore 这样的软件服务能让平板电脑充满各样的可能性，这么一来对于一般的使用者而言，这样的商品顶多只是附加了手写输入功能的笔记本电脑。2002 年的网络环境，3G 网络服务才刚刚开始萌芽，无线网络有限的频宽让消费者对于移动上网的需求迟迟无法提升。2002 年的科技产业也没有目前的生产技术，而 TravelMate C100 的售价比当时普通的笔记本电脑贵近 50%，是现在 iPad2 的 3 倍多；重量为 1.4 千克，则是 iPad2 的 2.3 倍。所以，在企业自身条件、市场环境、产业环境与消费者的习惯都还来不及跟得上平板电脑这样的概念的时候，商品也就只能消逝在历史当中了。

2）细分市场的变化

当细分市场向着有利于企业的方向发展时，企业就可以借助外力取得成长，市场的发展速度越快，越有利于企业的高速成长。如 20 世纪 90 年代末，中国茶饮料市场井喷式的发展，使旭日升集团茶饮料的销量快速从 1995 年的 5 000 万元，上升到 1996 年的 5 亿元，进而上升到 1998 年的 30 亿元。当然，市场快速发展也会带来强大竞争对手的进入，随着康师傅、统一等品牌大举进入茶饮料市场，旭日升集团未能避免被并购的命运。因此，即便是市场快速发展的时候，创业者也要做好充分的应对竞争的准备。

产业、技术的发展，细分市场的变化等外部影响因素，创业者是无法进行控制的，但是，却可以进行预测，并且按照未来估计的变化方向做出相应的应对策略，一方面享受外部环境带来的有利变化，另一方面尽力克服不利的外部环境带给企业的冲击。

第三节　创业团队的股权设计

股权设计是指如何将适当的股权分配给合适的创业者的安排和规划。股权分配，又称所有权分配。科学合理地分配股权，建立利益分配机制，实现利益共享，是维护创业团队长期稳定的重要举措。通过分配股份，把成员的利益同团队的利益联系起来，以此激发各个成员的能动性，促使团队成员为团队的长期利益考虑，从而使每个成员的利益长期化，同时也避免和减少了不必要的矛盾。

组建创业团队，最核心的还是利益分配。如何合理地分配股权是一个非常重要且需认真思考的问题。若给其中一位创业者较低的股份，则其能动性就无法完全发挥，影响到其全身心投身创业的过程；如给予股权太高，则其犯错误的成本就会很大，可能面临创业公司无法承担的风险。

从所有权的角度来说，股权意味着对企业财产的拥有量。公司法规定，按出资的比例分配股权，按出资比例行使表决权，在股东大会上表决，实行一票一股。这里所说的出资不仅包含货币出资，还包含实物、知识产权、土地使用权等可以用货币估价并可以依法转让的非货币财产估价的出资。在股东大会上，所有权、表决权、分红权是 1∶1∶1 的关系。股份大小代表你在公司中说话的分量，也代表着股东的分红量。在通常情况下，所有权和表决权是统一的。有些问题的决策是董事会的职权范围，在董事会进行表决时，不需要提交股东大会，实行一人一票制。小型创业团队，可以采用灵活的股权计划。有时在特殊情况下可以将所有权和表决权相分离。

每个公司的情况都不同，创始人股权分配并不存在最优方案，没有标准答案。但是，这其中有一个隐形标准：当股权分配完毕尘埃落定时，每个联合创始人都对这个分配方案满意。

马化腾创立腾讯之初，就和4个伙伴约定清楚：各展所长、各管一摊。虽然马化腾提供了主要资金，但为了避免日后出现垄断与独裁的局面，他自愿把所占股份降到一半以下。如此设计，使创业团队能在维持张力的同时保持和谐。创业团队中没有人能够独断，从而保证了意见不合与讨论沟通的空间。直到现在，腾讯创业团队的5个伙伴仍不离不弃。

【案例】

火锅店三剑客分股权的启示

A是个厨子，拥有独家祖传秘方，让人吃了一次想第二次，念念不忘。

B富有而且熟悉各种工商流程，愿意提供大部分的启动资金和负责初期的开店注册手续。

C是个年轻IT小伙子，觉得目前移动互联台风刮得呼呼的，想用互联网思维来为餐饮业创造更可观的利润。他有IT技术，会做微信平台开发，也提出了一个全新的商业模式。

三个人都没有什么运营餐饮行业的经验和经历，但决定开店后共同经营管理。三人针对股权分配的问题展开讨论。

A说："开餐饮没什么壁垒，人人都能做，但味道好坏是吸引顾客的第一要素，所以厨师的手艺是很重要的。"B和C都同意。

B说："没错，厨师的手艺是很重要，不过光有手艺也不能把我们的事业做起来。开店需要一大笔启动资金，再说咱一起做这事不也是为了赚钱回来么，所以一开始的资金投入也是非常重要的。"A和C表示没有异议。

C说："光满足以上两点可能只是小打小闹，既累也赚不到大钱，我提出的这套商业模式结合好的推广，一定能帮我们增加很多营业收入！"

A和B琢磨了下，觉得这个新模式因为谁都没有去验证过，风险很大，运营方面C也没有特别多的经验，于是跟C说："这样好了，我们暂时认可如果能按你预想的那样，我们可以得到更多的营收。但这事也没个准，等我们做起来之后，发现你的方法确实有效果、带来了额外的营收和利润，再给你兑现这部分股权，你这部分贡献是预期的，所以相应部分现在你先拿期权好了。"C是个通情达理的人，觉得于情于理这样做都会比较合适。

于是经过一番友好的商讨之后，他们集合餐饮这个行业的实际情况，把100%的权重分为手艺25%，合伙人出资55%，商业模式和运营20%三个部分。然后A、B、C三人各自对这三项进行打分，以0～5分为标准，表7-2所示为他们的最后商讨结果。

表7-2 股权权重统计表

	A	B	C
手艺25%	5	0	1
出资55%	2	5	1
运营20%	1	2	5
总股权	37.1%	39.4%	23.5%

接下来他们还约定了与权力相对应的职责和义务。

对应股权相应的责任约定为：A 主要负责调料制作和烹制，需要 C 帮着打打下手；而在出资上，A、B、C 达成了 2∶5∶1 的承诺；运营上，A 会偶尔帮着搭把手，因为 A 主要是做菜，B 也会费点心来操作运营，C 主要负责运营并且承诺一年以后自己提出的模式能初见成效，而且大概约定了一个营业额，未达到目标则酌情稀释相应部分股权，同时他提出 A 也要保证自己的手艺确实能得到顾客的认可，可以招揽很多回头客才好兑现相应部分股权。

最后他们细化了每个人的权益和责任，并提出了可考量的指标，以三个月、六个月和一年为期限，逐步兑现相应的股东权益。最终三个小伙伴在愉快而友好的氛围下完成股权和责任的分割，此后勠力同心，共同为事业抛头颅洒热血，数年后他们在江湖上成了赫赫有名的火锅三剑客。

【案例启示】

可操作的分股流程如下：

（1）对贡献元素进行分类，比如资金、运营、技术、资源等，然后根据团队的情况，确定每个类别的权重。

（2）所有成员梳理自己已做出的贡献和未来可能做出的贡献，列出来放入相应大类，然后给予每个贡献元素相应的权重比例。

（3）接下来对照着每个贡献元素小项逐项给每个人打分，以 0～5 分为标准，建议把已经落实的贡献项目用蓝色标记，承诺可以做出的贡献项目用红色标记。

（4）加权统计每个人的股权。

（5）量化那些承诺要做出的贡献，约定个期限来考察，起草并签订书面协议。

（6）在约定期到的时候检查承诺，并对股权进行微调，或分配或进入期权池。

根据上述案例分析，创业团队的股权设计需要重点关注以下问题：

1. 有可信可靠的创业团队领导

企业的股权架构设计，核心是创业团队领导的股权设计。创业团队领导不清晰，企业股权就没法分配。新创企业，要么一开始就有清晰明确的创业团队领导，要么通过磨合产生出一个团队领导。很多公司的股权战争，缘于创业团队领导的不清晰。

企业有清晰明确的团队领导，并不是代表着领导专制。苹果、微软、Google、BAT、小米等企业，都有清晰明确的团队领导。团队领导不控股时，这些企业都通过 AB 股计划、事业合伙人制等确保团队领导对公司的控制力。创业团队的决策机制，可以民主协商，但意见有分歧时必须集中决策，通过团队领导一锤定音。

2. 股份杜绝平均和拖延分配

创业团队的股权分配绝对不能搞平均主义。很多时候，创始人不愿意谈论股权分配问题，这个话题不容易启齿，所以他们要么完全回避这个问题，要么只是说一些模棱两可的约定。创始人普遍会犯的错误是：没有在第一天就把股份的分配问题谈清楚，并写下来。股权的分配等得越久，就越难谈。随着时间的推移，每个人都会觉得自己是项目成功必不可少的功臣，关于股权分配的讨论就会变得越来越难以进行。因此，应尽早进行股权分配的讨论并达成共识。

3. 股份绑定，分期兑现

仅仅达成股份比例的共识还不够。如果一个创始人拿了很多股份，但后来做事不给力怎么办？如果有人中途离开公司，股份如何处置？在美国，初创企业一般对创始股东的股票都有关于股权绑定（Vesting）的机制设置，公司股权按照创始人在公司工作的年数或月数逐步兑现。任何创始股东都必须在公司做够起码1年才可持有股份（包括创始人）。好的股份绑定计划一般按4~5年期执行，例如4年期股份绑定，第一年给25%，然后接下来每年兑现25%。"股权绑定"可以有效平衡合伙人之间可能出现的股份分配不公平情况。

4. 遵守契约精神

股权分配中最核心的原则是"契约精神"。对创业团队的所有成员而言，股权比例一旦确定，也就意味着利益分配机制的确定，除去后期的调整机制不说，接下来干活的时候，每个人的努力和贡献其实和这个比例没有太大关系，在"契约精神"的约束下，尽自己的最大努力是对创业团队成员的基本要求。事实上，对于所有早期创业者而言，尤为需要明晰一个显而易见的道理：一旦创业获得成功，即使1%的股份也将获得优厚的回报；创业失败，就是占有100%的股份也分文不值。

第四节　开办新企业

开办并且成功运营一家企业，需要遵循相关法律法规的规定，并且应坚守社会道德，履行社会责任。因此，创业初期，创业者需要有强烈的法律意识，熟悉相关的法律法规，了解应该履行的社会责任，做一个守法履责的公民。

一、企业组织形式选择

企业组织形式是指企业财产及其社会化大生产的组织状态，它表明一个企业的财产构成、内部分工协作与外部社会经济联系的方式。根据市场经济的要求，现代企业的组织形式按照财产的组织形式和所承担的法律责任通常分类为：独资企业、合伙企业和公司制企业。

1. 个人独资企业

个人独资企业，是指依照《个人独资企业法》的规定，在中国境内设立，由一个自然人投资，财产为投资人个人所有，投资人以其个人财产对企业债务承担无限责任的经营实体。个人独资企业从事经营活动必须遵守法律、行政法规，遵守诚实信用原则，不得损害社会公共利益。

1）个人独资企业的设立条件

设立个人独资企业应当具备下列条件：投资人为一个自然人；有合法的企业名称；有投资人申报的出资；有固定的生产经营场所和必要的生产经营条件；有必要的从业人员。

2）个人独资企业的法律责任

个人独资企业清算时财产不足以清偿债务的，投资人应当以其个人的其他财产予以清偿。个人独资企业投资人在申请企业设立登记时明确以其家庭共有财产作为个人出资的，应当依法以家庭共有财产对企业债务承担无限责任。

投资人申请设立登记，应向登记机关提交下列文件：投资人签署的个人独资企业设立申请书；投资人身份证明；企业住所证明；国家工商行政管理总局规定提交的其他文件；从事法律、行政法规规定须报经有关部门审批的业务的，应当提交有关部门的批准文件。委托代理人申请设立登记的,应当提交投资人的委托书和代理人的身份证明或者资格证明。

2. 合伙企业

合伙企业,是指自然人、法人和其他组织依照《中华人民共和国合伙企业法》的规定,在中国境内设立的普通合伙企业和有限合伙企业。合伙企业及其合伙人必须遵守法律、行政法规,遵守社会公德、商业道德,承担社会责任。

1)合伙企业的种类

(1)普通合伙企业。普通合伙企业是由普通合伙人组成的合伙企业。

(2)特殊的普通合伙企业。以专业知识和专门技能为客户提供有偿服务的专业服务机构,可以设立为特殊的普通合伙企业。

(3)有限合伙企业。有限合伙企业是由普通合伙人和有限合伙人组成的合伙企业。国有独资公司、国有企业、上市公司以及公益性的事业单位、社会团体不得成为普通合伙人。

2)合伙企业的设立条件

设立合伙企业,应当具备下列条件:有两个以上合伙人。合伙人为自然人的,应当具有完全民事行为能力;有书面合伙协议;有合伙人认缴或者实际缴付的出资;有合伙企业的名称和生产经营场所;法律、行政法规规定的其他条件。有限合伙企业由二个以上五十个以下合伙人设立;但是,法律另有规定的除外。有限合伙企业至少应当有一个普通合伙人。

合伙人可以用货币、实物、知识产权、土地使用权或者其他财产权利出资,也可以用劳务出资。合伙人以实物、知识产权、土地使用权或者其他财产权利出资,需要评估作价的,可以由全体合伙人协商确定,也可以由全体合伙人委托法定评估机构评估。合伙人以劳务出资的,其评估办法由全体合伙人协商确定,并在合伙协议中载明。合伙人应当按照合伙协议约定的出资方式、数额和缴付期限,履行出资义务。以非货币财产出资的,依照法律、行政法规的规定,需要办理财产权转移手续的,应当依法办理。

3)合伙企业的法律责任

普通合伙企业的合伙人对合伙企业债务承担无限连带责任。

特殊的普通合伙企业的一个合伙人或者数个合伙人在执业活动中因故意或者重大过失造成合伙企业债务的,应当承担无限责任或者无限连带责任,其他合伙人以其在合伙企业中的财产份额为限承担责任。合伙人在执业活动中非因故意或者重大过失造成的合伙企业债务以及合伙企业的其他债务,由全体合伙人承担无限连带责任。

有限合伙企业的普通合伙人对合伙企业债务承担无限连带责任,有限合伙人以其认缴的出资额为限对合伙企业债务承担责任。

3. 公司制企业

公司制企业是指依照《中华人民共和国公司法》(以下简称《公司法》)的规定在中国境内设立的有限责任公司和股份有限公司。公司是企业法人,有独立的法人财产,享有法人财产权。公司从事经营活动,必须遵守法律、行政法规,遵守社会公德、商业道德,诚实守信,接受政府和社会公众的监督,承担社会责任。公司的合法权益受法律保护,不受侵犯。

1)公司制企业的种类

(1)有限责任公司。有限责任公司是指由一定人数的股东组成的、股东以其认缴的出资额为限对公司承担责任,公司只以其全部资产对公司债务承担责任的公司。

（2）一人有限责任公司。一人有限责任公司，是指只有一个自然人股东或者一个法人股东的有限责任公司。一个自然人只能投资设立一个一人有限责任公司。该一人有限责任公司不能投资设立新的一人有限责任公司。

（3）股份有限公司。股份有限公司是指由一定人数以上的股东组成，公司全部资本分为等额股份、股东以其所认购股份为限对公司承担责任、公司以其全部资产对公司债务承担责任的公司。

2）公司制企业的设立条件

有限责任公司和股份有限公司在设立时应分别具备以下条件。

（1）设立有限责任公司应当具备的条件。

①股东符合法定人数。根据我国《公司法》第24条规定：有限责任公司由五十个以下股东出资设立。

②有符合公司章程规定的全体股东认缴的出资额。有限责任公司的注册资本为在公司登记机关登记的全体股东认缴的出资额。法律、行政法规以及国务院决定对有限责任公司注册资本实缴、注册资本最低限额另有规定的，从其规定。股东可以用货币出资，也可以用实物、知识产权、土地使用权等可以用货币估价并可以依法转让的非货币财产作价出资；但是，法律、行政法规规定不得作为出资的财产除外。对作为出资的非货币财产应当评估作价，核实财产，不得高估或者低估作价。法律、行政法规对评估作价有规定的，从其规定。

③股东共同制订公司章程。有限责任公司章程应当载明下列事项：公司名称和住所；公司经营范围；公司注册资本；股东的姓名或者名称；股东的出资方式、出资额和出资时间；公司的机构及其产生办法、职权、议事规则；公司法定代表人；股东会会议认为需要规定的其他事项。股东应当在公司章程上签名、盖章。

④有公司名称，建立符合有限责任公司要求的组织机构。

⑤有公司住所。

一人有限责任公司应当在公司登记中注明自然人独资或者法人独资，并在公司营业执照中载明。

（2）设立股份有限公司应当具备的条件。

①发起人符合法定人数。设立股份有限公司，应当有二人以上二百人以下为发起人，其中需有半数以上的发起人在中国境内有住所。发起人承担公司筹办事务，应当签订发起人协议，明确各自在公司设立过程中的权利和义务。

②有符合公司章程规定的全体发起人认购的股本总额或者募集的实收股本总额。股份有限公司采取发起设立方式设立的，注册资本为在公司登记机关登记的全体发起人认购的股本总额。在发起人认购的股份缴足前，不得向他人募集股份；股份有限公司采取募集方式设立的，注册资本为在公司登记机关登记的实收股本总额。法律、行政法规以及国务院决定对股份有限公司注册资本实缴、注册资本最低限额另有规定的，从其规定。

③股份发行、筹办事项符合法律规定。

④发起人制订公司章程，采用募集方式设立的需经创立大会通过。公司章程应当载明下列事项：公司名称和住所；公司经营范围；公司设立方式；公司股份总数、每股金额和注册资本；发起人的姓名或者名称、认购的股份数、出资方式和出资时间；董事会的组成、职权

和议事规则；公司法定代表人；监事会的组成、职权和议事规则；公司利润分配办法；公司的解散事由与清算办法；公司的通知和公告办法；股东大会会议认为需要规定的其他事项。

⑤有公司名称，建立符合股份有限公司要求的组织机构。

⑥有公司住所。

（3）公司制企业的法律责任。

①公司以其全部财产对自己的债务承担责任。

②有限责任公司的股东以其认缴的出资额为限对公司承担责任。一人有限责任公司的股东不能证明公司财产独立于股东自己的财产的，应当对公司债务承担连带责任。

③股份有限公司的股东以其认购的股份为限对公司承担责任。

4. 不同企业组织形式的比较

个人独资企业、合伙企业和公司制企业各有优缺点，创业者应事先予以了解，以便根据实际情况选择最合适的组织形式。

不同企业组织形式的典型特征如表7-3所示。

表7-3 不同企业组织形式的典型特征

项目	公司	合伙企业	个人独资企业
法律基础	公司章程	合伙协议	无章程或协议
责任形式	有限责任	无限连带责任	无限责任
投资者	无特别要求，法人、自然人皆可	完全民事行为能力的自然人，法律、行政法规规定禁止从事营利性活动的人除外	完全民事行为能力的自然人，法律、行政法规禁止从事营利性活动的人除外
注册资本	认缴制	协议约定	投资者申报
出资	货币、实物、工业产权、非专利技术、土地使用权	货币、实物、土地使用权、知识产权或者其他财产权利、劳务	投资者申报
所得税义务	企业所得税/个人所得税	个人所得税	个人所得税
出资评估	必须委托评估机构	可协商确定或评估	投资者决定
解散后义务	无	5年内承担责任	5年内承担责任

由表可以看出，个人独资企业的投资者需要就企业债务承担无限责任，合伙企业的普通合伙人需要就企业债务承担无限连带责任，公司制企业的投资者则只需要承担有限责任；但是，个人独资企业和合伙企业的投资者只须按照《中华人民共和国个人所得税法》的规定就其在生产经营中的所得缴纳个人所得税，公司制企业的投资者除了要按照《中华人民共和国企业所得税法》的规定就公司的生产经营所得缴纳企业所得税外，还需要就其分得的利润缴纳个人所得税。

【案例】

做一个现代农民老板

杨万里，温州科技职业学院 2008 级食品检测专业的毕业生，温州市金标润园艺有限公司董事长。

来自宁波的杨万里，是家中的独子，父母已早早地帮他找了份体面的工作。然而，杨万里并未如他父母所愿，而是选择了留在温州创业，2016 年 4 月，他将经营了两年的绿庭农林盆景店，升级成了温州市金标润园艺有限公司，并成功入驻大学科技园孵化器。

在学院推出的第二批专业导师带队的创业项目中，杨万里成了绿庭农林盆景店的负责人，主要培植无土种植水果蔬菜和花卉。"刚创业时，大家兴致都很高，省吃俭用，再加上家里资助一点，每人凑齐了 3 000 元用来引种、买材料。白天上课，晚上就窝在创业园，研究无土栽培的品种，萝卜、草莓、番茄甚至白菜，都拿来试过，还真把书上的知识，变成了手中的产品。"杨万里说，记得当时为了把产品推销出去，四个合伙人拿着盆栽土豆和盆栽白菜在新桥镇上摆起了地摊。这些既能观赏，又能食用的盆栽蔬菜出现时，引来很多人驻足观看。但一听到一棵白菜需要 80 元时，他们扭头就走。

第一次的市场推销一分钱没赚到，杨万里团队里的两名成员灰心了，退出团队。杨万里并未就此停下创业脚步，他将目光转向了水培花卉。

"有技术，就有好产品，有好产品，就有市场。"杨万里一头埋进了图书馆和试验园，龟背竹、发财树、芦荟、仙人球、君子兰，甚至是红豆杉，一个个原先土培的花卉植物被驯化成了水培。

"水培植物因其更具观赏性，颇受白领阶层喜欢，因此市场需求空间很大。但目前市场上很多假水培，直接将土培植物挖出泥土后，就放到水里，这种植物的成活率就很低，但是，经我们驯化成功的水培植物，在质量上绝对有保证。"杨万里说，而且我们还针对发财树不好过冬的习性，推出了特别服务，对买有发财树的客户，等到天气转凉时我们会送上耐寒的水培植物替换，将发财树接回恒温的大棚培育，待到春天时，再将发财树物归原主。如此细心的服务，让绿庭口碑迅速建立，迎来了不少回头客。2015 年，偏居科职院创业园一隅的绿庭盆景店就做到 18 万元的营业额。

"现在我还只能算是踏上了创业的半步，今后能不能成功，还是个未知数，但我很明白，我想要朝着创业这个方向去努力！"杨万里说。

请思考：
(1) 杨万里在刚开始创业时采用了什么企业组织形式？
(2) 杨万里为何后来将企业组织形式改为了有限责任公司？

二、大学生创业的市场主体类型

大学生自主创业可以采用的市场主体类型有：个体工商户、个人独资企业、合伙企业、农民专业合作社、有限责任公司等。创办不同类型的市场主体，需要准备的材料不同。

1. 个体工商户

有经营能力的公民，依照《个体工商户条例》规定经工商行政管理部门登记，从事工商业经营的，为个体工商户。个体工商户可以个人经营，也可以家庭经营。个体工商户的合法权益受法律保护，任何单位和个人不得侵害。

申请登记为个体工商户，应当向经营场所所在地登记机关申请注册登记。申请人应当提交登记申请书、身份证明和经营场所证明。个体工商户登记事项包括经营者姓名和住所、组成形式、经营范围、经营场所。个体工商户使用名称的，名称作为登记事项。

申请成为个体工商户，创业者需要按照《个体工商户条例（2014年修订）》的规定准备相应材料，由申请人或者委托的代理人直接到经营场所所在地登记机关或其下属工商所提出登记申请，经由登记机构审核通过之后申领营业执照。

2. 个人独资企业

个人独资企业的登记事项应当包括企业名称、企业住所、投资人姓名和居所、出资额和出资方式、经营范围。个人独资企业的名称应当符合名称登记管理有关规定，并与其责任形式及从事的营业相符合。

申请成为个人独资企业，需要按照《个人独资企业登记管理办法（2014年修订）》的规定准备相应申报材料，由投资人或者其委托的代理人向个人独资企业所在地登记机关申请设立登记，在经过登记机构审批核准后取得营业执照。

3. 合伙企业

合伙企业的登记事项应当包括名称、主要经营场所、执行事务合伙人、经营范围、合伙企业类型、合伙人姓名或者名称及住所、承担责任方式、认缴或者实际缴付的出资数额、缴付期限、出资方式和评估方式。合伙协议约定合伙期限的，登记事项还应当包括合伙期限。执行事务合伙人是法人或者其他组织的，登记事项还应当包括法人或者其他组织委派的代表（以下简称委派代表）。

申请成为合伙企业，应该根据《中华人民共和国合伙企业登记管理办法（2014年修订）》的规定，由全体合伙人指定的代表或者共同委托的代理人向企业登记机关申请设立登记，并经由企业登记机关核准后取得营业执照。

4. 农民专业合作社

农民专业合作社是在农村家庭承包经营的基础上，同类农产品的生产经营者或者同类农业生产经营服务的提供者、利用者，自愿联合、民主管理的互助性经济组织。农民专业合作社依照《中华人民共和国农民专业合作社法》（以下简称《农民专业合作社法》）登记，取得法人资格。农民专业合作社成员以其账户内记载的出资额和公积金份额为限对农民专业合作社承担责任。

工商行政管理部门是农民专业合作社登记机关。国务院工商行政管理部门负责全国的农民专业合作社登记管理工作。农民专业合作社由所在地的县（市）、区工商行政管理部门登记。国务院工商行政管理部门可以对规模较大或者跨地区的农民专业合作社的登记管辖做出特别规定。

农民专业合作社成员可以用货币出资，也可以用实物、知识产权等能够用货币估价并可以依法转让的非货币财产作价出资。成员以非货币财产出资的，由全体成员评估作价。成员不得以劳务、信用、自然人姓名、商誉、特许经营权或者设定担保的财产等作价出资。

设立农民专业合作社，应当具备下列条件：有五名以上符合《农民专业合作社法》第十四条、第十五条规定的成员；有符合《农民专业合作社法》规定的章程；有符合《农民专业合作社法》规定的组织机构；有符合法律、行政法规规定的名称和章程确定的住所；有符合章程规定的成员出资。

农民专业合作社的登记事项应当包括名称、住所、成员出资总额、业务范围、法定代表人姓名。

申请成为农民专业合作社，需要按照《农民专业合作社法》的相应规定准备材料，由全体设立人指定的代表或者委托的代理人向登记机关申请设立登记；经登记机构登记之后取得营业执照。

《农民专业合作社法》第十四条：具有民事行为能力的公民，以及从事与农民专业合作社业务直接有关的生产经营活动的企业、事业单位或者社会团体，能够利用农民专业合作社提供的服务，承认并遵守农民专业合作社章程，履行章程规定的入社手续的，可以成为农民专业合作社的成员。但是，具有管理公共事务职能的单位不得加入农民专业合作社。农民专业合作社应当置备成员名册，并报登记机关。第十五条：农民专业合作社的成员中，农民至少应当占成员总数的百分之八十。成员总数二十人以下的，可以有一个企业、事业单位或者社会团体成员；成员总数超过二十人的，企业、事业单位和社会团体成员不得超过成员总数的百分之五。

5. 有限责任公司

申请成为有限责任公司，需要按照《中华人民共和国公司登记管理条例（2014年修订）》和《中华人民共和国企业法人登记管理条例施行细则（2014年修订）》的规定准备相应材料，对于法律、行政法规或者国务院决定规定设立有限责任公司必须报经批准的，还应当提交批准文件；然后由全体股东指定的代表或者共同委托的代理人向公司登记机关申请设立登记；最后由登记机关视情况做出是否受理的决定，对决定予以受理的登记申请，在规定的期限内做出是否准予登记的决定，对予以登记的申请在规定的时间内发放营业执照。

三、新企业注册流程

根据法律规定，企业开办之初需要经过工商行政管理部门核准登记，获得正式颁发的营业执照以及有关部门的经营许可，取得合法身份。为此，就需要进行名称核准、进行前置审批、编写注册文件、刻章并且开立银行账户。

从2015年10月1日起，全国范围内开始全面实行"三证合一"的登记制度。"三证合一"的登记制度是指将企业登记时依次申请的，分别由工商部门核发的营业执照、质监部门核发的组织机构代码证、税务部门核发的税务登记证，改为一次申请，由工商部门核发一个加载统一社会信用代码的营业执照，即"一照一码"营业执照。这样大大简化了新企业的注册流程。2016年5月18日，国务院常务会议决定全面实施"五证合一、一照一码"的制度，将社会保险和统计登记证整合在内，进一步降低了创业准入的制度性成本。

企业注册流程如图7-3所示。

值得一提的是，2013年修订的《公司法》取消了原来的一般性验资要求，但仍然规定以募集方式设立的股份有限公司的注册资本应当经过验资机构验资。

下面就注册登记流程中需要注意的事项进行说明。

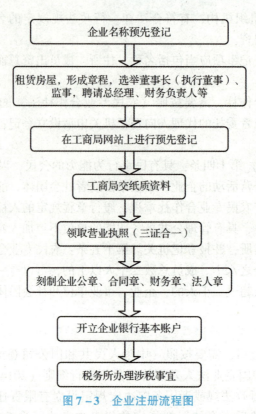

图 7-3 企业注册流程图

1. 新企业名称的规定

（1）企业名称由行政区划、字号、行业、组织形式依次组成，如北京安平融信会计服务有限责任公司。

（2）个人独资企业的名称应当符合名称登记管理有关规定，并与其责任形式及从事的营业相符合。个人独资企业的名称中不得使用"有限""有限责任"或者"公司"字样。

（3）合伙企业名称中的组织形式后应当标明"普通合伙""特殊普通合伙"或者"有限合伙"字样，并符合国家有关企业名称登记管理的规定。

（4）有限责任公司，必须在公司名称中标明"有限责任公司"或者"有限公司"字样。股份有限公司，必须在公司名称中标明"股份有限公司"或者"股份公司"字样。

（5）农民专业合作社的名称应当含有"专业合作社"字样，并符合国家有关企业名称登记管理的规定。

2. 前置审批事项

有些企业在办理营业执照前还需要先取得特定部门办理的许可证，办理前置审批事宜。尽管 2014 年以来，国务院分三批审议决定将一些工商登记前置审批事项调整或明确为后置审批，但仍有一些企业需要办理前置审批事项。例如，设立烟草专卖批发企业需要事先拿到国家烟草专卖局或省级烟草专卖行政主管部门核发的许可证；经营快递业务的企业，在申领营业执照前需要先得到国家邮政局或省级邮政管理机构颁发的经营许可等。关于前置审批的相关规定可参照《工商总局关于严格落实先照后证改革，严格执行工商登记前置审批事项的通知》。

3. 编写相关的注册文件

在企业名称核准之后，申请人还应当按照企业登记法律、行政法规和国家工商行政管理总局规章的规定提交有关材料，如合伙协议、公司章程等。

1）合伙协议的编写

合伙协议依法由全体合伙人协商一致、以书面形式订立。订立合伙协议、设立合伙企业，应当遵循自愿、平等、公平、诚实信用原则。

合伙协议应当载明下列事项：合伙企业的名称和主要经营场所的地点；合伙目的和合伙经营范围；合伙人的姓名或者名称、住所；合伙人的出资方式、数额和缴付期限；利润分配、亏损分担方式；合伙事务的执行；入伙与退伙；争议解决办法；合伙企业的解散与清算；违约责任。

合伙协议经全体合伙人签名、盖章后生效。合伙人按照合伙协议享有权利，履行义务。修改或者补充合伙协议，应当经全体合伙人一致同意；但是，合伙协议另有约定的除外。合伙协议未约定或者约定不明确的事项，由合伙人协商决定；协商不成的，依照本法和其他有关法律、行政法规的规定处理。

有限合伙企业的合伙协议，除以上内容外，还应当载明下列事项：普通合伙人和有限合伙人的姓名或者名称、住所；执行事务合伙人应具备的条件和选择程序；执行事务合伙人的权限与违约处理办法；执行事务合伙人的除名条件和更换程序；有限合伙人入伙、退伙的条件、程序以及相关责任；有限合伙人和普通合伙人相互转变程序。有限合伙人可以用货币、实物、知识产权、土地使用权或者其他财产权利作价出资。有限合伙人不得以劳务出资。

2）公司章程的编写

有限责任公司章程应当载明下列事项：公司名称和住所；公司经营范围；公司注册资本；股东的姓名或者名称；股东的出资方式、出资额和出资时间；公司的机构及其产生办法、职权、议事规则；公司法定代表人；股东会会议认为需要规定的其他事项。股东应当在公司章程上签名、盖章。

一人有限责任公司应当在公司登记中注明自然人独资或者法人独资，并在公司营业执照中载明。一人有限责任公司章程由股东制订。

4. 确定企业住所

新企业要开展生产经营活动，必须拥有固定的经营场所。这个活动场所在法律上称为住所或经营场所。公司的住所是公司主要办事机构所在地。经公司登记机关登记的公司的住所只能有一个。公司的住所应当在其公司登记机关辖区内。经营场所是市场主体从事经营活动的场所，是执照登记的备案事项。在通常的情况下，企业的住所和经营场所是在同一地址的。

按照《国务院关于印发注册资本登记制度改革方案的通知》，简化住所（经营场所）登记手续。申请人提交场所合法使用证明即可予以登记。2015年4月21日的国务院常务会议，部署了进一步促进就业、鼓励创业，决定放宽新注册企业场所登记条件限制，推动"一址多照"、集群注册等改革，鼓励地方盘活闲置厂房等提供低成本创业场所的工作。

5. 刻章

新企业领取营业执照后，创业者需到所在地公安局特行科办理新企业印章，并向特行科提供相关文件，包括营业执照、法定代表人身份证明等。公安局审批后到指定的印章刻制单位刻制新企业印章。公司用章包括公章、财务章、法人章、全体股东章、公司名称章等。

需要说明的是，企业的印章、企业牌匾、企业银行账户、企业信笺所使用的名称应与新企业在工商行政管理机关登记注册的名称相一致。

6. 开立账户

新创办企业需设立基本账户,企业可根据自己的具体情况选择开户银行。银行开户应提供的材料包括营业执照正本、组织机构代码证正本、公司公章/法人章/财务专用章、法人身份证、国地税务登记证正本等。

四、注册企业必须考虑的法律与伦理问题

注册企业必须了解和遵守国家有关的法律法规。与创办企业有关的法律主要包括知识产权法、劳动合同法、合同法、税法等。同时,注册企业还应注意伦理问题,包括创业者与原雇主之间、创业团队成员之间、创业者和其他利益相关者之间的伦理问题等。

1. 注册企业必须考虑的法律问题

创业企业无论在注册成立阶段还是在后续的经营过程中,均需要遵循相关的法律法规,守法经营。

1)创办阶段需要考虑的法律问题

创办阶段需要考虑的法律问题包括企业法律形式的选择、会计和税收事务、知识产权保护、合同相关法律等。

注册时需要考虑的法律形式已经在本节的前两个问题中进行了详细的阐述,此处不再赘述。

企业注册完成之后要按照法律规定办理相应的会计和税收事务。因此,创业者需要了解《中华人民共和国会计法》《企业会计准则》《小企业会计准则》等法律法规,自行建立会计制度、进行会计核算,也可以委托记账公司等专业机构办理会计事务。创业企业还需要建立健全税收记录,依法纳税;也可以委托外部专门的记账公司或会计公司代理纳税业务。

创业企业还应按照《中华人民共和国商标法》《中华人民共和国专利法》《中华人民共和国著作权法》等的规定,保护好企业的知识产权,尊重他人的知识产权。

企业创办阶段如果涉及融资租赁业务或者借款业务的,还需要遵循《中华人民共和国合同法》等的规定,保护企业的合法权益。

2)经营阶段需要考虑的法律问题

企业经营过程中会涉及非常多的法律问题,一般来说有产品质量、财务会计、人力资源管理、安全生产、市场竞争等多个方面。创业企业不同阶段的法律问题和业务部门中典型的知识产权问题如表7-4和表7-5所示。

表7-4 创业企业不同阶段的法律问题

创建阶段的法律问题	经营现行业务中的法律问题
确定企业的法律形式	人力资源管理(劳动)法规
设立税收记录	安全法规
进行租赁和融资谈判	质量法规
起草合同	财务和会计法规
申请专利、商标和版权保护	市场竞争法规
	知识产权法

表 7-5　企业各部门中典型的知识产权

部门	典型的知识产权形式	保护方法
营销部门	名称、标语、标识、广告语、广告、手册、非正式出版物、未完成的广告拷贝、顾客名单、潜在顾客名单及类似信息	商标、版权和商业秘密
管理部门	招聘手册、员工手册、招聘人员在选择和聘用候选人时使用的表格和清单、书面的培训材料和企业的时事通讯	版权和商业秘密
财务部门	各类描述企业财务绩效的合同、幻灯片，解释企业如何管理财务的书面材料，员工薪酬记录	版权和商业秘密
管理信息系统	网站设计、互联网域名、公司特有的计算机设备和软件的培训手册、计算机源代码、电子邮件名单	版权、商业秘密和注册互联网域名
研究开发部门	新的和有用的发明和商业流程、现有发明和流程的改进、记录发明日期和不同项目进展计划的实验室备忘录	专利和商业秘密

2. 创办企业必须考虑的伦理问题

在企业创办过程中，还需要考虑伦理问题，主要有创业者与原雇主之间、创业团队之间，以及企业和利益相关者之间的伦理。

1）创业者和原雇主之间

如果是辞职出来创业，创业者需要处理好和原雇主之间的伦理关系，遵循保密协议的规定，最好选择不在完全相同的业务上和原雇主进行竞争，而是在创新的基础上有所突出。这样一方面可以使企业具有独特的竞争优势，也有利于填补市场空缺，更好满足消费者需求。例如，段永平离开中山霸王电子工业公司之后并没有继续做游戏机，而是创办了步步高电子有限公司，生产无绳电话、VCD、教育电子产品等，取得了很好的经济效益。

2）创业者和团队成员之间的伦理

如果是团队创业，核心创业者还应该处理好和其他团队成员之间的伦理，通过建立合理的股权结构、设计科学的激励方案，使创业团队能够团结一心，共同将创业事业进行到底。如从某创业项目的股本结构来看，可以发现初始的股权设计就未充分考虑创业团队之间的伦理，其一是创业团队的股权比例较低，技术加上资金投入只占35%，风险投资却占到65%；其二，股权结构中未阐明各个创始人之间股权比例的分配，既不利于调动团队成员的积极性，也难以对创业团队的不同成员形成激励。

3）创业企业和利益相关者之间的伦理

在和利益相关者之间进行合作时，需要基于互利共赢的原则开展。为此就要做到及时足额偿还相应款项，保证供应商和债权人的利益；生产高质量的产品，满足消费者需求；尽可能为所在社区做一些力所能及的事情，如提供合适的就业岗位、保持环境清洁等；为员工提供好的工作条件和合适的劳动报酬；做守法的好公民和法人，按时纳税、守法经营等。例如，创办美菜网的中科院硕士刘传军，通过建立农业市场的信息流和供应链条，在供给端解决了农民要赶早市卖食材，还要担心由于运输困难、售卖渠道单一、天气原因等而导致的价格压榨以及农作物囤积无法售出的问题，提高了农民的收入；在需求端，通过改变餐馆的采购模式一方面降低了中小餐馆的采购成本,另一方面保证了菜品的质量;在经营上通过招募社会化车辆和司机,让并非美菜网旗下员工的他们持有公司股票的方式来进行激励,使得多方受益,如此很好地解决了利益相关者之间的伦理问题。

> **【案例】**
>
> ### 徐州"90后"大学生卖米线创业成功后不忘回馈社会
>
> 创业仅两年,"90后"大学生刘大白的徐州云香米线店和徐州中正电子科技公司已经获得了超过50万元的营业额。创业成功的她不忘回馈社会,支持大学生创业。
>
> 昨天中午,本网来到位于徐州云龙山北门东50米路南的云香米线店,见到了刘大白。说起创业经历,她还真的有一段不为人知的故事呢。
>
> 2013年,21岁的刘大白从北京理工大学毕业后,曾在徐州一家商贸公司上班。后来,一心想创业的她辞掉工作,以大学生创业的名义,在徐州淮海文化科技产业园大学生创业园申请了两间免费办公室,并注册了徐州中正电子科技有限公司。
>
> 一年下来,她所拥有的两个微信公众号粉丝量均突破了7万。粉丝多了,广告收入也多了,仅此一项,她每月的收入在2万元以上。经过艰苦创业,她掘取了人生第一桶金。成功所带来的喜悦并没有让刘大白感到满足,她开始筹划新的目标。几个月前,她和一个拥有调制米线秘方的朋友合伙,在云龙山北门东50米路南侧,开了家名叫云香的米线店。
>
> 她的米线店除销售卤鸡爪、鸡翅、猪蹄、牛肉,还有徐州人爱吃的把子肉,再加上米线店装修风格新颖、服务热情、干净卫生等方面吸引了大量食客。一传十,十传百……大家都说她家的米线好吃。
>
> 现如今,刘大白在徐州米线行业内已小有名气,不少人想加盟,但都被她婉言拒绝,因为她想将这个机会留给那些想要创业的大学生。
>
> "现在,有的大学生创业时,也将目标'锁'在餐饮这个行业上,但由于加盟费太高等原因,只好打消了这个念头。"刘大白说,凡是打算开米线店的大学生,只要主动找上门来,她都会对其进行技术指导,且不收取任何费用。
>
> 除此之外,为了扶持贫困大学生创业,她还设置了"大学生创业基金",以此来资助贫困大学生创业。为了解决资金问题,她每销售一碗米线,将拿出2块钱存入"大学生创业基金"。
>
> 经过几个月的积攒,基金里已有了3万多元的积蓄。"凡是符合条件的大学生,均可向我公司提出申请。审核通过后,将以现金形式发放资助。整个过程公开、透明,并邀请社会各界知名人士监督。"刘大白说。
>
> 刘大白说,她的上述做法招来了不少闲言碎语,有人说她傻,还有人说她想图个啥。她倒不这样认为,她觉得自己之所以能够成功,离不开政府和社会各界的帮助。"当初我陷入困境的时候,若得不到帮助,很难渡过难关。现在条件好了,理所当然应该回馈社会,我心无旁骛。"
>
> 中国矿业大学教授张如成说,目前,政府对大学生创业扶持力度很大,有利于大学生创业。刘大白创业成功后不忘回馈社会,说明她怀有一颗感恩之心,值得学习。同时,她的创业故事,能够给其他大学生创业者带来一定的启发:用感恩之心坚持走成功之路。
>
> (资料来源:新华网)

【案例思考】
（1）刘大白的米线店是如何赢得大量顾客的？
（2）刘大白的企业在获得社会认同方面做了哪些工作？
（3）案例对你有何启示？

课后习题

一、单项选择题

1. 以下不属于寻找合伙人的主要原因是（　　）。
   A. 资金资源　　　　B. 人际资源　　　　C. 分担风险　　　　D. 同伴
2. 企业管理中需要体现的要素是（　　）。
   A. 职责明晰、薪酬激励、团队文化
   B. 职责明晰、薪酬激励、团队文化、绩效考核
   C. 职责明晰、薪酬激励、团队文化、绩效考核、员工培养
   D. 职责明晰、薪酬激励、团队文化、绩效考核、培训成长
3. 网状创业团队的组织架构形式，优势体现在（　　）。
   A. 有利于沟通和交流较容易达成共识，成员不会轻易离开
   B. 核心成员具有一定威信，既不过度集权，又不过度分散
   C. 决策程序简单，效率较高
   D. 决策效率相对较低，容易形成多头领导的局面
4. 请将以下内容按照人员招聘流程进行排序：①试用评价；②选拔；③录用；④开始招聘；⑤人力资源规划；⑥招聘计划。（　　）
   A. ⑤④⑥②③①　　　　　　　　　　B. ⑤⑥④②③①
   C. ⑥⑤④②③①　　　　　　　　　　D. ④⑤⑥②③①
5. 以下哪个不属于岗位说明书的基本内容？（　　）
   A. 岗位名称　　　　　　　　　　　　B. 所属部门
   C. 岗位职责　　　　　　　　　　　　D. 学历证书要求

二、多项选择题

1. 常见的创业团队组织架构分为（　　）。
   A. 星状创业团队　　　　　　　　　　B. 网状创业团队
   C. 虚拟星状创业团队　　　　　　　　D. 虚拟网状创业团队
2. 我们可以通过哪些形式吸引合伙人？（　　）
   A. 创始人的人格魅力　　　　　　　　B. 事业愿景和梦想
   C. 股权激励　　　　　　　　　　　　D. 赠送股份
3. 寻找合伙人时需要符合以下哪些条件？（　　）
   A. 创业价值观是否统一　　　　　　　B. 可以提供大量创业资金
   C. 人力、时间的投入　　　　　　　　D. 核心技能互补
4. 企业在员工招聘前需要先做哪些工作？（　　）
   A. 岗位说明书　　　B. 定岗　　　C. 定员　　　D. 岗位职责确定

三、判断题

1. 企业需要在不同阶段采取不同的合伙人人才应对策略，初创期就应该使用契约关系更科学的引进职业化的合伙人，并且要有合伙人的退出机制。（   ）

2. 一个创业团队常见的组成人员包括：创始人、投资者、员工。（   ）

3. 星状创业团队也称群体型创业团队，主要由志趣相投的伙伴组成。在创业团队组成时，没有明确的核心人物，大家根据各自的特点进行自发的组织角色定位。企业初期，各位成员基本上扮演的是协作者或者伙伴角色（Partner）。（   ）

四、思考题

1. 什么人适合创业？
2. 创业动机产生的根源有哪些？
3. 如何寻找合伙人？
4. 创业团队与群体的区别有哪些？
5. 试说明创业团队的组建原则。
6. 注册和经营企业需要考虑哪些法律问题？
7. 大学生创业可以采取哪些法律形式？各需要提交什么材料？

五、拓展阅读一

创业团队的股权（股份）应该怎么算？

六、拓展阅读二（优秀创业校友案例）

杭州森武环保科技有限公司总经理——陈金彬

第八章
了解网络创业形式与电商创业机会

❋ 学习目标
- 理解互联网的产生与发展趋势;
- 了解互联网创业的特点;
- 了解互联网创业的类型;
- 了解什么是互联网+创业;
- 了解互联网+创业的主要要素;
- 了解互联网+创业的优势和劣势。

❋ 技能目标
- 理解什么是互联网创业及其分类;
- 通过了解互联网创业,掌握大学生互联网+创业的主要过程。

引例:

2008年4月末,宋雅丹在淘宝网上开设了店铺。而就在一年前,她还是一个时常为生活费焦虑的大学一年级的普通学生。不到一年的时间,浙江女生宋雅丹被罩上了一个迷人的光环。经过一年,她已是一名拥有300多万元流动资金的女大学生。此外,她还要肩负50多个人的生计问题。这一切源于她"生活费不够,想要赚点零花钱"的日常愿望。

她开始的时候试图售卖的产品是自己设计的女装,因为设计有鲜明的个性,引来了不少顾客。她一边设计一边找人加工,最重要的是还在网上推广,她的财富如滚雪球般递增,2009年春节,她注册了自己的工厂。如今她已是一个团队的核心,团队中有助理,还有工人、客服人员以及临时雇用的摄影师。

引例分析:

随着我国互联网的继续快速发展。互联网降低了企业经营、管理和商务活动的成本,促进了资金、技术、产品、服务和人员在全球范围的流动,推动了我国经济全球化的发展。2016年世界互联网交易额达12.8万亿美元,占全球商品交易的18%。目前,互联网的应用已经成为决定企业国际竞争力的重要因素,总量规模也不断变化,并影响着未来商业发展模式。面对世界互联网的发展和变化,互联网人才的紧缺使互联网将面临严峻挑战。

随着我国高等教育事业的快速发展,2020年中国高校毕业生规模达到909万人,给劳动力市场带来巨大冲击。互联网恰恰为解决就业问题开辟了广阔的空间。随着互联网在深度和广度上的发展，产生并还在继续产生着很多新的职业和工作岗位，如网站开发师、网上商店店主、网上营销人员等。

第一节　电商创业的现状和发展趋势

一、互联网的发展趋势

互联网改变了世界政治与经济的诸多方面，是 20 世纪最伟大的发明之一。互联网已经成为当今经济发展和社会进步的主要推动力之一，被誉为继电气革命之后的新的一次产业革命。

1. 互联网的产生

国际互联网（Internet）的产生，有着浓厚的政治和军事背景。1959 年，苏联第一颗人造地球卫星的发射，让当时处于两大阵营对立面的美国感到十分恐慌。为了保护美国的国防安全，当时的美国总统决定成立美国国防部高级研究计划署（Advanced Research Projects Administration，ARPA），该部门成立之初就获得了 5.2 亿美元的拨款和 20 亿美元的预算。ARPA 与国内的大学实验室人员一起进行基础研究，包括计算机的研究。1969 年阿帕网因此出现，被看作是互联网的雏形。在 ARPA 的研究中，为了使各个研究小组的资源信息能够共享，减少不必要的研究经费，于是又启动了一项 4 台计算机联网的试验。分布式通信网络结构的提出，让互联网发展为"去中心化"的媒体，这种结构使信息在传输时分散成很多散片，这些散片可以自己选择任何一条路径到达信息的接收终端，然后通过重新组合形成完整的信息。

1974 年，TCP/IP 协议的提出为计算机之间的通信创立了一种语言，只有使用同一种协议，才能实现网络之间的互通。1983 年，该协议被指定为互联网传输的标准协议，美国军事部门将各基地的子网连接到 ARPANET，互联网才算真正地建立了起来。20 世纪 90 年代初，科学家蒂姆·伯纳斯-李提出了万维网（World Wide Web）的设想，它由许多互相链接的超文本组成，可以利用超链接实现多媒体信息的组合。1993 年，美国"网景"浏览器的诞生把这种思想付诸实践，互联网不再只是高高在上的科学工具，从此大众开始了对互联网的应用。

2. 中国互联网的发展

我国的互联网，自 1987 年第一封电子邮件"越过长城，走向世界"发出，至今已有近 30 年的发展历史。纵观历史，我国互联网大致经历了五个发展阶段。

第一阶段：网络探索（1987—1994 年）。1987 年 9 月 20 日，北京计算机应用技术研究所钱天白教授发出了中国第一封电子邮件：越过长城，走向世界。揭开了中国人使用互联网的序幕。该邮件经意大利到达德国卡尔斯鲁厄大学，成为我国 Internet 的开山之笔。1988 年，中国科学院高能物理研究所采用 x.25h 协议使该单位的 DECnet 成为西欧中心 DECnet 的延伸，实现了计算机国际远程联网以及与欧洲和北美地区的电子邮件通信。1989 年 11 月，中关村地区教育与科研示范网络（简称 NCFC）正式启动，由中国科学院主持，联合北京大学、清华大学共同实施。1991 年 10 月，在中美高能物理年会上，美方发言人怀特托基提出中国纳入互联网络合作计划。1992年6月，在日本INET92年会上，中科院钱华林约见美国国家科学基金会国际联网部负责人，第一次正式讨论中国连入Internet问题。1993年6月，NCFC专家们在INET93年会和CCIRN会议上利用各种机会重申中国连入Internet的要求。1994年4月初，中美科技合作联委会在美国华盛顿举行。会前，中国科学院副院长胡启恒代表中方向美国国家科学基金会（NSF）重申连入Internet的要求，得到认可。中国终于获准加入互联网。1989年4月20日，NCFC工程连入Internet的国际专线开通，实现了与Internet的全功能连接。从此中国被国际上正式承认为真正拥有全功能Internet的第77个国家。1994年5月，完成全部中国联网工作。

第二阶段：蓄势待发（1993—1996年）。中国科技网（CSTNET）、金桥信息网（CHINAGBN）、中国公用计算机互联网（CHINANET）、中国教育和科研计算机网（CERNET）四大Internet主干网的相继建设，开启了铺设中国信息高速公路的历程。1997年10月，实现了四大主干网的互联互通。

第三阶段：应运而生（1996—1998年）。中国互联网进入一个空前活跃期，应用发展迅猛。1994年5月，国家智能计算机研究开发中心开通曙光BBS站，这是中国大陆的第一个BBS站。1995年1月，由国家教委主管主办的《神州学人》杂志，经中国教育和科研计算机网（CERNET）进入Internet，成为中国第一份中文电子杂志。1996年9月22日，中国第一个城域网——上海热线正式开通试运行，标志着作为上海信息港主体工程的上海公共信息网正式建成。1997年1月1日，人民日报主办的人民网进入国际互联网络，这是中国开通的第一家中央重点新闻宣传网站。

第四阶段：网络大潮（1999—2002年）。中国互联网进入普及和快速增长期，网上教育、网上银行、电子商务、网络游戏、即时通信等迅速兴起。2000年4月13日，新浪网宣布首次公开发行股票，第一只真正来自大陆的网络股登陆纳斯达克。2000年7月5日，网易宣布发行股票，登陆纳斯达克。2000年7月12日，搜狐在纳斯达克挂牌上市。三大门户网站的相继上市，掀起了中国互联网的第一轮投资热潮。

第五阶段：繁荣与未来（2003年至今）。历经多年发展，我国互联网已成为全球互联网发展的重要组成部分。互联网全面渗透到经济社会的各个领域，成为生产建设、经济贸易、科技创新、公共服务、文化传播、生活娱乐的新型平台和变革力量，推动着我国向信息社会发展。

目前互联网的发展有两大新趋向：一是由固定互联网到移动互联网，标志着由PC时代转向手机时代，移动通信前景无量；二是由互联网单纯网上到网下与网下互动融合，即O2O，使互联网落地。互动应该是信息化的本质，互动创造新的价值，互动的方式将无限扩展。

3. 互联网技术的发展趋势

1）Web2.0与Web3.0

数字媒体平台的3个发展阶段为Web1.0、Web2.0到Web3.0。Web1.0和Web2.0主要是PC互联网的发展，Web3.0是指以移动互联网为核心的发展。Web2.0的概念于2004年3月第一次出现，但作为一个阶段的概括，Web2.0并不是从2004年开始的，Web1.0和Web2.0之间并没有太明显的时间界限。Web2.0的数字媒体平台以用户体验为中心，注重用户的交互作用，形式比较丰富，是一种应用型的平台。Web2.0比较典型的数字媒体平台有Micro Blog SNS、IM、Wiki、播客等。这些社会化媒体实现了传播者从"程序员等专业人士"变为"普通用户";信息分类从"网页分类"变为"用户自主分类"等多方面的转变。在信息传播中,用户既是传播者又是接收者,其通过社会化媒体连接社会化网络。用户的行为和态度是思考中心,用户之间形成的社会化网络是传播渠道,这使传播内容的娱乐性大大增加,同时也使点击量、转发量和用户黏度等都成为Web2.0重要的传播效果评估指标。

Web2.0的产生和出现,极大地满足了网络用户的个性化需求。在Web2.0时代,个体用户的价值已经得到了最大的体现。众多的网络用户既是信息的创造者和信息传播渠道,同时也是信息的受益者;用户可以主动地选择信息,信息同样可以主动地寻找合适的用户,如通过RSS等订制化阅读器,可以过滤用户不感兴趣的多余信息,只是传递给用户关心的信息。因此,由于Web2.0具有极大的优点,使得Web2.0的应用越来越广阔,同时将对互联网的发展产生巨大的影响。然而,Web2.0是一种概念,而不是具体的一项技术,它以广大的互联网用户为主体,成为目前互联网界最广泛的互动应用模式,它允许广大的用户不受限制地创造和传播信息,打破了过去Web1.0时代只能接收信息的单一模式。

然而,随着信息发布量的快速增长、信息源的激增,由此衍生的信息杂乱无章、信息内容可信度低、搜索引擎精准度下降等问题相继出现在互联网用户面前,并且日益成为互联网用户需要面对的一大困扰。面对这一问题,网络模式急需更新换代,能够为用户提供安全、纯净的互联网平台的Web3.0模式成为首选的解决方案。首次提出Web3.0的概念是2006年初,目前没有明确的定义,它最大的技术特点是多技术融合,包括计算机技术、传感技术和通信技术,通过多技术融合来实现物理世界和信息世界的融合。与Web2.0相比,Web3.0的数字媒体平台没有固定的形式,小到APP应用,大到"虚拟现实"都属于这个阶段的数字媒体平台范围。其主要功能是通过连接互联网为用户提供融合物理世界和信息世界的交互平台,以数据库为中介最终实现用户之间的现实生活的连接,其本质是智能服务平台。

2)社交网络

社交网络(Social Network Service,SNS),即"社会性网络服务"或"社会化网络服务",是指为用户提供社交服务的互联网应用。社交网络最早兴起于美国,是以"六度分割"理论为基础构建的基于Web2.0技术的新一代互联网应用。相对于传统的网络社区,社交网络更加真实、开放和便捷,在满足用户的社交需求的同时,也可以通过丰富多彩的应用和游戏满足用户的娱乐需求。目前,国际上最知名的社交网站是2004年于美国创立的Facebook,其成立后经历了爆发式的增长,并于2012年5月成功上市。截至目前,Facebook的用户数量已经突破20亿,月活跃用户已经超过10亿,市值超过了2 000亿美元。值得一提的是,从Facebook的发展历程来看,其每次融资都伴随着市值的大涨。Facebook的初始投资人Peter Thiel的初始投资50万美元在其上市后涨到了约30亿美元,投资回报率达到了惊人的6 000倍。可以预见,在电子商务、网络游戏等互联网投资热点逐渐"降温"后,高速发展的社交网络行业将成为下一个资本高度关注的重点领域之一。

3)云计算

对于云计算学术界尚无一个统一的定义,现阶段广为接受的是美国国家标准与技术研究院(NIST)的定义:云计算是一种按使用量付费的模式,这种模式提供可用的、便捷的、按需的网络访问，进入可配置的计算资源共享池（资源包括网络、服务器、存储、应用软件、服务），这些资源能够被快速提供，只需投入很少的管理工作，或与服务供应商进行很少的交互。云计算是继分布式计算、网格计算、对等计算之后的一种新型计算模式，它以资源租用、应用托管、服务外包为核心，迅速成为计算机技术发展的热点。在云计算环境下，IT 领域按需服务的理念得到了真正体现。云计算通过整合分布式资源，构建应对多种服务要求的计算环境，满足用户订制化要求，并可通过网络访问其相应的服务资源。云计算对资源共享且高效利用的特点，可以实现系统管理维护与服务使用的解耦。如何利用云计算的相关成果促进国计民生行业的发展，已成为国家发展战略的重要组成部分。Gartner 早在 2011 年 1 月发布的 IT 行业十大战略技术报告中就将云计算技术列为十大战略技术之首。据 IDC（International Data Corporation）预测，2015 年云计算服务的年收益将高达 729 亿美元；并在未来 5 年内，云计算服务仍将保持强劲的增长态势，平均年增幅将达到 27.6%，是传统 IT 行业平均增长速度 6.7% 的 4 倍。云计算具有广泛的应用前景，Google、IBM、Microsoft、Amazon、腾讯、阿里巴巴等知名 IT 企业都在大力开发和推进云计算。

云计算的主要部署模式包括私有云、社区云、公共云、混合云等。

私有云（Private Cloud）。云基础设施是为一个客户单独使用而构建的，因而提供对数据、安全性和服务质量的最有效控制。私有云可部署在企业数据中心中，也可部署在一个主机托管场所，被一个单一的组织拥有或租用。

社区云（Community Cloud）。基础设施被一些组织共享，并为一个有共同关注点的社区服务（如任务、安全要求等）。

公共云（Public Cloud）。基础设施是被一个销售云计算服务的组织所拥有；该组织将云计算服务销售给一般大众或广泛的工业群体，公共云通常在远离客户建筑物的地方托管，而且它们通过提供一种像企业基础设施进行的灵活甚至临时的扩展，提供一种降低客户风险和成本的方法。

混合云（Hybrid Cloud）。基础设施是由两种或两种以上的云（私有、社区或公共）组成的，每种云仍然保持独立，但用标准的或专有的技术将它们组合起来，具有数据和应用程序的可移植性（例如，可以用来处理突发负载），混合云有助于提供按需和外部供应方面的扩展。

4）大数据

目前，虽然大数据的重要性得到了大家的一致认同，但是关于大数据的定义却众说纷纭。大数据是一个抽象的概念，除去数据量庞大，大数据还有一些其他的特征，这些特征决定了大数据与"海量数据"和"非常大的数据"这些概念之间的不同。一般意义上，大数据是指无法在有限时间内用传统 IT 技术和软硬件工具对其进行感知、获取、管理、处理和服务的数据集合。科技企业、研究学者、数据分析师和技术顾问们，由于各自的关注点不同，对于大数据有着不同的定义。通过以下定义，或许可以帮助我们更好地理解大数据在社会、经济和技术等方面的深刻内涵。

2010 年，Apache Hadoop 组织将大数据定义为："普通的计算机软件无法在可接受的时间范围内捕捉、管理、处理的规模庞大的数据集。"在此定义的基础上，2011 年 5 月，全球著名咨询机构麦肯锡公司发布了报告《大数据：下一个创新、竞争和生产力的前沿》，在报告中对大数据的定义进行了扩充。大数据是指其大小超出了典型数据库软件的采集、存储、管理和分析等能力的数据集。该定义有两方面内涵：其一，符合大数据标准的数据集大小是变化的，会随着时间推移、技术进步而增长；其二，不同部门符合大数据标准的数据集大小会存在差别。目前，大数据的一般范围是从数个 TB 到数个 PB（数千 TB）。根据麦肯锡的定义可以看出，数据集的大小并不是大数据的唯一标准，数据规模不断增长，以及无法依靠传统的数据库技术进行管理，也是大数据的两个重要特征。

其实，早在 2001 年就出现了关于大数据的定义。META 集团（现为 Gartner）的分析师道格·莱尼（Doug Laney）在研究报告中，将数据增长带来的挑战和机遇定义为三维式，即数量（Volume）、速度（Velocity）和种类（Variety）的增加。虽然这一描述最先并不是用来定义大数据的，但是 Gartner 和许多企业，其中包括 IBM 和微软，在此后的 10 年间仍然使用这个 3Vs 模型来捕捉大数据，意味着生成和收集大量的数据，数据规模日趋庞大；速度，是指大数据的时效性，数据的采集和分析等过程必须迅速及时，从而最大化地利用大数据的商业价值；种类，表示数据的类型繁多，不仅包含传统的结构化数据，更多的则是音频、视频、网页、文本等半结构和非结构化数据。

二、互联网的创业特点

1. 个体性

从现有的国内多项调查和研究结果可知，学生个体在互联网创业主体中占据着相当大的份额。由于互联网创业具有便于操作、成本相对较低、无须联合专业机构组织等诸多优点，大学生可充分利用自身优势和发挥聪明才智，借助互联网创业的载体，将个体特征鲜明地在电商创业过程中进行显示。在具体的创业过程中，大学生一般会对自身的行为进行理性和客观认识，这个认识的过程不仅能够体现大学生的独特个体性，还能体现其对互联网的认知水平和所具备的初创能力等。现有大学的课程对大学生创业均有较大幅度的正向引导，在大学生利用互联网进行初次创业的过程中，通常保持较为清醒的头脑和高度的激情，与其一并参与创业的学生也与最早的大学生创业发生较大区别，多数为经过深思熟虑，并做好充足准备的创业，这使得现有的大学生创业具备了更多的创业者特征，其独特的个体性在大学生互联网创业过程中体现得非常明显。

2. 自发性

随着国家和社会对创业的积极引导，大学生对创业的意向也逐渐由最初的旁观转为了现阶段的有意识性接触，加之高校日渐火热的各级各类技能竞赛的覆盖，大学生的创业意愿和积极性都得到一定程度的提高，其创业思想和创业动机在校内得到了有效的调动。互联网行业的诞生和现有的大学生创业发展不谋而合，互联网的特性使更多大学生参与到创业过程中成为一种新的可能，电脑、平板电脑、手机和各种穿戴设备的发展为互联网创业的进一步发展奠定了更多的硬件基础。但无论外界环境何种变化，最终实施创业的主体大学生依然需要依靠自己的强烈意愿和专业性知识，保障自己在互联网创业激烈的竞争过程中立于不败之地，因此，在互联网创业过程中，创业主体的自发性在一定程度上构成普适性，与之前论述的个体性成为鲜明的对比。

3. 脆弱性

互联网的飞速发展给大学生创业造就了新的机遇，但在某种程度上也增加了大学生创业的不确定性。虽然大学生在校期间已经学习了相关理论课程，但仍缺乏对未来创业的正确预判，通常在初创期对于创业项目的预期收益过于理想化，市场调研和销售渠道调查不够详尽，造成期初初始投入和技术研发的成本较高，对后期销售渠道考虑欠佳，特别是在接触到实质性互联网创业操作过程中，对于货源、商品登录、价格设定、银行确定款项、资金流向、物流发货、催款回款等考虑欠妥，则易造成短期的个人情绪和心理波动，从而引发有可能做出不理性的行为。

第二节　网络和电商的创业机会

一、农村电商

近年来，我国农村电子商务快速崛起，在乡村振兴过程中扮演着越来越重要的角色。以社交、直播、内容电商为主的新业态推动"农产品上行"跨越式发展。疫情防控期间，消费者对线上农产品的需求极速提升。根据商务大数据监测，全国农产品网络零售额2 884.1亿元，同比增长34.3%。

1. 农村电商的定义

农村电子商务与一般电子商务相比，都是通过互联网电子商务平台销售产品，但农村电子商务的不同之处在于它销售的是农村生产的产品，而电子商务则是指通过电子商务平台销售的所有产品，农村电子商务是电子商务概念的延伸，二者是包含与被包含的关系。一方面，农村电子商务发展中使用的技术、销售形式等均与电子商务一致，都是使用现有的计算机技术、网络通信技术，都是通过在线支付的形式选择自己喜欢的商品并购买，都是通过物流的方式将商品从销售者转移到消费者手中，销售商和消费者之间并不会当面接触，销售的过程均在电子商务平台上进行。另一方面，不同于电子商务销售范围的广泛性，农村电子商务主要是指在农村地区通过电子商务平台销售产品，农村电子商务的发展更多的是为了推动农村经济的发展，扩大农村地区产品的销售途径，增加农民的收入。

农村电子商务与农业电子商务之间既相互区别又存在一定联系。农业电子商务是不包含工业品在内的贸易行为，销售的对象仅为农产品及与农业相关的种子、农药、化肥等，参加的对象主要是农民、农资农具生产者、农产品的经销商以及农产品的消费者等。农村电子商务是指包括一切农业电子商务以及与农民在农村地区进行生产产品相关的电子商务活动。二者的区别在于农业电子商务包含的仅仅是与农业领域相关的电子商务营销，而农村电子商务包含的范围则非常广泛，包括所有从农村生产并通过电子商务形式进行销售的各种活动，例如，农村电子商务中有名的沙集模式（江苏省睢宁县沙集镇）生产的家具产品是在电子商务平台销售的，就属于农村电子商务。

2. 农村电商存在的问题

1）农村电子商务的物流建设发展滞后

当前中国农村的交通环境相对落后，制约农村物流配网发展。中国农村地域广阔，并且农村的人口分布比较分散，因此，农村电子商务物流配送无疑受到落后的交通环境等的影响与制约。大部分物流公司当前可以覆盖到县级地区，对于乡、镇、村不能实现全面覆盖。特别是对于偏远地区的物流更加不完善：利用网络，村民进行购物，向供应商提交订单，供货商委托物流公司进行配送，然而因为偏远地区较高的物流成本，很多物流公司不愿意配送，这对农村电子商务物流发展造成影响。另外，农村的消费环境不好，信誉度也不高，乡政府重视程度不够，对于农村市场监管力度不够，使得伪劣产品层出不穷，损害了农民的利益，使得农民的消费信心以及消费指数受到很大影响，降低了农民对于网络的信任度。与此同时，受观念和自身文化素质的影响，农民没有充分了解电子商务的支付机制，认为网络支付不安全，对于电商的不信任，使得农村物流的发展受到制约。

2）交易产品的不可预知性，影响产品的流通和消费

因为农产品生产与农产品需求受自然环境的影响比较大，因此，存在的不可预知性比较大。农产品的生产区域及生产者具有分散的特征，其农产品具有较低的附加值，农产品不耐存、种类繁多但是具有较高的主观品质评价等，这些对于农业产品产业化及现代化的发展具有重要影响，对于农村电子商务的实现具有影响。

3）农产品及农资产品交易的效率仍不高

依靠农村电子商务对农产品交易市场进行开拓，是农产品进行交易的一种新方式，和传统交易方式相比具有明显的优势。农村电子商务利用双向匹配的供求体系，使得双方的信息匹配更加迅速，使得交易的速度及效率得到保障。农村电子商务的建设，使农产品的信息传播速度加快，同时，能够使消费者和农产品企业直接沟通的要求得到满足，使得很多中间环节得到避免，从而降低交易成本。

4）缺乏专业农村电子商务人才

一方面，农产品进城销售需要的产品质量高，另一方面，需要信息采集、营销推广、在线客服等专业的人员通过专业营销手段进行营销，因此，要求大量具有互联网知识与电子信息知识的复合型人才。

然而，农村地区发展相对缓慢，服务意识及市场意识欠缺，人才不愿意去农村，农村对人才的吸引力不够。

5）农村电子商务的发展需要树立农产品品牌意识

对于中国传统农业转变为现代化农业而言，农村电子商务的发展具有极大的推动作用。随着中国加入世界贸易组织的不断深入，中国市场涌入大量的国外品牌，使得农产品的竞争越来越激烈。走品牌化标准化道路是中国农产品参与国际竞争的必经之路。农产品的保障是质量，同时对市场竞争力有着决定性作用。就农村电子商务来说，因为交易过程看不见实物，因此，获得消费者信赖的一个有效途径就是标准化。基于产品特征，对农产品产前、产中以及产后的全过程的标准体系进行建立，严格执行农产品在生产、加工、包装、销售及运输等整个产供销环节的行业标准，全程记录农产品从生产到流通的整个过程，使得消费者对于农产品有清楚的认识。另外，农产品质量检验标准的制定，能够对农产品的质量进行严格控制，对于消费者的利益与健康而言具有重要意义。

6）我国低下的生产方式和模式影响农村电子商务的发展

首先，由于我国地域广，各地经济发展的不平衡，再加上受历史和现实环境的影响，在电子信息的基础建设上，农村的覆盖面普遍较低，能方便农民上网的环境不多；同时由于农民自身文化水平不高，导致他们对新生事物的接受和应用能力较低，对电子商务给农村经济发展带来的商机和利益的认识不足，此外，我国农业生产模式在全国大部分地区都是以户为单位的小农经济的生产经营，生产组织程度分散、加工和包装水平不高、生产效率偏低、没有统一的产品标准，导致质量标准体系难以形成。

3. 农村电子商务的作用

1) 农村电子商务促进农村生产方式的转变，对农业产业化具有极大的推动作用

当前，市场竞争越来越激烈，同时，信息技术发展迅猛，农民对于供求信息、农产品销售渠道及农业生产技术服务等的要求不断提高，现代化农业的发展受到传统农业生产方式的制约，对于农村信息化发展而言，农村电子商务无疑是一个非常重要的途径，一方面，它使得农民生产过程中生产信息不对称问题得到有效解决，另一方面，使得农产品销售渠道单一问题得到有效解决，使得农产品交易风险降低。另外，农村电子商务的发展对于农业产业结构的优化具有深远的影响，使得农产品交易费用降低，农产品的市场竞争力提高，从而对于农业产业化发展具有极大的促进作用。

2) 农村电子商务的开展使得"公司加农户"产业模式弊端得到避免

部分公司与农民进行合作的过程中，因为信息的不对称，将农产品的价格刻意压低，使得农民的利益受到极大损害，通过农村电子商务使得信息不对称问题得到有效解决；与此同时，利用网络使得农民能够和多家公司联系，基于公司间的竞争，能让农民利益得到保障。

3) 资金得到节省，为创业期的发展提供便利

当前很多农民都掌握有技术，然而缺乏资金的支持，不能进行创业。基于农村电子商务，使得营销开支得到节省，同时，对于规模生产具有极大的带动作用。例如，利用农村电子商务，江苏省沙集镇的农民成功创业。

4) 对特色产业的发展具有极大的推动作用

当前人们的生活水平不断提高，休闲旅游成为人们的追求，可基于农村电子商务对农家乐、特色经济、农村旅游进行推广，例如，通过自己入园采摘等特色项目推动农村旅游的发展。利用互联网进行产品展示，对游客起到极大的吸引作用。一方面，为城市居民的出行旅游提供了便利条件，另一方面，使得农家乐等有了广阔的客源，促进城市与农村的交流，对于农民增收有着重要意义。

5) 基于网络进行招商引资

中国很多地方的农产品都具有明显的优势与发展潜力，然而因为信息的不畅通，产品的销售受到影响，基于电子商务的形式，对社会资本进行吸引，使其加入农产品生产与经营中，从而实现企业与农村的共同发展。

6) 利用网络营销与网上购物，使得农民的素质及生活质量得到提高

网络与信息化的发展促进了电子商务的发展。乡村文明是新农村建设的一个重要目标，而现代化信息技术建设是其中重要内容。基于网络给人们提供方便，体现出现代文明。农民对于各种信息的获取基于网络，满足生产与学习的需求。另外，农民实现在网上购物的要求，对自己喜爱的商品进行选择，从而使得生产质量与生活品位得到提高。

7) 城乡统筹水平提高，使得城乡信息鸿沟缩小

一直以来，中国存在的二元经济在一定程度上使得城乡间的差距拉大，普及农村电子商务可使城乡差距减小。农村电子商务的发展对于农村信息基础建设具有重要影响，使得农村接入宽带率提高。同时，农村电子商务发展对农村信息技术人才数量的提升，对信息技术知识的传播和提高农民的信息化水平有一定的促进作用，从而使农民能够利用网络进行农产品的销售，进行学习与娱乐等，使得城乡之间存在的数字信息鸿沟不断减小，使城乡统筹水平

得到提高。

4. 农村电子商务发展现状

1）农村电子商务的市场规模

2021 年 3 月 19 日，在国新办新闻发布会上，国家互联网信息办副主任杨小伟介绍，数字乡村 2020 年工作目标全面如期完成，全国范围内行政村通光纤和通 4G 比例双双超过 98%，农村网民规模达到 3.09 亿，农村地区互联网普及率在去年年底达到 55.9%，全国 832 个国家级贫困县网络零售总额达到 3 014 亿元，同比增长 26%。

2）农村电子商务市场消费潜力

农村网民的人数、农民网购市场规模的数据一目了然，虽然目前总数量占比较低，但是增速很快，随着差距的减小，说明农村其实拥有巨大的市场增长空间，特别对于电商而言，农村是块待开垦的"处女地"。城镇的互联网普及率与农村的互联网普及率也存在相当大的差距，而近两年，国家为了鼓励各行各业与互联网结合，鼓励电商企业下沉农村，已经发布了多项政策，支持互联网向农村的渗透。随着农村互联网普及率与城镇差距的逐渐缩小，网购规模的增加将会显现一个发力点。

农村市场是一块万亿元级的"大蛋糕"，越来越多的企业进驻这个市场，会不断壮大这个市场。而农村网络普及率、农民网民人数、农民网购人数、农村网购市场规模飞速上升的数据，直接表明了农村电子商务市场正以前所未有的状态向前推进，农村电子商务市均积蓄着巨大的消费潜力。

5. 农村电子商务模式分析

1）网上供销社模式

供销合作社是新中国成立初期的产物，一直延续至今。作为一个农民自我服务的合作组织，供销合作社曾对于我国农业经济的繁荣起着举足轻重的作用。但随着经济的发展，供销社由于规模较小、管理落后，已渐渐不适应农村发展的需求，这时，供销社开始寻找一种互联网时代下农业合作经济的新模式。

2009 年 6 月，为顺应时代发展需求，湖南省供销电子商务有限公司应运而生。该公司由湖南省供销社组建，率先开通了电子商务平台——网上供销社。起初，网上供销社只是网上销售农产品，有时也发布有关农村的各种信息，自此，湖南省的电子商务和供销社的结合之路开始铺就。

从网上供销社的成立背景可以看出，网上供销社属于一种自上而下的电子商务模式，发展主要依赖于政府的支持，运用该模式最为典型的是湖南省娄底市，该市政府十分重视农村电子商务事业，凭借网络信息技术平台，以"线下实体+线上网络"为运作模式，破解了农村信息化建设的物流问题，解决了农民的买、卖难题。

网上供销社模式的优点在于政府的资源和威望有利于工作的顺利展开，缺点在于政府干预过多，工作易脱离实际情况，农民参与感不强，最终导致农民的积极性减弱。

2）沙集模式

作为江苏省睢宁县下属的一个镇，沙集镇的自然条件并不突出，但其独创的电子商务运作模式却使它享誉全国。目前农村电子商务模式中，"沙集模式"颇具知名度和影响力。"沙集模式"是指当地家庭经营的农户在经营产业发展到一定规模后，开始使用电子商务平台创办网店，在线销售产品，这不仅带动其他农户开始效仿，还带动了当地制造业以及其他周边产业的发展，形成了一种新的电子商务发展形态。

沙集镇的电子商务经历从无到有、从小到大、从少到多、从弱到强的变化过程，实现了 1.0 模式到 2.0 模式的跨越。现在"沙集模式"中，农户是经营主体，公司是产业化基础，互联网是运作工具，农户、公司、互联网三股力量汇集于沙集镇，从而塑造出了以"网络+公司+农户"共存共生为核心的沙集模式。

沙集模式的两大特点就是自发性和裂变性，其优势在于农民能够结合实际，因地制宜发挥当地优势。

3）和田枣模式

和田枣模式属于产业分散化模式，农户将和田枣卖给互联网销售平台（如淘宝卖家），淘宝卖家再将产品卖给用户。

新疆和田的农民将产品卖给淘宝网商，而不参与之后的电商运作。这种电商模式的优势在于它对于农民而言简单、快捷，农民无须具备互联网知识，农村的物流、银行等基础设施也不是影响农民销售的最关键因素。但是从农民到用户中间多经历了一个环节，就会产生很多的问题：一是产品的成本增加；二是农户仅仅对接于一个供应商，掌握不了销售的主动权，而且通过互联网销售的和田枣是自然产品，产品的附加值低。

4）东高庄模式

东高庄与沙集镇的电子商务发展历程有很大的相似性，都是特色产业积累到一定产业规模后，农户开始自发地发展农村电子商务，而后逐渐形成了典型的电子商务模式，不同的是，东高庄的主要产业是羊绒制品，当地羊绒制品生产规模大，已经形成了一条从养殖、加工到销售的完整的产业链，现在整个产业链条运作成熟。

东高庄模式的农村电子商务规模大，起点高，且农村内的产业处在一个相同或者相关的产业领域，由于共性或者互补性而紧紧联系在一起，东高庄模式就像是产业集群化，该模式的电子商务拥有非常完整的物流、交易平台、监管机制等配套体系。

5）大平台模式

大平台模式是指在淘宝、京东、苏宁等非常大的电子商务平台上开展电商活动的模式，不同于"和田枣模式"，大平台模式的农户在大的电商平台网上开店销售产品，直接对接市场、对准用户。

中国的"淘宝村"大多属于典型的大平台模式，以浙江义乌的青岩刘村为例，由于该地交通便利，2005 年，一些外地网商选择在此创业，经过三年发展，带动了本地网商的发展。现在这个原本人口不多的村庄，却吸引并容纳了一大批人在此开淘宝店，超过 20 亿元的成交额使其一跃成为"中国第一淘宝村"。

大平台模式最大的优势在于平台可信赖度高，交易机制成熟，配套设施完善，在互联网渗透程度较低的农村，以大平台为基础比自建平台更为可靠。

6）自建平台模式

在一些特色产业的集聚地，区域经济条件好，产品知名度高，农民的知识水平高，许多村民不再依赖大的电子商务平台，而是通过自建平台开展电子商务活动。

像中国古典家具之都仙游等地，当地已经产生了不少规模较大的企业，这些企业通过自建网站来开展电子商务业务，为自己的客户提供更安全的交易平台和更完善的服务。

综上所述，根据各模式的特点可知，我们熟悉的阿里巴巴农村淘宝属于第五种大平台电子商务模式。不同的是，如果了解互联网，农民可以将产品上传到"农村淘宝"网站直接对接用户；如果不了解互联网，农民需要依托合伙人的帮助才能将产品放到网上销售。

二、跨境电商

跨境电子商务是指分属不同关境的交易主体，通过电子商务平台达成交易、进行支付结算，并通过跨境物流送达商品、完成交易的一种国际商业活动。

1. 跨境电商的定义

跨境电子商务是建立在传统电子商务基础之上的一种电子商务形态，其与传统电子商务的区别在于划定了交易主体必须处于不同国家。跨境电子商务的定义建立在电子商务的基础之上，根据前瞻产业研究院《2013—2020 年中国电子商务行业发展趋势与投资决策分析报告》给出的定义，跨境电子商务是指分属于不同关境的交易主体，通过电子商务平台达成交易、进行支付结算，并通过跨境物流送达商品、完成交易的一种国际商业活动。

跨境电子商务涵盖的内容很多，我们认为它来源于传统跨境贸易环节的电子化，是基于电子商务平台交易的发展。从传统跨境贸易的属性上来说，跨境电子商务的参与者必须充分顾及跨境贸易中涉及的进出口流程、贸易和监管政策；从电子商务的属性来看，跨境电子商务需要依托互联网技术下的电子商务平台，利用线上交易改变线下的贸易环节。总体而言，对于跨境电子商务目前并没有一个权威的定义。因此，从通俗的角度理解跨境电子商务，我们认为，从广义上，跨境电子商务就是生产商和贸易对象通过互联网完成传统对外贸易商品交易中的所有环节，最终实现外贸产品进出口的新型贸易方式；从狭义上，是分属不同国家、跨境的交易主体在电子商务平台上达成交易及其后续活动。现在，更多网络零售平台则认为，只要是通过互联网，突破传统外贸销售模式所受到的制约，将产品直接销售给全球商家或消费者就是跨境电子商务。

作为一种全新的贸易活动方式，跨境电子商务通过网络和跨境物流，直接联络网络终端，不仅具有成本低、门槛低、环节轻、周期短等特点，同时呈现出跨境贸易的五个新特征：直接化、多边化、高频度、小批量、数字化。跨境电子商务已在世界范围内迅速兴起。

1）直接化

直接化是指跨境电商企业可以跳过中间商，通过跨境电商交易和服务平台，缩短交易程序，降低企业成本，提高经济效益，达成企业与客户之间的直接交易。

2）多边化

多边化是不再局限于两国之间双边贸易的跨境电商贸易，而是拓展成网状结构，向多边演进贸易过程中相关的信息流、资金流、物流。

3）高频化

高频化指跨境电商贸易较传统贸易的交易频率大大提高，通过高频小批量的采购，降低企业资金风险、缓解资金链压力。

4）小批量

小批量是指企业之间或企业与客户之间能够通过跨境电子商务实现交易的订单呈现小批量趋势，从而降低了资金积压占用成本。

5）数字化

数字化是指随着网络信息技术的更新，一些数字化产品的种类和贸易量迅速增长，呈现出更加明显的跨境电子商务销售或消费的趋势。

2. 跨境电子商务的构成

跨境电子商务的构成大体上分为三个部分，分别是跨境电子商务应用、跨境电子商务服务和跨境电子商务环境。

1）跨境电子商务应用

它指的是双方交易主体之间的商务沟通和交易，主要可以分为 B2B 业务和商品零售业务（B2C、C2C 等）两种。B2B 业务指的是企业和企业间的信息在线沟通和交易行为，零售业务是企业和消费者之间的信息沟通和交易行为。

2）跨境电子商务服务

它是跨境电商必不可少的组成部分。由于跨境电商的特殊性，面临着频繁的通关、结汇、退税程序，缺乏专业服务对接的中小企业将面临较高的成本，如果缺乏必要的外贸综合服务、跨境支付和物流服务，跨境电子商务的发展也会面临巨大障碍。

3）跨境电子商务环境

商务环境是跨境电商与境内电子商务的重要差异点。跨境是指交易双方跨越海关关境，电商平台的买家和卖家是被关境隔离的国家和地区。由于需要进行通关，跨境电子商务往往涉及海关、商检、税务和外汇管理等多个部门，面临较为烦琐的监管，跨境电子商务的产业链也比较长，往往面临着不同的法律、制度和文化环境。

3. 跨境电子商务生态圈

与境内电子商务相比，跨境电子商务的外贸产业链相当复杂。受到地理条件、语言环境和法律制度等因素的影响，各个国家在进行对外贸易活动时，通常需要多种不同的商业角色来相互协调完成最终的交易。跨境电子商务生态圈由五方面的参与者组成，包括买家群体、卖家群体、服务商、政府监管机构、跨境电子商务平台。

1）买家群体

随着跨境电子商务对实体贸易的渗透，买家群体越来越壮大，包括贸易商、采购服务商、零售店店主、中小型企业、微型商户或个人。

2）卖家群体

跨境电子商务卖家相比于线下贸易体系更需要外贸经验、沟通能力、商品资质等能力，一般指线下外贸企业或国内电商领域的商家。

3）服务商

服务商是跨境电子商务发展的关键参与者，在整个跨境电商流程中，由于涉及外贸报关报检流程、运输、支付结算、税务等环节，需要专业的服务商进行支持，如银行、物流公司。

4）政府监管机构

跨境电子商务的主要政府监管机构包括海关、商检、税务和外汇管理等相关部门。越来越多的监管机构与跨境电子商务服务机构和平台对接，特别是与外贸综合服务进行对接，形成监管的"单一窗口"，从单纯的事中监管走向事前和事后监管模式，并与跨境电子商务服务商/平台共建监管体系。

5）跨境电子商务平台

跨境电子商务平台的发展趋势是越来越交易化和服务化，可做到真正的生态圈构建与数据沉淀，整个交易流程与服务对接成为跨境电子商务发展的核心。

4. 我国跨境电子商务发展现状

随着经济的全球化，各国跨境电子商务日渐风靡。目前全球跨境网购消费总额前三名的国家分别是美国、英国、德国。目前主要跨境电商企业已经开始了大规模的国际化布局，如美国 eBay、亚马逊，中国阿里巴巴，日本乐天等在本国站稳脚跟后迅速向海外扩张。

1）我国跨境电子商务市场规模

跨境电商步入成熟期，疫情期间逆势增长。回顾全球跨境电商行业发展历程可以发现，跨境电商是从传统外贸发展到外贸电商，再进一步发展成为跨境电商的，跨境电商发展至今，也不过二三十年的时间，借助于互联网技术的快速提升，跨境电商呈现出爆发式增长。我国跨境电商在二十年间从无到有、从弱到强，经历了从萌芽到成长、从扩张到成熟的四个阶段。当前，我国跨境电商产业正在加速外贸创新发展进程，已经成为我国外贸发展的新引擎。中国跨境电商发展历程分析如图 8-1 所示。

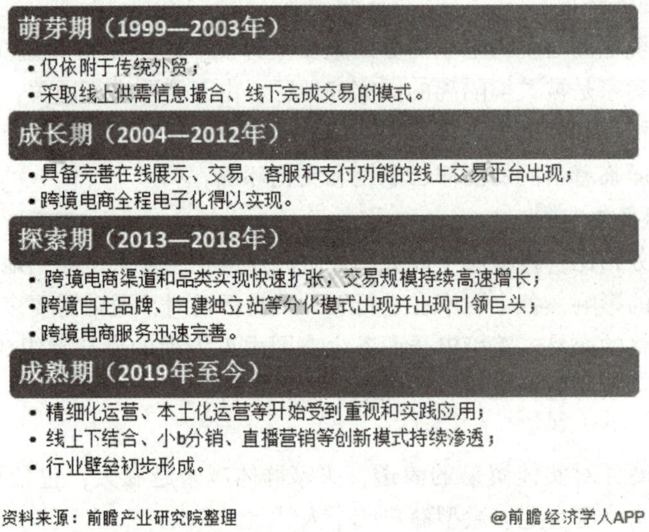

萌芽期（1999—2003 年）
- 仅依附于传统外贸；
- 采取线上供需信息撮合、线下完成交易的模式。

成长期（2004—2012 年）
- 具备完善在线展示、交易、客服和支付功能的线上交易平台出现；
- 跨境电商全程电子化得以实现。

探索期（2013—2018 年）
- 跨境电商渠道和品类实现快速扩张，交易规模持续高速增长；
- 跨境自主品牌、自建独立站等分化模式出现并出现引领巨头；
- 跨境电商服务迅速完善。

成熟期（2019 年至今）
- 精细化运营、本土化运营等开始受到重视和实践应用；
- 线上下结合、小b分销、直播营销等创新模式持续渗透；
- 行业壁垒初步形成。

资料来源：前瞻产业研究院整理　　　　　　　　　　　　@前瞻经济学人APP

图 8-1　中国跨境电商发展历程分析

跨境电商行业快速发展，2019 年，我国跨境电商交易规模达 10.5 亿元，渗透率为 33.3%。受益于互联网基础设施的完善、全球性物流网络的构建、强有力的政策支持推动和改革创新，跨境电商市场规模日益扩大，成为推动中国外贸增长的新动能。为促进我国跨境电商的快速发展，国家层面频频颁布鼓励政策，2020 年 1 月，商务部、发改委、财政部等六部门共同发布《关于扩大跨境电商零售进口试点的通知》，该通知共选取了 50 个城市（地区）和海南全岛纳入跨境电商零售进口试点范围，为未来跨境电商的发展创造了良好的发展机遇。2020 年中国外贸进出口增长情况如图 8-2 所示。

跨境电商东南亚市场快速崛起，尽管欧美仍是目前跨境电商最主要的市场，但东盟已经成为我国最大的贸易伙伴，接近四成的受访企业已经进入东南亚，超过日韩和俄罗斯。此外，进入非洲、拉美、中东等市场的企业均不足 20%，未来将有极大的拓展空间。2019 年，我国与"一带一路"沿线国家的进出口总值达到 9.27 万亿元，增长 10.8%，高出外贸整体增速 7.4 个百分点。2020 年中国跨境电商企业市场分布如图 8-3 所示。

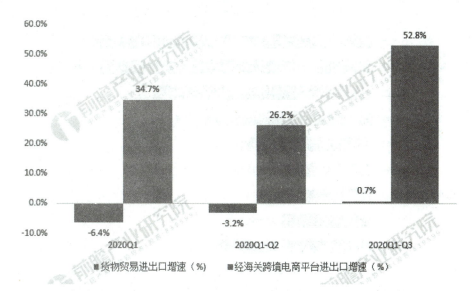

资料来源：海关总署 亿邦智库 前瞻产业研究院整理

图 8 – 2 2020 年中国外贸进出口增长情况

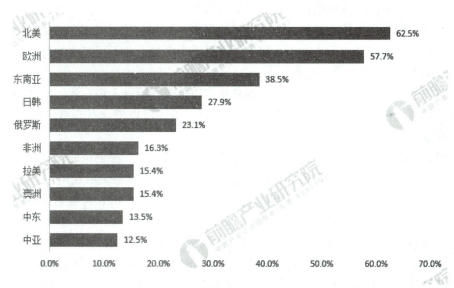

资料来源：海关总署 亿邦智库 前瞻产业研究院整理

图 8 – 3 2020 年中国跨境电商企业市场分布

除入驻大型 B2C 平台外，独立站正在兴起。跨境电商企业在亚马逊、阿里巴巴国际站和速卖通的入驻率排列前三，Shopee、Lazada 两个面向东南亚市场的平台也成为中国跨境电商企业出海的重要选择。此外，入驻 Newegg 新蛋等海外国家本地平台的企业占比 14.4%，中国的跨境电商企业正在深度融入全球市场。2020 年中国跨境电商企业入驻平台情况如图 8 – 4 所示。

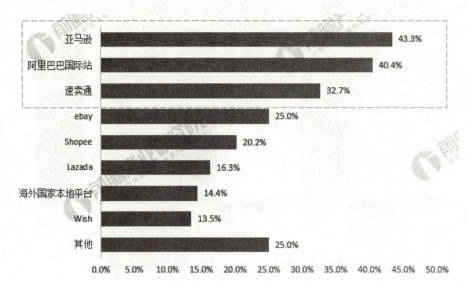

资料来源：亿邦智库 前瞻产业研究院整理　　　　　　　　@前瞻经济学人APP

图 8-4　2020 年中国跨境电商企业入驻平台情况

电商巨头们的举措和数据机构的调研无不显示着，跨境电商的万亿市场正吸引着电商巨头们逐步构建起以平台为核心的生态体系，如亚马逊、阿里巴巴等电商巨头纷纷通过入股、并购等方式展开国际布局，不难发现，跨境电商已成为电商企业不可忽视的新蓝海。

2）我国跨境电子商务相关企业

随着跨境电子商务的快速发展，国内越来越多的企业开始进入该行业，并且涌现出了一大批卓有成效的企业。简单地以企业业务模式分类的话，可以把这些企业分成两大类——B2B 平台和 B2C 平台。

B2B 类跨境电商平台所面对的最终客户为企业或集团客户，提供企业、产品、服务等相关信息。目前，中国跨境电商市场交易规模中 B2B 跨境电商市场交易规模占总交易规模的 90% 以上。在跨境电商市场中，企业级市场始终处于主导地位。B2B 跨境电商平台代表企业主要有敦煌网、中国制造、阿里巴巴国际站、环球资源网等。

B2C 类跨境电商平台所面对的最终客户为个人消费者，针对最终客户以网上零售的方式，将产品售卖给个人消费者。C 类跨境电商平台同时在不同垂直类目商品销售上也有所不同，如炽昂科技主营 3C 数码电子产品，兰亭集势则在婚纱销售上占有绝对优势。C 类跨境电商市场正在逐渐发展，且在中国整体跨境电商市场交易规模中的占比不断升高。在未来，C 类跨境电商市场将会迎来大规模增长。B2C 跨境电商平台代表企业主要有速卖通、DX、兰亭集势、米兰网、大龙网、炽昂科技等。

5. 跨境电子商务的主要模式

学术界目前对于跨境电子商务商业模式还没有给出明确的分类方法。参考电子商务模式分类，从跨境电商交易主体的角度出发，可以将跨境电子商务的商业模式分为 B2B 跨境电子商务、B2C 跨境电子商务和 C2C 跨境电子商务三种模式。B2B 跨境电子商务般指大额的跨境电子商务行为，B2C 跨境电子商务一般指小额跨境电子商务、跨境零售等，这两者都是目前跨境电子商务贸易活动的重要方式。C2C 跨境电子商务主要指个人卖家利用跨境电子商务平台直接与国外消费者进行商品或服务交易的商务活动。在企业对客户模式下，主要采用航空包裹、邮寄、快递等物流方式营销个人消费品，主要报关主体为快递公司或邮政，直接面对境外客户，目前大部分不是海关登记企业。在企业对企业模式下，本质是传统贸易企业，通过电子商务发布广告信息，并在线上或线下完成交易和通关程序。

从跨境电商价值链的角度出发，可将跨境电子商务的商业模式分为自营式跨境电子商务、平台式跨境电子商务、综合服务商式跨境电子商务以及代购代销式跨境电子商务四种模式，这也是一种比较直观的分类方法。

1）自营式跨境电子商务

自营式跨境电子商务通常是指企业以标准化的要求，对其经营的产品进行统一生产或者采购、产品展示、在线交易，并通过物流配送将产品投放到最终消费群体的行为。自营电商具有品牌力强、产品质量可控以及交易流程管理体系完备等特征。

大宗制造业的外贸门槛较高，所以催生企业自建外贸平台来向海外销售自己的产品。该类企业通过自己组建整套的渠道供应链，销售特定类型的产品。自营式跨境电商模式有两个显著的特点：产品集中差异化以及货物的小包化。所谓产品集中差异化是指这类电商大都选取几种利润比较高的产品，如3C数码、婚纱等。而货物的小包化指的则是他们的客户大多是终端的消费者，无须大宗货物的物流，而只需要特定的国际快递来解决物流问题。利用小额跨境电子商务方式，将产品销售给利润率更高的国际市场是自营电商提高利润的重要途径。

自营式跨境电商模式的发展将影响目前淘宝等平台的卖家转向国际化的跨境电商，但是诸如淘宝类的卖家并非人人都能转型做跨境，也不是店店都适合做跨境电商。自营类的跨境电商必须具备以下两个条件。

首先，产品是生产或生产供应商完全可控的。因为在开展跨境电商销售的过程中，传统的商业或经济问题同样存在，如产品质量不高、产品差异化不强、缺乏核心竞争力、产品包装不够、海外市场推广不力等，因此，跨境自营的道路同样需要很好的经营管理。自营跨境电子商务实际上解决的是通路问题，由原来单一的国内销售，到通过跨境电子商务和供应链打通国际市场，因为传统国际贸易需要的通路门槛比较高，通过跨境电子商务可以降低这种进入门槛，但是国际市场同样也是充满竞争的，只是中国的制造成本低廉或者相对汇率等问题，导致国内产品如果能够在国际市场打开局面，其实际利润比较高而已，而这一切都必须建立在可持续开发的国际市场的基础上，所谓可持续开发国际市场也就是指产品是可控的，是具有竞争优势的。

其次，生产商企业必须具有一定的规模。自营跨境电商企业必须有建设外邮供应链的能力，有在海外进行信息化拓展的能力和资源，即可以通过小包化快速进行国际邮递业务，同时让国外终端消费者能够快速知晓并愿意尝试。

2）平台式跨境电子商务

平台模式又称为信息中介模式。这种模式是通过集中买卖双方的信息，并提供给供应商或者客户，最终促成交易达成。

平台模式最典型的案例是以阿里巴巴国际交易市场、环球资源网为代表的B2B电商模式。1999年创立的阿里巴巴是全球企业间（B2B）电子商务的著名品牌，为数千万网商提供海量商机信息和便捷安全的在线交易市场。买家在国际站上采购样品或外贸试单，就像在自由市场买东西一样，产品价格需要买卖双方商议确认后订单才能继续进行。环球资源早在1971年就已成立，早期业务为出版"为那些将亚洲消费品积极出口至西方市场的贸易企业服务的月刊"，是亚洲较早的提供贸易市场资讯者，为专业买家提供采购信息。2000年4月，环球资源成为首个在纳斯达克上市的亚洲纯B2B公司，这种模式下的电商企业只是作为不同国家或地区企业之间的贸易平台来进行信息展示，其收入来源主要是通过向会员收取一定额度的会员费。

平台式跨境电商模式下，小额跨境电子商务企业的价值链中，信息流即企业的"物质流"，其生产与销售的都是信息活动。平台的手段和目的就在于通过对信息的集中、共享，来降低这些企业在跨境贸易中的相关运营成本。

平台式和自营式的最大区别在于信息流的不同。自营模式的信息流都是企业自己去引导和探索的，即使要经过平台模式转换也是要自己去搭建自己的生态链，这就要求自营企业必须花费较大的信息流运营成本。

平台模式有效规避了自营式企业信息流运营的风险。通过互联网手段实现了线上市场的聚集效应，通过信息流的集中和分享，有效搭建了批发商和采购商之间的桥梁，降低了批发、采购企业构建生态链的成本。

3）综合服务商式跨境电子商务

综合服务商模式是一种新的电子商务趋势，其核心功能不再仅仅局限于产品的销售，还涉及物流、支付以及产品质量控制等方面。实际上国内的很多电子商务企业如京东、天猫等都在积极探索综合服务型电商模式，如京东已建立自有物流配送体系，天猫除了延续阿里巴巴的支付宝支付平台外，也在积极寻求建立自有物流体系。

在跨境电商中，敦煌网、阿里全球速卖通是综合服务电商的代表型企业。这种模式与环球资源网等平台模式不同的是，它不只是提供一个交易的平台，更重要的是还可以帮助国内出口企业进行物流、支付、客户管理等。

综合服务商模式就像互联网和计算机应用服务一样，产品和服务都是在一个不断被托管的模式中。对于企业而言，只需要关注自身产品和信息的交互即可，而不用关心系统、生态链等其他内容。可以说，综合服务商模式使得跨境电商中批发、采购商的业务变得更加简单和更加有保障。

4）代购代销式跨境电子商务

代购代销式跨境电子商务的发展是基于大众化的消费模式而产生的，主要兴盛于近几年，随着出国人数的增多，人民生活水平的提高，很多人在国外工作和留学，因此这些人群自然而然地成了国内很多买家的首选代理人。刚开始也许是因为朋友感情维系，代购的种类和数量也较少，慢慢随着人数的增多以及口碑的传递，代购量逐渐增大，因此代购者就有了利润的需求。截至目前，代购已经在国内形成了产业化运作，其产业化规模也在不断扩大。

跨境代购代销模式主要在个人消费者中比较普遍，其产生的原因在于个人消费者对国外高质量的商品、奢侈品的需求，以及国内的高税收导致的同类商品价格偏高。跨境代购代销模式也存在着一定的弊端：第一，在售后服务方面，由于购买者和使用者不是同一个主体，以及购买地和使用地处在不同的国家和关境，受不同的政策环境等影响，因此在售后服务方面缺乏保障；第二，被海关查税扣留的风险，跨境代购代销往往存在超标购买等现象，违反跨境贸易的原则；第三，时间风险，因为没有固定的货运物流及线路，加上小批量采购的不可控因素较多，因此会有周期不稳定的风险。

三、移动电商和O2O电商

移动商务可以理解为是电子商务的一条的分支，移动商务是指通过移动通信网络进行数据传输，并且利用移动信息终端参与各种商业经营活动的一种新电子商务模式，它是新技术条件与新市场环境下的新电子商务形态。

1. 移动电子商务的定义

移动电子商务就是指人们使用手机及掌上计算机等无线移动终端进行的网上电子商务活动。它将因特网、移动网络技术及其他信息技术相结合，让人们在任何时间、任何地点都可从事各种商业活动，其中包括电子商务活动、金融活动和相关的综合性服务活动等。移动电子商务提供的服务是多种多样的，研究其服务能体现商业模式的创新和发展，移动电子商务模式更加注重利民服务的普遍性和便利性，使其商业模式研究更加具体和多样化。以下是当前移动电子商务主要支持的服务种类。

1）银行业务

用户可以使用移动终端管理自己的银行财务信息，检查自己的账户，支付转账的账单信息，以及接受付款的通知等，这既完善了银行体系，又方便了用户。

2）交易服务

移动电子商务的应用充分体现在它的即时性上，移动设备可随时接收订单信息，方便和安全地完成在线交易。

3）订票服务

用户借助移动电子设备，查找和浏览机票、车票信息，在线确定后支付票费，还可提前预订机票、车票等，也可随时更换车次或航班。同时用户可浏览将要上映的电影影评，然后在线购票。

4）购物服务

用户现在使用手机就可购物。用户可浏览商品的信息和买家评论等挑选商品，比较分析商品的性价比，选择中意的商品进行交易，完成电子支付。用户也可选择货到付款，真正体验到购物的方便性、随时性，还可以参加各类商家推出的抢购活动、优惠活动等，享受购物的便利。

5）娱乐

移动电子商务提供了很多娱乐服务。用户可以从移动设备上收听音乐、下载歌曲、支付歌曲的费用，同时还可在网上与好友一起玩交互式游戏，还可为游戏中角色和装备付费。

6）无线医疗

在医疗事业上，每一秒对病人都是宝贵的。借助智能终端，将救护车作为连接医疗中心和病人家属实时的数据交互，掌握病人的状况，争取每一秒时间救护病人。在无线医疗商业体系中，病人、医院、保险公司都能获得收益，并且愿意为这项服务支付费用。由于医疗市场的空间较大，病人需要医疗服务，专业医生为病人提供了医疗信息，同时病人也要支付一定费用。这种医疗服务方便了病人，也为社会的发展创造了价值，同时由于移动互联的特性，可在全球应用发展，带来巨大的商业利益。

7）移动应用服务提供商

移动应用服务提供商与定位服务技术、短信息服务、WAP（Wireless Application Protocol，无线应用协议）技术，以及 Call Center（客户服务中心）技术相联系，将服务及时提供给用户，提高用户的工作效率。

2. 移动电子商务特点

相对于传统电子商务而言，移动电子商务在便捷性等方面更加具有优势，因此使得其更容易融入人们的工作、生活、学习之中。

1）方便性

终端设备不仅是一个可以移动的通信工具，同时还是一台可以移动的 POS 机，一台可移动的银行 ATM 机。手机网民可以随时随地进行电子商务交易和银行业务。

2）不受时空控制

移动电子商务是从传统的电子商务到现在的借助无线通信技术产生的商务活动的转变，从在 PC 上的商务活动到随时随地的商务交易的延伸。移动电商最大的特点是移动用户获得所需的服务、应用程序、信息和娱乐，并且都是随时随地的，没有时间和空间限制。用户可以使用自己的智能手机搜索、选择和购买商品或服务，来获得所需的消费需求。

3）安全性

移动电子商务的安全性主要体现在，为广大的移动银行业务客户更换成大容量的 SIM（Subscriber Identification Module，用户身份识别卡）卡，同时使用安全可靠的密钥，对传输的数据信息进行加密，使传输的整个过程都使用安全的密文，防止黑客的攻击和窃取，保证了安全可靠。

4）开放性、包容性

移动电子商务通过与移动网络接口，实现无线化的接入，任何人都能很容易地上网购物、游戏、获取信息娱乐等，使进入网络世界更加容易，网络的范围越来越广阔，更加开放，与此同时，网络虚报功能让用户亲身体验，具有现实性、包容性。

5）潜在用户规模大

目前，我国的移动网民用户已超过 6 亿，拥有世界上数量最多的移动网民。移动设备的使用远远超过了计算机，而且手机用户都倾向于使用智能手机，可以随时上网购物、玩游戏。就消费者群体来说大多数是年轻人，他们有用手机付款的能力，因此规模在不断扩大，消费能力也在提高。

6）易于推广使用

现代的移动通信网络具有便捷性和使用灵活性，企业对移动电子商务的服务行为更加符合大众的消费理念，在人们生活中扮演着重要角色。例如，自动售货机、停车计时器、超市的收银机、出租车计费器、移动网络支付接入系统等，方便了人们的生活，也推广了商家的业务。电商的应用领域更加广泛，人们很容易就可办理自己所需要的事情，动动手指就可完成日常生活事务。

7）迅速灵活

移动用户可以依据自己的时间来选择浏览商家，进行交易选择，同时还可选择支付的方式，并自行设置用户的个性化信息。

移动电子商务提供了更多的服务，服务形式更简单，操作更方便，更具发展前景。就像基于互联网的电子商务一样，人人都可以使用，体验虚拟网络的乐趣。

3. 移动电子商务生态系统

移动电子商务生态系统是一个复杂的动态性系统。根据生态系统以及商业生态系统原构成物种分为生命体与非生命体。生命体为系统内各企业、组织与机构等，非生命体为企业内外部环境，以及系统所面临的各类环境。以系统内不同角色的定位进行分类，可以将移动电子商务生态系统内角色划分为以下几种。

1）核心主体

移动电子商务企业或平台，是整个生态系统资源的领导者，可以通过所提供的交易平台以及信息、监管等服务，承担着移动电子商务生态系统的资源整合与沟通、协调的作用。

2）关键主体

移动电子商务的交易主体，包括供应商、消费者、投资商、生产商，乃至供应商的供应商以及客户的客户，他们一起构成了移动电子商务生态系统其他物种所共同服务的对象。

3）支持角色

电子商务交易所必须依附的企业、组织或机构，包括物流企业、支付企业、金融机构、行业协会、政府机构、通信服务企业、信息技术机构等。这些角色都是围绕移动电子商务核心主体与关键主体活动，支持移动电子商务系统的正常运转。

4）寄生角色

为移动电子商务交易提供增值服务的服务提供商等，包括网络营销服务商、各类技术外包服务商、电子商务咨询服务商、供应链优化及整合服务商、物流增值服务项目提供商、各类广告服务提供商等。它们依托于移动电子商务主体而得到生存，同时又为整个系统提供了多样化的增值服务。

5）环境

移动电子商务生态系统所包含的各类环境，包括各企业、组织及机构内部环境，也包括它们面对的外部环境，以及系统所面对的外部环境等。从环境类别看，分为政治环境、经济环境、法律环境、技术环境、社会文化环境、自然环境等。

4. 移动电子商务发展趋势

1）更加智能化

未来随着移动终端的高速发展，移动电子商务在电子商务中逐渐处于主导地位，移动电子商务的优势将进一步得到巩固。移动终端的高速发展，刺激越来越多的企业和电子商务服务商研发出更多的App，基于App的电子商务，不仅可以承担传统的电子商务销售功能，还可以促进企业和消费者之间的沟通，精确掌握消费者的消费习惯，更好地把握消费者的需求，同时促进企业的品牌推广和传播。

2）和线下实体商店高度融合发展

4G网络的广覆盖和高带宽，促使移动电子商务和移动支付长足发展，很多线下实体商店选择支持移动线上支付，同时为减轻线下实体商店的租赁成本和更好地拓展业务，更多的线下实体商店选择开设线上分店。随着未来技术的不断发展，运营商将提供更广覆盖、更高网速和更优质的无线接入服务，这使得基于移动终端的移动支付变得更加便捷和高效，促使更多的线下实体店选择移动支付，促使移动电子商务和线下实体店高度融合发展。

3）移动电子商务趋向个性化服务发展

移动电子商务较其他形式的电子商务有一个巨大优势，就是基于移动终端，移动终端可以为移动电子商务发展带来以下优势：一是移动终端可以使用户时时在线，随时可以产生交易机会；二是基于移动终端可以精确定位用户所属地理位置信息，有利于发掘用户需求，同时向用户推送附近相应的产品和服务；三是移动终端可以借助社交软件，如微信、QQ、微博、百度搜索等收集和整理用户的社交和搜索信息，通过对这些信息的分析挖掘可以帮助判断用户的消费行为和消费习惯，根据用户个性化的需求为用户推送相应的产品。通过对移动终端带来的优势分析可以发现，根据用户的消费行为和消费习惯提供个性化、差异化的服务将是未来移动电子商务发展的一个重要趋势。

4）粉丝化

物以类聚，人以群分。传统的电子商务主要根据电商销售的货品进行区分，如当当网最初主打图书类的产品，京东主要经营电子类产品。在此思维下，各个电商的网站也是根据货品进行分类、搜索、导航来分流，这些传统的模式在 PC 时代、大屏时代取得了不错的效果。显然，未来的时代属于移动终端和小屏时代，一方面传统的基于货品的分流、搜索模式在小屏时代不再适用，另一方面很多移动用户往往被内容资源和社交方式引导，如微商，很多微商通过优质的内容资源吸引和聚集消费者，引导消费者进行消费，然后通过口碑相传，进而培养更多的粉丝，通过互粉等社交方式帮电商推送相应的产品和服务。因此，通过丰富优质的内容资源，逐步培养忠实的粉丝，将是未来移动电子商务发展的一个重要趋势。

5）碎片化

得益于智能终端的广泛普及和无线接入网络的质量提升，移动支付更加深入人们的日常生活当中，越来越多的人在繁忙的工作之余，利用碎片化的时间通过移动终端进行购物。数据显示，碎片化购物在移动电子商务中所占比例已经过半，并且高速增长，未来碎片化的购物方式将成为移动电子商务发展的一个重要力量。

5. 移动电子商务模式分析

移动电子商务的商业模式是指在移动网络技术的研究背景下，进行商务活动的参与主体之间开展商业活动，并能使其企业创造价值，最终获得利润，移动电子商务商业模式是在智能终端上开展商业活动，需要移动运营商的移动网络支持，平台提供商搭建一个平台内容服务商将服务呈现给用户，在整个流程进展中，双方互利共赢，共同创造企业的价值。在整个商务过程中，商业模式贯穿每一个环节，是由企业的内部资源、赢利模式、外部协作模式、支付模式、商家信用等级等部分组成，借助移动网络技术和物联网技术研发产品，使用营销方式进行推广，实现企业的价值创造的。

Airbnb 创业案例

移动电子商务的商业模式是商户为了实现自身发展创造收益，满足用户的需求，注重用户的体验，保证用户的满意度，最大限度地吸引客户资源。企业推广自己的服务，并在相关同类产品中站稳脚跟，需要自身创造适合自己的商业模式，并为顾客创造更多适合他们的消费产品。

1）团购模式

团购模式起源于美国，是每天推出一项优惠活动，价格有时低至一折，同时在规定的时间内进行抢购的秒杀活动，对用户的吸引力极大。每天让用户享受折扣价，团购网站上提供的生活服务项目是多种多样的，商品服务在规定的时间内严格控制人数，充分调动用户的热情和培养用户每天团购的习惯，鼓励用户将活动信息分享给身边的好友，带动潜在的消费者消费，给老用户提供优惠活动等。

这种团购模式是以一种多方互利共赢的机制来完成电子商务活动的，商家、消费者、网站平台都在创造自己的价值。商家将信息提供给平台，平台进行推广和宣传，并收取费用产生盈利。消费者根据自己的需求来选择消费，方便了生活。将三者之间的资源充分利用和合理分配，团购网站平台将商家的信息录入网站中并进行发布，收取一定的资费，同时用优惠促销的方式来吸引用户消费，扩大了商品服务的供需。

团购模式的创新之处在于提供了限时团购的在线交易服务，以每日最新、商品价格低廉的模式，吸引无数的购买者，然后向商家收取一定的推广服务费用作为回报。团购模式给电子商务的商业模式带来了创新，促进了电子商务的发展。总之，团购模式是在创造需求，提供低廉的价格优惠活动，刺激消费，培养消费的习惯，每天更新限时折扣商品，给电子商务商业模式带来全新的发展。

2）O2O模式

O2O模式是一种线上供应、线下交易的交易模式，是将实体的经济信息与互联网资源整合在一起，把互联网作为线下的交易前台，将商家的信息带到互联网中，让用户了解商家信息，有效地聚集了商家，例如，商家服务的打折、团购等服务信息，让用户了解并购买，获取一个优惠券码或是验证码，到线下实体店进行消费。这种模式是将互联网与实体店紧密联系起来，线上供应服务、线下消费的创新服务模式。这种模式更多注重用户体验，商家为了满足消费者的需求，提供了试玩和试用等服务，对吸引用户有很大的效果，能够让消费者体验商品的真实性，愉快地进行消费，同时顾客消费完还可对商家服务进行评论，为潜在的消费者提供参考。同时线下服务商家将不再受物流约束，节约了商品物流运输过程中的成本和等待时间，避免发生物流运输中商品损坏等意外情况。在商务平台上推广降低了推广成本，解决商品推广效果量化的问题，尽可能地以低成本推广。O2O平台使用户的黏度大大提高，注重本地化的消费，在本地服务，服务平台贴近消费者的日常生活，更容易培养用户忠诚度。

现今，我国的O2O模式发展比较迅速，一些生活便利服务发展快速，手机购票、旅游预订飞机票、景点票、电影票、团购等服务模式，都运用了O2O模式。在线支付使消费者完成交易，在线下享受服务，使日常生活中的服务内容更加便捷，不用浪费更多的时间去排队买票，同时商家也很看重与消费者的互动，提供打折优惠活动，吸引消费者进店消费，消费完还可登录网站进行评论，使商家获得信誉保障，也为其他用户提供了参考意见。

3）社群模式

社群模式是通过用户的口碑来达到消费的商业模式，紧紧把握用户的社交群体，达到宣传和推广，以一传十的方式来进行营销，在用户中创立良好的口碑形象，利用社交网络关系，以自身的品牌进行营销。利用社交工具的聚合关系链条，形成群体组织，以开放和分享的模式来宣传品牌，将群体的网络关系形成商业生态圈，以聚群的模式来影响和传播商品信息。

将一些具有移动电子商务的企业，建立移动支付平台、移动交易服务平台，以及公共管理服务平台，这些都体现了移动电子商务的发展。在这些平台上，商家可以共享服务，同时还能利用自己的社会网络关系，宣传和吸引更多的商家加盟自己的企业，共同发展并创新服务模式，在网络中占据主导地位的领导者可以成为商业发展的领头人物，共享自己的品牌信息，同时利用群体成员的关系网络，来宣传自己的品牌，达到共赢的目的。

一个群体的力量是无限大的，一个成员就可拓展很多成员的加盟，利用这种社会网络关系来营销，不仅在拓展自己的业务，同时也是在进行利益共享，在老顾客中树立良好的信誉口碑，吸引其他潜在的用户来消费，无疑不是在促进电商的发展。一个好的社交平台提供了良好的传播途径，例如，微信的朋友圈就是一个很好的宣传平台，利用熟人之间的关系来传播业务，熟人彼此间会有信任关系，可以降低销售的难度，同时也能很快地建立自己的销售群体，一个好的电商平台也就建立了起来。同时还需要支付环节的支持，要有支付接口服务，这就需要多方的协作关系，使用户群体间的信任机制能很好地达成共识，注重人与人之间彼此的信任，不会有欺骗的行为。依靠群体中的口碑来营销商品，是现在比较常见的一种现象。

第三节　大学生与互联网＋创业

"水许转"之
关西牛排馆

一、互联网＋创业新兴经济模式

"互联网＋"是一种新的经济形态，促使新技术、新产品、新业态不断涌现；"互联网＋"是一种思维模式的突破，推进传统企业与互联网的有机结合；"互联网＋"是一种新的生产方式和手段，推动企业转型升级，提升效率；"互联网＋"是一种新型生态，加强产业联合，实现跨界融合。"互联网＋"为大众创新、万众创业带来了可能，引发了创业热潮。中国已进入"互联网＋"时代，这为创业提供了更为良好的条件，新一轮互联网创业浪潮正在形成。

在"互联网＋"的经济环境下，商业创新活动日趋频繁，各种新型经济模式纷纷涌现。

1. 草根经济

1）概念

草根是指同主流、精英文化或精英阶层相对应的弱势阶层。草根经济，泛指满足"草根"各种需求的经济活动。

近年来，随着互联网的飞速发展，越来越多的草根人士选择借用互联网平台，成就一番事业。凭着一股敢于挑战的劲头，一些草根人士逐渐成了互联网时代的一颗颗璀璨新星，而"草根"也成了年轻一代的梦想代名词，"草根经济"也变得愈发火热，我们迎来了一个草根逆袭的时代。

2）特点

顽强性："草根"的生命力和繁殖力跟野草一样，因此"草根"代表的是一种"野火烧不尽，春风吹又生"的生命力。

广泛性："草根"遍布世界的每一个角落。可以说每一个在自己键盘上坚持更新的博主都是草根。网络业应该是一种草根文化（Grass-rooted Culture），它所能表述的是一种非主流、非正统、非专业或被称为爱好者，甚至纯粹出自民间草泽的人所构成的群体，他们区别于那种故步自封、唯我独尊的所谓正统的、主流的声音，有其独立存在的理由和独特优势。

第八章 了解网络创业形式与电商创业机会

创新和创业是一个成功率很低的事情，人们不敢去做是因为失败的概率太大，付出的成本太高。而现在的"互联网+"时代能够让试错的成本大幅度降低，也就是失败的代价降低了，这将根本上掀起一股创业的浪潮。同时，以前创业机会不足，是因为资源配置的相对扭曲，生产结构必须是大规模、重资本的。但是，随着"互联网+"时代的到来，只要产品够新、够好，想创业的人都可以通过互联网的手段找到市场。他们只要在某一个细分领域获得成功就能够生存，这完全改变传统创业的内涵，我们真正进入了大众创业的时代。

2. 粉丝经济

1）概念

粉丝经济泛指架构在粉丝和被关注者关系之上的经营性创收行为，被关注者多为行业名人等。粉丝经济的概念最早产生于六间房秀场，其草根歌手在实时演艺过程中积累了大量忠实粉丝，粉丝通常会通过购买鲜花等虚拟礼物来表达对主播的喜爱，在节日和歌手生日等特定时期礼物的消费尤为活跃，据统计，秀场的 ARPU（每用户平均收入）值最高可达 1 000 元人民币。

粉丝经济的产生为音乐、影视等娱乐行业指明了客户所在，区分客户和用户，并差异化地对这两个群体服务正在被业内人士普遍关注，行业内部期待粉丝经济可以改变近年来收入低迷、新人和新作品匮乏的现实。

2）特征

粉丝经济的交流或消费驱动力是以情感为主的。与传统零售相比，粉丝经济效率要高、费用更低。并且企业与用户直接交往，让用户参与产品的完善，在培养用户情感的同时也有利于打造符合用户需求的产品。拥有更优的极致产品体验能将用户发展为企业的粉丝，一个粉丝带来的不仅是重复购买，更是在为企业进行信用背书，利用移动互联网实现口碑的快速传播。

3. 网红经济

1）概念

网红指的是在社交平台上具有一定量的社交资产，并且有能力将这些社交资产变现（变现方式通常包括广告与网红电商）的人。其范围不止于网络上走红的、善于自我营销的美女，网络上以新浪微博为主的各大社交平台上均长期活跃着各类垂直领域的意见领袖或者行业达人，包括游戏、动漫、美食、宠物、时尚、教育、摄影、股票等领域都有一些极具影响力的网红。

网红经济是指以一位年轻貌美的时尚达人为形象代表的，以红人的品位和眼光为主导，进行选款和视觉推广，在社交媒体上聚集人气，依托庞大的粉丝群体进行定向营销，从而将粉丝量转化为购买力。

2）特征

由于网红平民化、廉价以及精准营销的特点，其商业价值正在被逐渐挖掘。相比于粉丝经济的"漫灌"营销，网红经济由于网红在特定领域的专业性，网红们能够更精准地将产品导向粉丝需求，实现了"精灌"营销，提高了消费转化率。同时，网红又兼具广告或流量费相对低以及更为平民化的特点，其相比于粉丝经济具有独特的优势。

4. 社群经济

1）概念

社群经济是指互联网时代，一群有共同兴趣、认知、价值观的用户抱成团，发生群蜂效应,在一起互动、交流、协作、感染,对产品品牌本身产生反哺的价值关系,并由这种建立在产品与粉丝群体之间的情感信任和价值反哺共同作用形成的自运转、自循环的范围经济系统。产品与消费者之间不再是单纯功能上的连接,消费者开始在意附着在产品功能之上的诸如口碑、文化、魅力人格等灵魂性的东西,从而建立情感上的无缝信任。

2)特征

情感连接:社群能给一群有共同价值主张、共同趣味的人建立情感关联。使得他们能够产生点对点的交叉感染,并且可以协同行动产生叠加能量,从而合力创造出涌现价值。

利益联结:社群本身也是一种组织形态,要维持这个系统的正常运转,系统内的每个个体都要产出价值和获得收益,而且系统本身还会进行周期更迭。就像人体内的细胞一样,每个细胞都应该获得营养供给,死去一批细胞,要有新的细胞升位,从而保证组织体的结构完整性。

范围经济:社群本质上是一套小范围内的生态系统,社群本身是要有自生长、自消化、自复制能力的,并不以中心化的永动机来牵引导航。

5. 分享经济

1)概念

互联网分享经济是指个体之间通过互联网直接交换商品或服务的行为。这些交换皆可通过网络实现。这种个体间直接交换的系统,在任何时间均可将世界各地成千上万的人们连接起来。消费者通过上网进行消费或者交换,可以享受更加便利、舒适、快捷和实惠的商品和服务。

2)特征

分享经济的特点是在陌生的个体之间通过第三方网络平台进行物品交换。因此,除了网络这一基础条件外,信任是实现分享经济的另一个基本条件。正是这个平台,为分享经济群体里的个体建立了相互有效的、值得信任的关系。第三方在分享经济发展过程中实现了巨大的金融收益,投资者也十分看好这一新型经济发展模式。

二、互联网+大学生创业的要素

1. 内部要素

1)创业意识

创业意识对大学生开展自主创业具有重要影响。目前虽然有很多大学生毕业后选择自主创业,但多数毕业生还是倾向于通过公务员或事业编考试寻找一份稳定性的职业。"互联网+"时代的到来对大学生开展自主创业提供了难得机遇,创业意识是推动创业的重要动力,良好的创业意识对提高大学生的创业成功率具有重要作用。创业不是去刻意模仿别人,也不是因找不到满意的工作而做出的无奈选择,应该是怀着满腔热情,把创业看作是实现人生价值的职业选择。

2)创业品质

创业是一项充满风险和挑战的活动,创业的过程不会一帆风顺,必定会充满艰辛和挫折,特别是在"互联网+"时代这种开放性的空间下,机遇和挑战对每个人都是平等的。只有具备良好心理品质,无论在任何情况下做到胜不骄、败不馁,勇敢面对创业道路上的各种苦难挫折,坚忍不拔,才能走出一条创业的成功之路。对大学生来讲,培育良好的创业品质更是至关重要，因为大学生在专业知识、创业潜能等方面具有明显优势，但在心理品质、承受挫折的意志力等方面较为缺乏。

3）创业能力

创业能力的培养对大学生顺利开启创业之路，获得创业成功意义重大。"互联网+"时代下，社会发展千变万化，各种信息相互交错、良莠不齐，对大学生来讲，必须具备独立甄别和判断的能力，才能在纷繁复杂的信息海洋中获取有价值的信息。另外，"互联网+"时代下经济发展进入新常态，产业转型升级步伐加快，大学生必须具备敏锐的市场洞察力才能在激烈的市场竞争中立于不败之地。除此之外，大学生还需要具备对人、财、物管理处置的能力，良好的人际沟通、组织协调能力，对社会关系资源配置的能力以及对各种组织制度配置的能力。

4）创业知识

随着经济全球化和"互联网+"时代的到来，单一的知识结构已经不能适应现代社会的发展要求，对知识结构的多元化和交叉性、综合性要求越来越高。大学生虽然具备扎实的专业知识，但在互联网快速发展的新时代下，特别是在创业过程中是远远不够的。大学生只有具备一定的组织管理知识、财务知识、法律知识、经济知识，不断提高自身综合素质，才能提高创业的成功率，才能对各行各业都有一定的了解和认识，才能发现别人发现不了的商机，并最终在激烈的市场竞争中脱颖而出。

5）创业心理素质

创业心理在大学生创业过程中起着根本性作用，是大学生创业成功的关键因素。与其他创业人员相比，大学生无论在创业经验还是在创业资本积累上都明显处于劣势，只有全心全意投入到创业事业，将自己的弱项转化为别人不具备的强项，才能使自身的创业潜能发挥到极致。良好的创业心理主要包括：永不言败的进取精神，诚实守信的品质，不怕吃苦、乐观向上的人生态度以及敢于竞争、不怕冒险的意识等。

2. 外部要素

1）社会舆论要素

舆论环境在大学生创业过程中发挥着重要作用，深刻影响着大学生的创业心理和创业氛围。良好的舆论环境有利于营造宽容失败，理解、尊重、鼓励、支持创业的环境氛围，对鼓舞大学生的创业士气，激发创业热情、潜能和动力，弘扬创业精神具有深远的影响。

2）政策法制要素

健全的法律和政策制度是大学生开展自主创业的根本保障。积极的法律和政策措施，能够为大学生创业提供良好的法律制度环境，解决大学生创业过程中面临的资金、信息、市场等方面的困难和问题，进一步增强大学生创业的信心和勇气，使他们更加努力学好专业知识和其他知识，为更好创业做好知识储备；同时，也会鼓励和引导越来越多的大学生加入自主创业的队伍中来。

3）市场环境要素

市场是大学生进行创业，施展才华的主要舞台，也是检验创业成效的试金石。市场环境对大学生创业具有重要影响，规范健全的市场机制，客观、公正、透明的市场环境能够帮助大学生消除创业初期的紧张心理，消除顾虑，增强冒险意识、竞争意识，发挥自身的聪明才智，加快自主创业进程。

4）校园文化要素

高校创业教育的开展是大学生创业知识、创业精神培育的基础，健康向上的校园文化环境，丰富多样的创业教育活动，科学合理的创业课程体系，完善的创业基础设施、高效的创业激励评价机制和创业技能竞赛等，是大学生创业技能、创业意识、创业精神培育的重要载体。充满蓬勃朝气的校园创业文化环境，可以燃起大学生心中的创业激情，激发大学生无尽的创业潜能，是大学生投身创业实践的重要动力。

5）社会环境要素

大学生创业理念、创业精神的形成、培育与社会文化环境因素息息相关。实践证明，在一个以创业文化为引领的国家，经济社会发展必定充满着无限的创新生机与活力。社会鼓励创业，人们崇尚创业，竞相创业并以创业为荣耀。在这样的社会文化环境氛围中，创业成为衡量人的价值的基本标准，大学生也把自主创业作为人生职业规划的首选，并由此形成大学生竞相开展创业实践的生动局面。

6）家庭社会环境要素

家庭社会环境要素对大学生开展自主创业也具有重要的影响，在创业过程中，家人的理解，朋友的帮助会使大学生从精神、心理上得到鼓舞，坚定自主创业的信心和决心，进而形成强大而持久的创业动力。另外，家庭作为大学生成长发展的土壤，家庭的环境氛围对大学生的性格养成、人生态度以及心理状态都具有重要影响。特别是在从事商业活动的家庭环境中，大学生在耳濡目染中会受到熏陶和感染，从思想、心理上对创业产生一种倾向性，而且与其他家庭成员的孩子相比，他们在思想上更加成熟，性格上更加独立，内心更具责任感。这些家庭成员对孩子的这种创业倾向也会产生一种理解和支持的态度，并会从经济、技巧、市场等多方面将自己的创业经验毫无保留地传授给他们，引导大学生在创业过程中少走弯路，提高创业成功率。

三、互联网+大学生创业的优势与劣势

1. 互联网+大学生创业的优势

1）"互联网+"时代为大学生开展自主创业提供了难得的机会

互联网技术的迅猛发展对人们的生产生活、工作和学习产生了深刻影响，特别是对网络环境下成长起来的大学生群体，互联网技术的发展为其自主创业提供了难得的机遇和广阔空间。大学生思维活跃、创新意识强，容易接受新鲜事物，在运用网络创业方面具有独特优势，一些软件程序的开发（如滴滴打车等）都是大学生开展自主创业的成功典型，在为大学生实现人生价值的同时，也提供了大量的就业岗位，促进了国民经济发展。

2）"互联网+"已经成为大学生自主创业的有效平台

"互联网+"经济已经成为一种新的经济形态，受到社会各界的高度重视。各企业也在顺应"互联网+"时代发展要求，不断强化互联网平台的作用，探索新的生产营销模式。随着信息技术的发展和网络的普及，目前我国已经成为世界上网民总数和智能手机用户最多的国家，同时也是世界上最大的智能终端市场。"互联网+"经济产业已经成为国民经济发展的重要产业，"互联网+"经济平台也已经成为大学生自主创业的重要平台，对大学生事业发展、人生价值实现提供了重要平台和途径。

3)"互联网+"降低了大学生自主创业的门槛

"互联网+"经济作为一种开放型的经济形态,与其他行业相比,创业条件和创业门槛较低,更加适合处于创业初期的大学生群体。以当前正在迅猛发展的"微信创业"为例,仅2015年上半年,在腾讯平台注册的微信创业团队就高达1 000万,并带动了大量的人群就业。"互联网+"时代的开放性特征大大降低了大学生自主创业的条件限制,有效激发了大学生的创业潜能,对大学生开展创业产生了积极影响。

2. 互联网+大学生创业的劣势

1)社会经验不足

由于大学生社会经验不足,常常盲目乐观,没有充足的心理准备。对于创业中的挫折和失败,许多创业者感到十分痛苦茫然,甚至沮丧消沉。大家以前创业,看到的都是成功的例子,心态自然都是理想主义的。其实,成功的背后还有更多的失败。看到成功,也看到失败,这才是真正的市场,也只有这样,才能使年轻的创业者们变得更加理智。

2)管理经验缺乏

急于求成、市场意识及商业管理经验的缺乏,是影响大学生成功创业的重要因素。学生们虽然掌握了一定的书本知识,但终究缺乏必要的实践能力和经营管理经验。此外,由于大学生对市尝营销等缺乏足够的认识,很难一下子胜任企业经理人的角色。

3)创业理念不成熟

大学生对创业的理解还停留在仅有一个美妙想法与概念上。在大学生提交的相当一部分创业计划书中,许多人还试图用个自认为很新奇的创意来吸引投资。这样的事以前在国外确实有过,但在今天这已经是几乎不可能的了。现在的投资人看重的是你的创业计划真正的技术含量有多高,在多大程度上是不可复制的,以及市场赢利的潜力有多大。而对于这些,你必须有一整套细致周密的可行性论证与实施计划,绝不是仅凭三言两语的一个主意就能让人家掏钱的。

4)市场观念较为淡薄

不少大学生很乐于向投资人大谈自己的技术如何领先与独特,却很少涉及这些技术或产品究竟会有多大的市场空间。就算谈到市场的话题,他们也多半只会计划花钱做做广告而已,而对于诸如目标市场定位与营销手段组合这些重要方面,则全然没有概念。其实,真正能引起投资人兴趣的并不一定是那些先进得不得了的东西,相反,那些技术含量一般但却能切中市场需求的产品或服务,常常会得到投资人的青睐。同时,创业者应该有非常明确的市场营销计划,能强有力地证明赢利的可能性。

5)科技含量不足

大学生自主创业多是从事一些技术含量不高的传统行业,成功率低。大学生在校参加的自主创业计划大赛中,大多数项目都是关于高新技术的。一旦学生毕业脱离学校后,要凭个人之力创办高科技企业,却往往显得势单力薄。因为一些风险投资公司不愿意投资到学生创业的公司这些规模小、风险大的企业。所以,大多数毕业生在创业时选择了启动资金少、容易开业且风险相对较小较容易操作的传统行业,如餐厅、咨询、零售等小而适合自己的行业。这样一方面可以节约成本,另一方面也可以先积累经验。人们对于大学生创业无疑是寄予厚望的,尽管国家出台了优惠政策,引导大学生自主创业,但目前选择自主创业的大学生并不多,自主创业的成功率也不是很高。

课后习题

一、单项选择题

1. 电商团队组成成员不包括（　　）。
   A. 创业者　　　　　B. 员工　　　　　C. 天使投资人　　　　　D. 合伙人
2. 下列关于电商企业财务内容说法错误的是（　　）。
   A. 理论 = 总收入 − 总成本
   B. 利润 = 产品单价 × 销售量 − 直接成本 − 间接成本
   C. 销售额 = 客单价 × 转化率
   D. 投资回收期 = 年均营业净现金流/投资年数

二、多项选择题

1. 下列属于电商创业者融资渠道的是（　　）。
   A. 借款　　　　　B. 银行贷款　　　　　C. 天使投资　　　　　D. 股份合作
   E. 政府担保
2. 电商的客户服务部主要工作职责有哪些？（　　）
   A. 客户接待与咨询　　B. 处理顾客投诉　　C. 管理会员资料　　D. 定期客户回访
   E. 提高店铺黏性和促成二次销售
3. 预测电商企业利润的基本步骤是什么？（　　）
   A. 预测电商企业销售收入　　　　　B. 预测直接成本
   C. 预测间接成本　　　　　　　　　D. 完成利润计划
4. 在电子商务领域，P2P 是通常下列哪项英文单词的缩写？（　　）
   A. point – to – point　　　　　　B. Peer – to – peer
   C. Person – to – person　　　　　D. People – to – people

三、判断题

1. 电商利润公式是：利润 = 流量 × 转化率 × 客单价。（　　）
2. 做电商企业利润预估的时候，必须要有准确的数字预测，才算是成功的预估。（　　）
3. 蚂蚁金融属于 P2P 的典型代表。（　　）
4. 客服只能招聘女性员工。（　　）
5. 两个企业通过网络进行的交易肯定是 B2B 模式。（　　）
6. 制约电子商务发展的瓶颈环节是电子支付。（　　）

四、问答题

电子商务交易模式有哪几种？哪种模式在整个电子商务市场中所占比例最大？

五、拓展阅读（优秀创业校友案例）

辛巴国际少儿培训中心创始人——方伊一

第九章
创业教育计算机综合实践

第一节　认知创业计算机综合实践

一、学习目标

（1）通过体验式实训，深刻理解创业的本质，给出每位学习者自己对创业的理解与定义。

（2）直观感受创业过程中的资源、机会、价值等核心要素之间的关系。

（3）形象深刻理解在创业资源不足的情况下，如何不拘泥于现有资源，通过对现有资源的合理利用与管理，完成价值创造的过程。

（4）感受创业过程中各种机会的把握与利用的过程。

（5）感受创业过程中价值创造的本质与内涵。

（6）理解无形资源（信息、人际关系等）在创业过程中的影响及作用。

（7）适应创业过程中时刻存在的高度不确定性和模糊的状况。

二、实验介绍

项目名称：认知创业计算机综合实践

创业的本质是什么？创业的定义又是什么？创业于我们每个人的距离到底有多远？我们又如何积极关注甚至参与到这样一个让人激情澎湃的领域中去？

作为专职从事创业教育及研究的工作者，我们一直在研究如何使用理论教学之外更好的教学手段与工具，帮助更多学习者解决一系列围绕创业基本认知有关的困惑，通过精心设计的教学工具与学习安排，让更多学习者了解创业、关注创业、体验创业、参与创业。

认知创业应用就是这样一个实训项目，这是一个基于计算机网络的交互式创业3D模拟游戏（界面如图9-1所示），每名学生在刚开始将随机获取到不同类型但相同价值的创业资源，每位学生在接下去的创业模拟中，可以选择将自己手中的资源售卖或出借给其他人，也可以选择从其他人手中购买或借取资源，购买或借贷的类型、价格及数量完全取决于学生们协商的结果。

图 9-1　认知创业计算机综合实践学生界面

本实训将在授课老师的统一引导下进行若干期连续模拟，每位同学在每一期都有机会进行资源交易、机会识别与确认、价值创造的过程。通过高度参与的体验式游戏过程，该实训主要设计目的是提升同学们对创业过程主要特征及本质的理解，积极参与实训及听取授课老师的知识讲解将是最重要的，至于最终游戏结果及成绩，大家不必过于关注。

认知创业应用的最大特点就是使用有限的课堂教学时间，用几个所有人都耳熟能详的身边物件，把课堂教学环境快速转换成一个充满趣味与高度复杂的创业环境。几条通俗易懂的游戏规则，最终使每一位在课堂中的学生都不得不积极参与并绞尽脑汁全身心投入到当前实训项目中来，通过本实训的学习，相信大部分同学都会对创业有一个更加深刻与形象的认知与理解，同时大部分同学也会给出一个自己内心认可的对创业活动本身的定义。

在同学们进行不断实验过程中，系统都将自动记录大量学生的实验数据，并形成多个维度的各类分析图表报表，可以协助老师更好地开展以"课堂活案例"为数据来源的、"基于实验数据量化分析"的教学知识解析点评。基于数据分析之外，老师也可以提出更多的围绕创业的发散性主题让学生参与，也可以分享一些对创业的深入理解与思考的知识点。

三、课时安排

课时安排：2 到 4 课时。（课时详细安排见表 9-1）

表 9-1　课时详细安排表

内容	课时
教师实训前规则讲解	10~20 分钟
学生参与 3~5 轮实训及操作	45~90 分钟
教师结果评价及教学解析	20~45 分钟

四、使用形式

（1）这是一个计算机网络实训游戏，建议在学校标准计算机实验室内开展教学；
（2）本实验需要在专业教师的统一组织协调下开展，个人学习者无法独立完成该实验。

第二节　创业团队计算机综合实践

一、学习目标

(1) 通过实训深刻理解创业团队对成员的个人能力、团队意识精神的要求。
(2) 通过实训培养起与其他人合作、分享、共赢的做事原则与方法技巧。
(3) 通过实训体验创业团队成员的物色、沟通、组建的全过程。
(4) 通过实训深刻理解创业团队与个人发展的共损共盈关系。
(5) 通过实训深刻理解创业团队内部的组织分工与实际工作的协调。
(6) 通过实训深刻理解不同创业团队之间的竞争与合作共存的实际现状。

二、实验介绍

项目名称：创业团队计算机综合实践

创业团队训练是一个围绕创业团队中成员个人能力、团队意识、组织分工、优势互补、合作意识、竞争意识等诸多角度设计的一个综合性实践互动情景游戏，界面如图 9-2 所示。

图 9-2　创业团队计算机综合实践学生界面

创业团队由于由多名创业者组成，从组织形式上虽然看似简单，但由于创业活动本身的艰难困苦与高风险特性，在大部分创业团队的实际创业过程中，往往存在着团队成员之间无处不在的协同合作与意见分歧，大量的现实失败创业案例其实并非项目本身或其他外部原因引起，往往是创业团队内部成员之间形成了无法中和的意见与矛盾后才导致的。

在本实践训练游戏过程中，每位同学在初期都将作为独立个体参与实践环节，每位同学在游戏中将被置身于一个人烟稀少的荒岛上，在荒岛的深处有一座传说已久的失落王国的宝藏，里面深藏着各种奇珍异宝，在寻找到宝藏之前，教师将通过系统为每位同学随机分配若干种寻宝过程中可能用到的资源，同学之间可以自由在寻宝过程中交换资源，以解决自身需求或协助他人解决问题，用最短时间达到藏宝地的同学将获得更多的奖励。

在完成第一阶段游戏后，每一位同学都可以自由寻找其他同学组建团队，完成团队组建的小组需要为自己的团队设定团队名称、组织分工、团队愿景等内容，并在教师引导下上台进行团队展示与路演，台下其他所有同学可为路演团队点赞。

第二阶段寻宝过程中，教师将再次通过系统随机为每一位团队成员发放寻宝过程中所需要用到的各种资源，每个团队都需要合理协调组内资源，以最快速度达到第二座宝藏，在寻找宝藏过程中，团队成员及团队之间均可以随时自由交换资源，以解决自身需求或协助其他成员解决问题。在本阶段中，每位同学除了要尽最大努力以最短时间完成自己的寻宝任务外，还需要确保自己所在团队的其他成员都能以较快速度完成各自任务，每一位同学的个人奖励数量将与团队整体获得的奖励数量形成紧密关系。

系统将自动记录每一位同学在寻宝过程中的所有决策行为，并自动形成各个角度丰富多彩的分析图表与报表，教师将基于实际数据为大家进行点评分析授课，同时将邀请部分同学及团队上台分享交流。

本体验式实践项目的设计意图并不是希望告诉所有学生一些浅显的基本团队知识，而是希望通过不同环节的精巧实验环境的搭建，使每一位学生都可以阶段性沉浸于具体环境任务之中，在不知不觉间按自身日常常规性格、思维模式、价值判断等做出自己所能认可的合情合理的选择与决策，通过更为真实的表现自我的过程中，深刻地理解创业团队的组建与管理过程中所蕴含的真正要义。

学生在全程参与式体验过程中，教师将只起到组织观察引导作用，并不会给予明确的决策判断依据及建议，学生在参与过程中享有完全开放自由且充分的分析判断裁量权。

三、课时安排

课时安排：4课时。（课时详细安排见表9-2）

表9-2 课时详细安排表

内容	课时
教师实训前规则讲解	10分钟
开始第一轮个人互动实践	20分钟
自由组建团队并展示路演	5分钟/团队
开始第二轮团队互动实践	30分钟
教师点评分析	15分钟
团队分享交流	5分钟/团队
教师总结	5分钟

四、使用形式

（1）这是一个计算机网络实训游戏，建议在学校标准计算机实验室内开展教学；

（2）本实验需要在专业教师的统一组织协调下开展，个人学习者无法独立完成该实验。

第三节 领导力计算机综合实践

一、学习目标

（1）通过互动式计算机游戏形式，让同学们直观感受领导力的主要要素。
（2）通过游戏角色扮演形式，让学生亲身感受作为领导或被领导者的情景。
（3）让同学们在游戏行动中运用领导力与组织能力，发挥各自聪明才智。
（4）通过数据分析深刻剖析不同学生或小组之间的领导力相关差异性。
（5）延伸学习更多与领导力相关的其他知识要素。

二、实验介绍

项目名称：领导力计算机综合实践

领导力训练游戏通过让同学们参与到一个计算机七巧板拼图比赛游戏的形式，通过沉浸式体验，让同学们直观深刻感受领导力相关的组织、协调、引领、凝聚等要素，界面如图9-3所示。

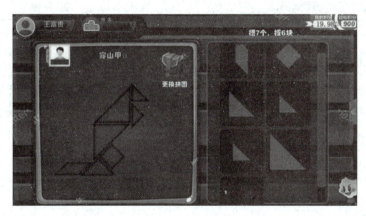

图9-3 领导力计算机综合实践学生界面

每位同学在刚进入游戏时，老师将引导所有同学在电脑上通过抽签的形式，确定自己属于哪个竞赛小组，每个小组人数由系统固定在5到7人之间，在所有同学都完成抽签后，每位同学都将抽到一个确定的竞赛小组，同一个竞赛小组的同学需要互相讨论选举出唯一一位中间协调人，剩余其他同学的身份都是参赛选手，需要与小组内其他同学展开拼图竞赛比拼。

完成抽签及协调人选举后，老师将引导大家开始七巧板拼图比赛，比赛刚开始阶段，每位同学将从系统中随机获取若干张初始拼图板，并领取一个拼图任务清单。

每位同学可以自由选择自己任务清单中的一个未完成拼图任务来开始拼图游戏，如果发现自己手上的拼图板无法拼出选取的任务时，可以选择换一个任务或者选择与组内其他同学开展拼图板交换，系统规定了组内同学之间可以任意交换各自的拼图板，但必须经过小组的中间协调人才能完成，选手之间无法直接交换。

每位同学在完成一个拼图任务后，将获得该任务相应的积分奖励，系统界面上可以实时看到每位同学获得的累计拼图积分及在小组内与全班范围内的排名情况。

在完成全班比赛后，老师将根据教师端自动生成的数十个分析报表及图表展开领导力相关知识解析与点评，并可邀请不同学生开展更多知识主题分享。

三、课时安排

课时安排：3课时。（课时详细安排见表9-3）

表9-3 课时详细安排表

内容	课时
教师实训前规则讲解	10分钟
学生抽签确定竞赛小组	10分钟
学生选举小组内中间协调人	10分钟
学生开展拼图竞赛游戏	60分钟
学生主题分享	5分钟/人
教师点评解析结果	20分钟

四、使用形式

（1）这是一个计算机网络实训游戏，建议在学校标准计算机实验室内开展教学；

（2）本实验需要在专业教师的统一组织协调下开展，个人学习者无法独立完成该实验。

第四节　商机识别筛选路演综合实践

一、学习目标

（1）通过对具体详尽的创业项目的量化评估，系统掌握商业机会与风险所涉及的各个要素。

（2）通过对系统内置机会风险筛选器的使用，通过实训掌握一种有效的机会风险筛选识别方法与工具。

（3）通过对筛选器原理的了解，培养起为自己的创业项目设计筛选器的能力及使用筛选器在自己未来创业过程中的实践应用的可能。

（4）通过对商机策略画布的应用，掌握一种降低创业项目中潜在风险，提升机会的方法。

（5）培养严谨做事与量化分析管理决策的思维与习惯。

二、实验介绍

项目名称：商机识别筛选路演综合实践

很多人在日常工作生活中时常会有好的创意或创业点子产生，但这样的点子如果实际去创业实施，其中所蕴含的机会与风险到底处于什么情况？我们如何用一种实际有效的通用工具或方法去相对精确地识别一个创业项目的机会与风险？商机筛选应用就是为了解决这些问题而设计的。

商机筛选应用是一个基于网络的商业机会与风险识别实训系统（商机识别筛选路演综合实践学生界面如图 9-4 所示），系统内设计了一个创业项目展示数据库，内置了数十套内容详尽、各个角度、不同类型的创业项目，这些项目大部分还未在现实生活中成熟运营，普遍处于项目筹划期或初创期，即使是创业者本人也很难准确预估若干年后项目会以什么结果呈现，可能是一败涂地，也可能成就一个知名企业。

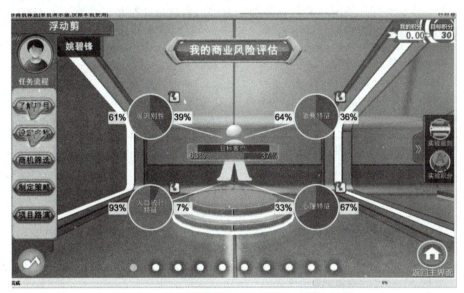

图 9-4　商机识别筛选路演综合实践学生界面

系统同时为每位学生设计了一套可供实践动手的机会筛选器工具，每名学生根据自己接收到的创业项目本身的详尽描述，使用筛选器对该项目做数十个维度的详尽商业机会与风险识别甄选，通过该过程掌握起一种严谨可实践使用的商机与风险识别方法与技巧。

该实践课程中，学生除了需要学会掌握一种量化评估分析创业项目中的商业机会与风险的工具与方法之外，还需要进一步围绕分析评估结果给出自己的解决方案，即如何进一步提升机会并降低风险，该方案的设计过程中，系统内置了一套完整的商业机会与风险分布画布工具，通过该画布工具，学生可以清晰高效地设计并表达自己的解决思路。

在大部分学生完成解决方案的设计后，教师可以在学生自愿前提下邀请部分学生上台围绕自己的解决方案进行路演，向所有其他同学阐述自己对当前创业项目的商机与风险的判断情况，以及自己围绕如何进行改进与提升的思路与方案部分的路演。此时其他所有同学均作为投资者参与对路演者的评价过程，每位投资者手中将获取到教师给予的固定额度的投资金额，投资者根据自己的判断给予路演者一个确定金额的投资。教师最终根据不同路演者获得的投资总额度排行情况，可进行进一步的课程延伸教学。

真实创业中，并非所有的创业项目都有极高价值的商业机会，学生如何考察哪些创业项目更具潜力正是通过这种机会筛选器来评估不同项目的，机会筛选器提供了一组涵盖各种类型的指标，潜力大的机会要比潜力小的机会在更多指标上有吸引力，通过机会筛选器工具进行创业过程中的项目机会与风险评估是一种切实有效的方法,该实践方法最早被欧美一流院校用于学生创业实训课程。

该应用如果用于实训课堂教学,老师可在课堂中根据学生完成情况,对大部分同学已经参与筛选识别的创业项目,进行创业机会或风险的筛选讨论,并通过相关分析统计报告及报表,引导学生参与到针对某个特定创业项目的探讨与分享。

通过该实训,学生可以练习并掌握一种有效的商机识别筛选工具,并为自己未来可能的真实创业提供有实用意义的帮助,同时也可以利用筛选器完成具体创业项目的机会风险方面的市场调研,为自己的创业项目设计一个量身定制的筛选器,并制作成问卷形式,附上自己的项目描述,分发给自己的潜在客户或身边朋友等,通过量化分析的方法对自己的项目有一个更加客观的机会与风险的判断与度量。

三、课时安排

课时安排:4 课时。(课时详细安排见表 9-4)

表 9-4 课时详细安排表

内容	课时
教师实训前规则讲解	10 分钟
学生了解创业项目	5 分钟
学生评估商机风险	20 分钟
学生设计应对策略	20 分钟
学生路演创业项目	5 分钟/人
虚拟投融资过程	5 分钟/人
教师结果评价及教学解析	5 分钟

四、使用形式

(1)这是一个计算机网络实训游戏,建议在学校标准计算机实验室内开展教学;
(2)本实验需要在专业教师的统一组织协调下开展,个人学习者无法独立完成该实验。

第五节 商业模式设计路演综合实践

一、学习目标

(1)进一步理解商业模式的基本概念及核心要素。
(2)掌握一种常见且有效的商业模式设计工具与方法。
(3)通过对现有创业项目的商业模式工具化提取与分析,进一步掌握商业模式设计的精髓与要点。
(4)亲身体验作为一个创业者实践商业模式的设计及投融资过程。

（5）进一步学习更多常见通用商业模式，拓展知识面，并能在现实创业项目中做出正确识别。

（6）能够将应用所教的商业模式分析方法及具体实用工具应用到今后的创业过程中。

二、实验介绍

项目名称：商业模式设计路演综合实践

商业模式是一种描述一家公司如何为顾客创造价值（Value Creation），传递价值，并从中捕捉价值（Value Capture）的理论模型。在创业项目经营过程中，围绕创业模式的设计，创新是始终摆在创业者面前的永久话题。当创业者需要与合作伙伴及投资人进行高效沟通交流时，清晰的商业模式在沟通交流过程中也至关重要。

一个清晰且有竞争力的商业模式是创业成败的关键因素之一，现实中，目前的大部分大学生及创业者都缺乏一个较为有效的围绕商业模式的设计能力与表达能力的训练与掌握过程，很多创业者还停留在对庞大复杂的创业计划书的撰写与包装过程中，而缺乏用最短的时间清晰阐述自己创业项目的核心模式与优势的能力。

本实践项目的设计目的即是通过精巧的课堂实践环节的设计，让学习者通过对商业模式进行概念的初识，进一步了解常见商业模式分类，并通过接收教师给出的确定的创业项目，使用商业画布设计工具在课堂上就能开展自己的商业模式设计与完善，随后的路演环节，学习者还需要通过面向所有其他学习者进行商业模式的演示讲解过程，获得其他学习者（投资者）的投资认可。

整个实践项目全程通过计算机统一引导控制，并在教师带领下完成围绕商业模式的一系列完整实践过程的演练，如图9-5所示，通过该过程，学生最终掌握起对商业模式全面完整的认知与实践动手能力。这种能力一旦被掌握，将使学习者终身受益，使他们在未来的实际创业中，可以正式使用本次实践中学习到的商业画布设计工具来设计自己真实创业项目的商业模式，并通过对该设计明确的商业模式的使用（如与合伙人交流，与投资人交流等），为他们未来的真实创业提供非常有价值的帮助。

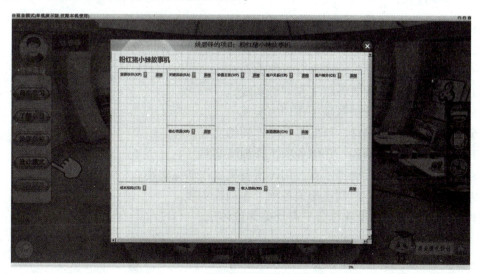

图9-5　商业模式设计路演综合实践学生界面

三、课时安排

课时安排：4 课时。（课时详细安排见表 9-5）

表 9-5 课时详细安排表

内容	课时
教师实训前规则讲解	10 分钟
了解商业模式	10 分钟
了解创业项目	5 分钟
设定项目名称	5 分钟
设计商业模式	25 分钟
创业项目路演	5 分钟/人
创业项目投融资	5 分钟/人
教师总结	5 分钟

四、使用形式

（1）这是一个计算机网络实训游戏，建议在学校标准计算机实验室内开展教学；

（2）本实验需要在专业教师的统一组织协调下开展，个人学习者无法独立完成该实验。

第六节 《创业之星》综合模拟仿真对抗演练

一、学习目标

（1）创业企业战略、规划、预算及相关其他知识实训。
（2）创业团队内部沟通、协调、决策、执行等能力提升训练。
（3）创业企业市场定位、竞争分析能力训练。
（4）创业企业财务相关各项工作训练实践。
（5）创业企业市场营销各项工作训练实践。
（6）创业企业产品设计、研发各项工作训练实践。
（7）创业企业生产采购、仓储各项工作训练实践。
（8）创业企业人力资源选、育、用、留各项工作训练实践。
（9）创业企业产品生产制造相关各项工作训练实践。
（10）深刻理解创业企业综合平衡计分评价体系。

二、实验介绍

项目名称：《创业之星》综合模拟仿真对抗演练

《创业之星》综合模拟仿真对抗演练是基于商业模拟（Business Simulation）体验式学习

技术开发的一套完整的模拟经营与竞争对抗系统，该系统通过对参与学生分组角色扮演（RPG），以分组为团队经营一家完整的模拟创业公司，通过内部的部门协作与管理决策，完成公司的多个连续周期的完整经营管理，并在市场环节与其他分组团队管理的模拟公司进行市场化竞争对抗与合作。

《创业之星》综合模拟仿真对抗演练主要包含了为老师设计使用的一系列功能详尽的教学实训管理相关模块。

同时也为学生设计了一个完整的商业模拟经营模型，其中包含消费群体模拟、市场机会模拟、设计研发管理、生产采购管理、生产制造管理、市场推广管理、产品销售管理、招聘培训管理、财务控制管理、竞争对抗模拟等。每个学生团队不同部分的经营管理决策，最终都将反映到整个模拟公司的整体经营结果中。

《创业之星》综合模拟仿真对抗演练的系统设计以培养学生系统的管理决策能力为目标，并通过学生之间的人与人之间的竞争对抗，引入了高度不确定性的市场环境，这种高度不确定性充分体现了创业过程中的本质特征，学生需要在这样的学习环境中时刻综合分析各种信息，不断做出自己团队及角色切实有效的决策。

系统提供给学生的模拟经营环境往往进行了大量的具体形象化设置，例如，会以设计研发生产销售一种玩具为背景行业，也会以设计研发生产销售一种数码产品为背景行业，但这样的具体化"行业模板"的用意并非让学生去真实了解该行业本身的个性化部分内容，同时也并非让学生在未来的发展中去实际经营管理与模拟企业完全一样的公司，通过这种具体直观的内容让学生真正深刻理解隐藏在任何一个行业或企业背后本质的经营管理部分的精髓。这种通行于不同行业、企业之间的知识内容，方能为每个学生未来的人生事业发展过程中的各种可能性提供更有价值的能力保障，"授人以鱼不如授人以渔"能精确的概括本系统设计的初衷与理念。

1. 课程教学管理

教学实训管理模块主要是为老师教学课程使用而设计的一系列功能合集，其中主要包含系统参数、财务参数、营销参数、研发参数、生产参数、课程管理、学生分组等一系列可调整定义参数的管理设置。

教师在开展《创业之星》综合模拟仿真对抗演练课程之前，需要完成部分必要的参数设置，其他部分参数可直接使用系统默认参数。

创业管理实训课程教学准备流程如图9-6所示，《创业之星》综合模拟仿真对抗演练界面如图9-7所示。

图9-6　创业管理实训课程教学准备流程图

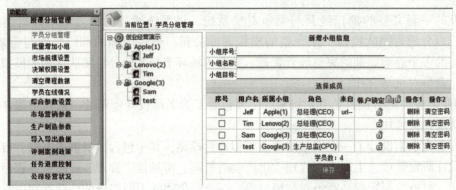

图 9-7 《创业之星》综合模拟仿真对抗演练界面

2. 消费群体模拟

消费群体模拟模块是《创业之星》综合模拟仿真对抗演练系统中，围绕由计算机模拟的虚拟消费者相关的一系列功能合集，消费者是每家模拟公司所研发设计生产产品的最终买家，为了能尽量真实地模拟现实商业社会消费者类型与选购商品（服务）时的多样性，系统的商业模拟经营模型中建立了多种不同类型的消费群体，每一类消费群体在购买具体产品前，将从产品价格、产品功能、产品口碑、产品品牌、产品销售等多个维度综合量化计算后做出确定选择，如图 9-8 所示。

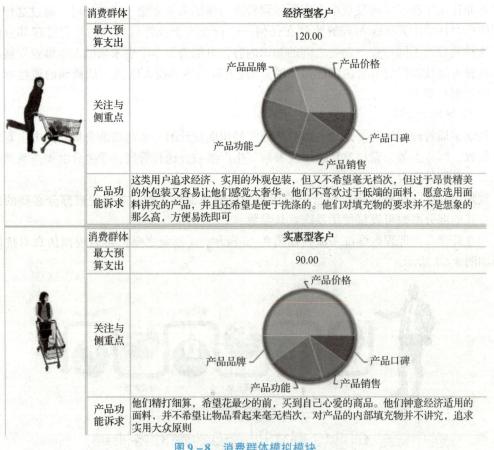

图 9-8 消费群体模拟模块

第九章 创业教育计算机综合实践

对于消费者的争取贯穿于每个参与实训的学生团队所经营的模拟公司，学生们只有在充分理解消费者的需求与喜好的前提下，才有可能在众多竞争对手中脱颖而出，获得一个良好的经营结果。

3. 市场机会模拟

市场机会模拟模块是《创业之星》综合模拟仿真对抗演练系统中围绕由计算机模拟的虚拟市场相关的一系列功能合集，市场是每家模拟公司进行渠道开发、品牌推广、产品销售的实际场所，系统中提供的虚拟市场提供了多个不同特性的区域以供所有公司参与，每个市场都有自己的进入成本（时间与金钱），每个市场也都有自己的消费者特征，同时每个市场也都有各自的容量与发展趋势。图9-9所示为虚拟市场的进入成本，图9-10所示为上海零售渠道各消费群体需求走势图。

渠道名称	零售渠道
所属市场	北京
开发周期	0
每期费用	20,000.00
总费用	0.00

渠道名称	零售渠道
所属市场	上海
开发周期	1
每期费用	20,000.00
总费用	20,000.00

渠道名称	零售渠道
所属市场	广州
开发周期	2
每期费用	20,000.00
总费用	40,000.00

图9-9 虚拟市场的进入成本

对任何一个模拟公司来说，对市场的持续投入与开发，及围绕市场开展的产品销售工作，贯穿于整个经营管理过程。相同市场中，同类产品在同时出现就构成了激烈的公司之间的竞争对抗，当然不管怎么样，最终市场总是会给每个经营团队一个合理的答案，经营者需要绞尽脑汁，时刻分析企业自身、竞争对手、市场环境，不断调整自身策略，优化经营管理，才能在残酷的市场中立于不败之地。

4. 设计研发管理

设计研发管理模块是《创业之星》综合模拟仿真对抗演练系统中，提供给每个小组学生经营团队开展产品的设计与开发相关决策的功能合集，每家模拟公司都可以根据自己的判断设计并研发全新的产品，并围绕产品开展一系列的采购、生产、推广等工作。图9-11所示为产品设计界面，图9-12所示为产品研究界面。

图 9－10　上海零售渠道各消费群体需求走势图（单位：件）

产品设计

决策内容　规则说明

新产品名称	目标消费群体
一号产品	○ 品质型客户 ◉ 经济型客户 ○ 实惠型客户

新产品研发BOM配置表

原料大类	原料子类	本期原料报价	选择
包装材料	玻璃包装纸	2.10	◉
	纸质包装盒	3.70	○
	金属包装盒	7.10	○
面料	短平绒	12.00	◉
	松针绒	19.00	○
	玫瑰绒	18.00	○
填充物	PP棉	17.00	◉
	珍珠棉	25.00	○
	棉花	30.00	○
辅件	发声装置	3.00	□
	发光装置	5.20	□

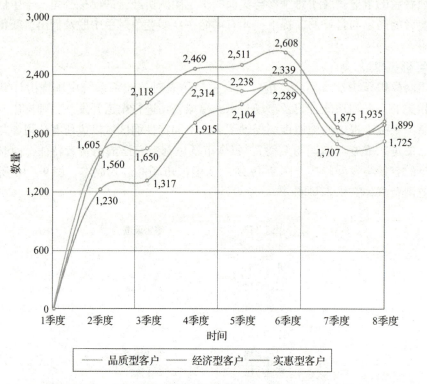

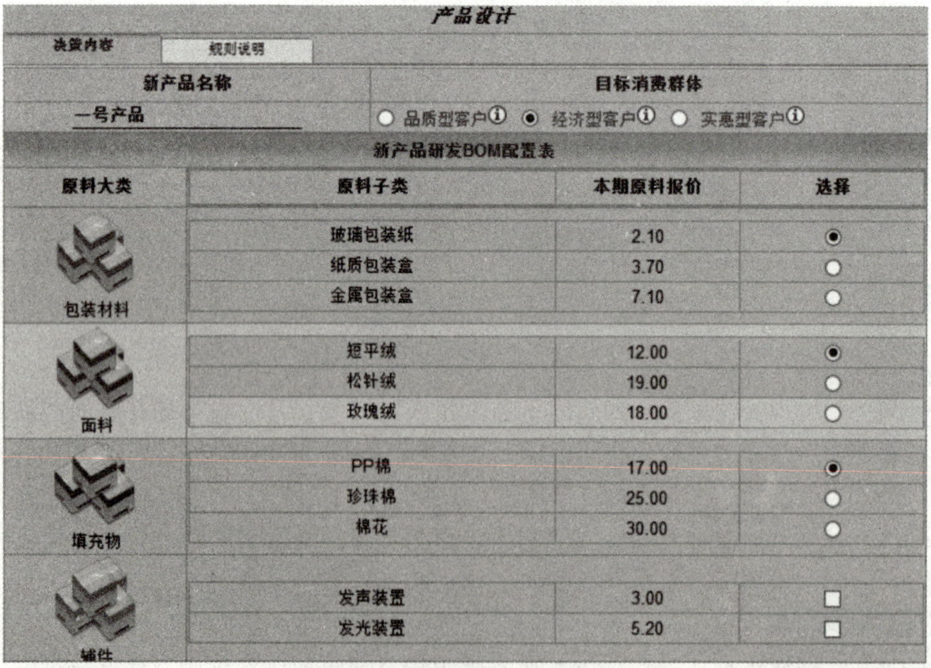

图 9－11　产品设计界面

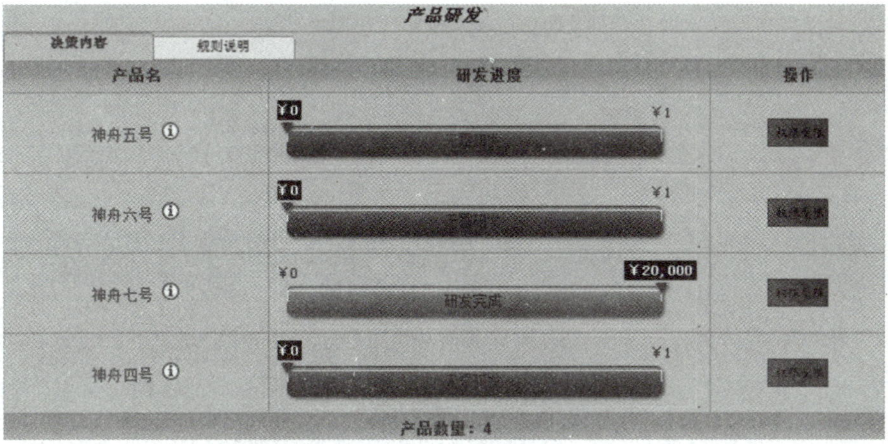

图 9-12 产品研发界面

从表面上看,该部分工作在企业经营过程中似乎并非是工作量最大的一项,但事实上,每个模拟公司的产品设计与研发都决定了该公司在激烈竞争环境下的生死存亡问题。与现实商业社会一样,在《创业之星》综合模拟仿真对抗演练系统中,每家公司都需要根据不同消费者的购买需求与意愿做出真正有效的产品,当然要考虑的远不止这点,市场容量是否足够支撑?未来长期趋势是否乐观?如果能提前知道隔壁小组的产品发展战略是否会帮助自己的决策更有效?一切的一切都来源于市场的高度不确定性,这本身就是创业过程或企业经营过程中最吸引人的一点,不是吗?

5. 生产制造管理

生产制造管理模块是《创业之星》综合模拟仿真对抗演练系统中,提供给每个小组学生经营团队开展产品采购、生产、库存相关决策的功能合集,每家模拟公司都可以根据自己的意愿开展这方面的工作。图 9-13 所示为生产制造管理模块;图 9-14 所示为原料采购界面,图 9-15 所示为厂房购置界面。

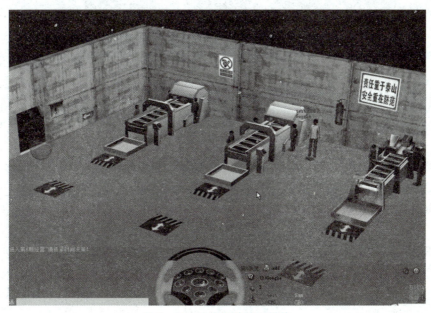

图 9-13 生产制造管理模块

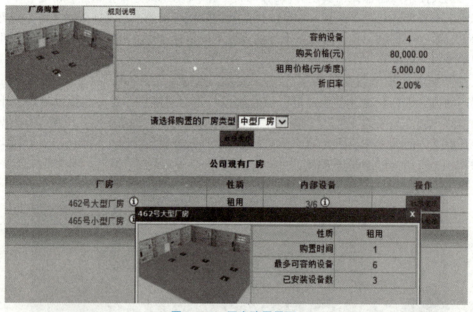

图 9-14　原料采购界面

图 9-15　厂房购置界面

生产制造管理相关的工作占据了每个模拟公司决策相当的工作量，现实中很多企业会把这部分工作做 OEM 外包处理，这是一个仁者见仁智者见智的话题，我们还是把这样一个看起来颇为烦琐的部分纳入了模拟经营的必备环节，理由并不复杂，不管是何种形式的企业，最终都离不开具体的产品或服务的提供，这种提供离不开一个完整的生产系统的支撑。学生通过对该部分的实训模拟，最终将深刻理解生产环节在企业发展中的重要作用，及其本身管理决策过程中的各种知识与技能。作为创业者，他可以做 OEM 外包任何自己公司的工作内容，但却避不开需要对工作本身的深入了解与掌控，简单说就是"你可以什么都不做，但却不能什么都不知道"。

6. 市场营销管理

市场营销管理模块是《创业之星》综合模拟仿真对抗演练系统中，提供给每个小组学生经营团队开展品牌推广、市场开发、产品销售等决策的功能合集，每家模拟公司都可以根据自己的意愿开展这方面的工作。图9-16所示为市场开发界面，图9-17所示为广告宣传界面，图9-18所示为产品报价界面。

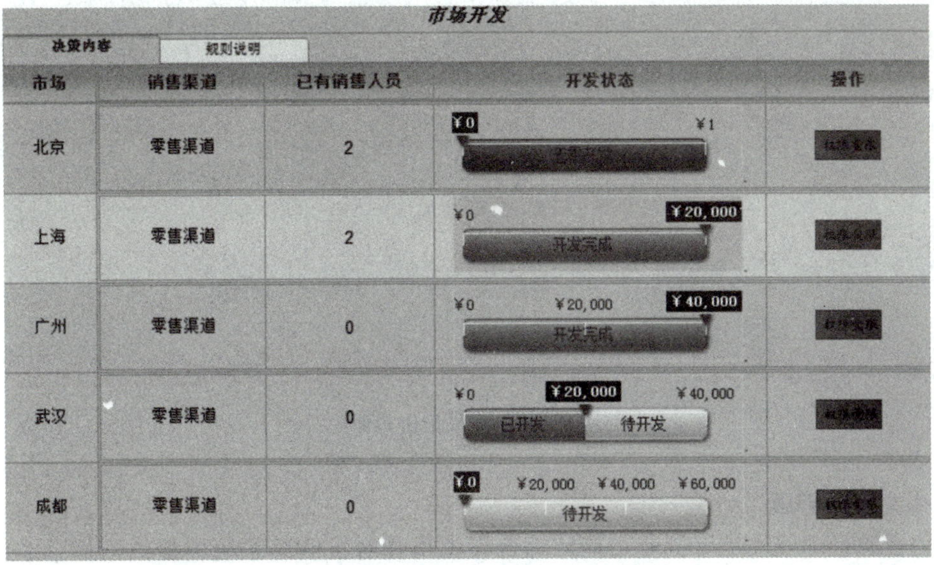

图9-16 市场开发界面

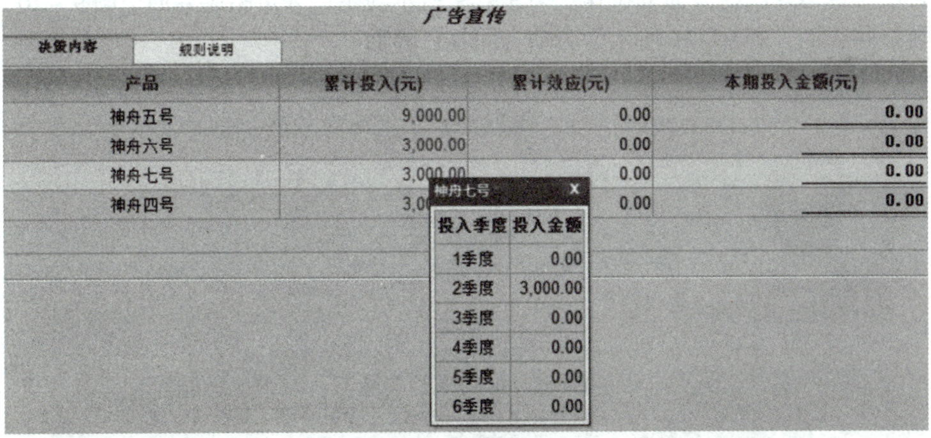

图9-17 广告宣传界面

市场与销售部分的决策是每个学生团队直接与其他学生团队进行竞争对抗的环节，同样的产品，谁家的市场渠道更广？谁家的价格实惠？同样的价格谁家的品牌更响？各种实际企业经营中的问题会堆积在每个团队面前，在实训过程中，每个团队都需要不断地快速判断、分析、决定，再判断、分析、决定，如此循环往复，最终获得市场的认可。在《创业之星》综合模拟仿真对抗演练的整个过程中，或许最能让每个学生深刻体会的就是企业经营管理中很难找到一招制胜的捷径，更多需要的是持续不断地全身心投入与坚持，如此才能收获成功的喜悦。

产品报价界面

决策内容			规则说明									
市场	渠道	销售能力	订单	群体	资质	购买量	回款	上期平均价	最低价	最高价	产品	报价	上限数
北京	零售渠道	1000	125-43595号	实惠型客户	ISO9001	2335	0	0.00	0.00	75.00	神舟五号	⊘	
			126-43596号	经济型客户	ISO9001	2003	1	0.00	0.00	105.00	神舟六号	⊘	
			127-43597号	品质型客户	ISO9001	1629	2	0.00	0.00	142.00	神舟七号	⊘	
上海	零售渠道	1000	128-43598号	实惠型客户	ISO9001	2339	3	0.00	0.00	93.00	神舟五号	⊘	
			129-43599号	经济型客户	ISO9001	2608	2	0.00	0.00	115.00	神舟六号	⊘	
			130-43600号	品质型客户	ISO9001	2289	1	0.00	0.00	148.00	神舟七号	⊘	

图 9-18 产品报价界面

7. 人力资源管理

人力资源管理模块是《创业之星》综合模拟仿真对抗演练系统中提供给每个小组学生经营团队开展人员招聘、培训、合同管理、社保管理等决策的功能合集，每家模拟公司都可以根据自己的意愿开展这方面的工作。图 9-19 所示为生产人员招聘界面。图 9-20 所示为销售人员招聘界面，图 9-21 所示为劳动合同签订界面。

生产招聘界面

工人类型	生产工人
生产能力	450
招聘费用	500.00
季度工资	3,000.00
试用期	1
培训费用	300.00
培训提升	3.00%
辞退补偿	300.00

请选择招聘的工人类型：生产工人
工人安排到生产线：--请选择工人工作的生产线--

公司生产工人情况

厂房	设备	工人	招入时间	员工状态	操作
462号大型厂房	881号柔性线	1634号生产工人	2	已签合同	
		1636号生产工人	2	已签合同	
		1638号生产工人	2	已签合同	
		1639号生产工人	2	已签合同	

图 9-19 生产人员招聘界面

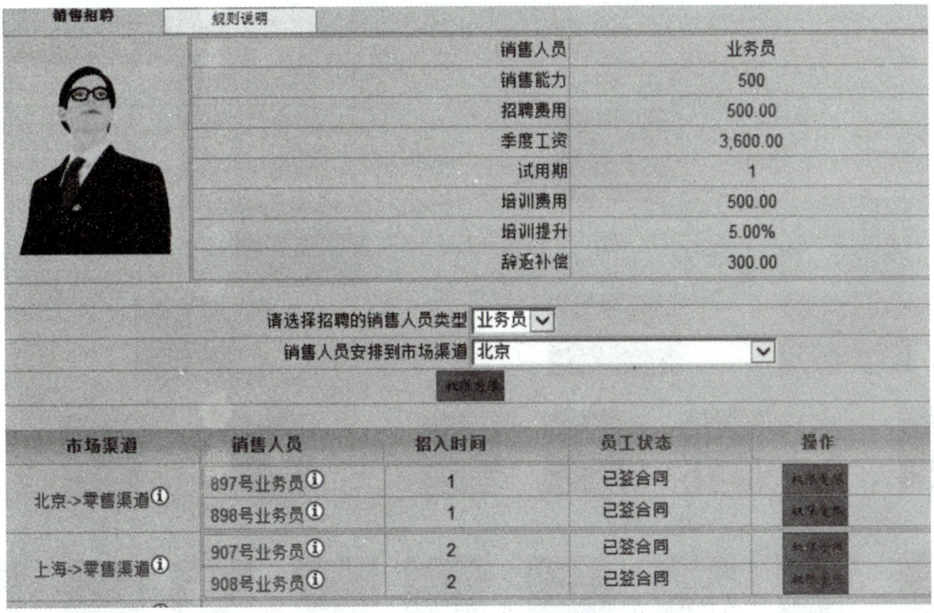

图 9-20　销售人员招聘界面

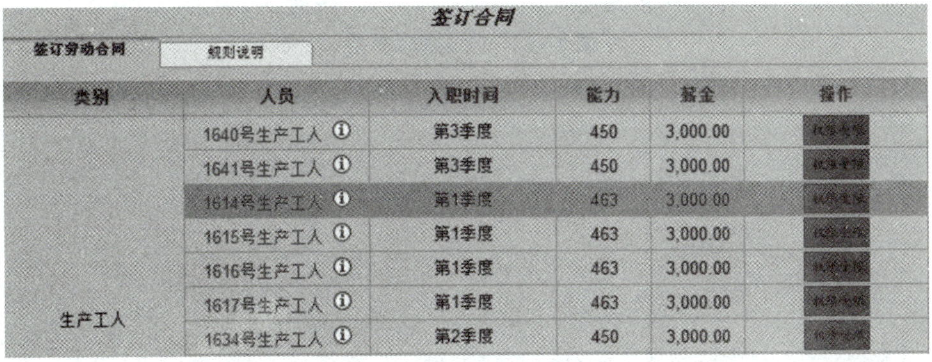

图 9-21　劳动合同签订界面

人力资源工作在实训过程中为每个学生团队提供依据各自发展所需的人员保障支撑，通过该环节的管理决策过程，学生可以充分了解到任何企业发展过程中都能遇到的通行管理知识与技巧。事实上，任何企业中"人"的问题都是一个永恒的话题，我们无法在这里说清楚这个话题，但学生可以通过模拟实训获得更深刻的理解。

8. 财务控制管理

财务管理模块是《创业之星》综合模拟仿真对抗演练系统中提供给每个小组学生经营团队开展财务预算、收支管理、融资管理、资金链管理、报表管理、指标分析等决策的功能合集，每家模拟公司都可以根据自己的意愿开展这方面的工作。图 9-22 所示为收支管理界面，图 9-23 所示为营业收入分季度趋势。

这块内容或许是每个学生团队都比较头疼的问题，算不完的数据困扰着每个团队，但这又是任何一个企业在经营管理中所离不开的核心工作之一，对大部分创业者或学习者来说，要想在短时间内了解与掌握这方面的工作都是一个非常困难的、充满挑战的任务，但通过《创业之星》综合模拟仿真对抗演练的模拟经营形式，我们可以告诉学生，他们可以大大降低这种难度与复杂度，甚至这个学习掌握过程只是在"玩"的过程中就不知不觉地完成了。

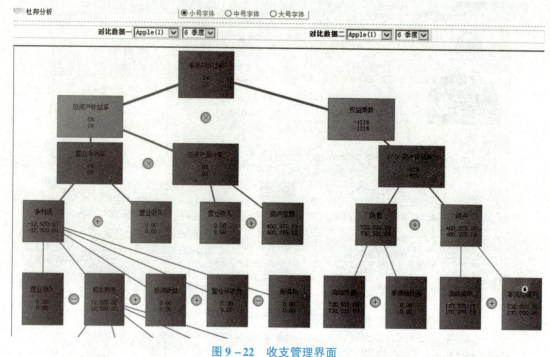

图9-22 收支管理界面

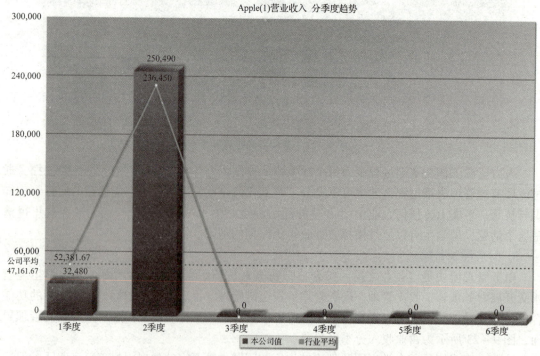

图9-23 营业收入分季度趋势

9. 竞争对抗模拟

竞争对抗是《创业之星》综合模拟仿真对抗演练系统中最吸引学生的内容之一,正是通过这种虚拟环境与实际学生团队之间的激烈竞争对抗设计,让每一个参与实训的学生都不得不全身心投入其中，这种虚实结合的实训形式有别于很多实训教学类的软件，竞争同样也是实际企业永恒的话题。图9-24所示为市场占有率分析界面，图9-25所示为市场增长直方图界面。

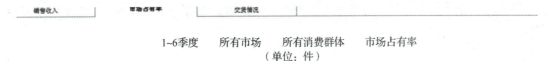

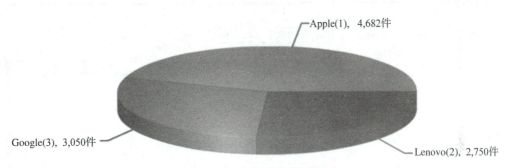

图9-24　市场占有率分析界面

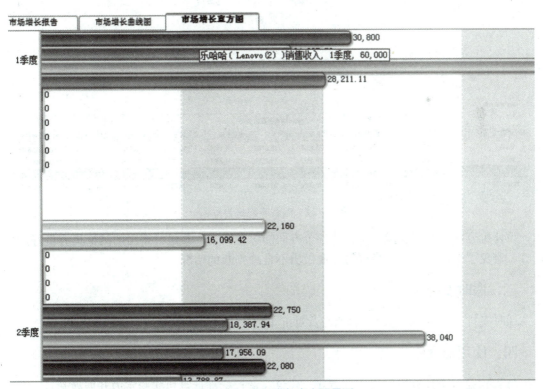

图9-25　市场增长直方图界面

学生通过竞争对抗形式，提升了对原本枯燥乏味的知识的兴趣与好奇心。通过动手实践自己的想法并当场验证结果的过程，增加了学生对大量知识与概念的理解深度。通过与其他同学的合作争论过程，有效提升了团队协作的实际技巧与能力。

10. 综合评分管理

对于每个学生团队的经营管理结果的评价，系统使用了被现实企业广泛采用的平衡计分卡方法，该方法通过提取企业实际经营中的多个维度的经营结果指标，通过权重换算，最后量化得出一个企业的综合经营管理能力。图 9－26 所示为综合表示曲线界面，图 9－27 所示为综合表现报告界面。

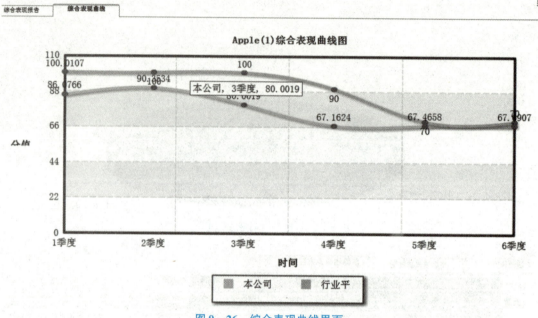

图 9－26　综合表现曲线界面

综合表现报告　综合表现曲线

Apple(1)6季度综合表现										
排名	公司名称	盈利表现	财务表现	市场表现	投资表现	成长表现	综合表现	紧急借款次数	合计扣分	最终得分
第1名	Google(3)	0.0000	33.1316	20.6775	9.1139	10.9405	73.8634	4	20.00	53.8634
第2名	Lenovo(2)	0.0000	28.3837	19.4072	11.3924	9.2625	68.4458	4	20.00	48.4458
第3名	Apple(1)	0.0000	28.4847	19.9153	9.4937	9.7971	67.6907	5	25.00	42.6907
行业平均	—	0.0000	30.0000	20.0000	10.0000	10.0000	70.0000	—	21.6667	48.3333

图 9－27　综合表现报告界面

该评价方法能全面衡量一个企业各个方面的综合实力，其最终得出的结论具有良好的全面性，避免了采用个别单一指标对企业做出不合理判断的情况。

三、课时安排

课时安排：16 到 32 学时，模拟经营对抗 4 到 8 季度。

四、使用形式

（1）这是一个计算机网络实训游戏，建议在学校标准计算机实验室内开展教学；

（2）本实验需要在专业教师的统一组织协调下开展，个人学习者无法独立完成该实验。

附　录

附录一：
教育部关于举办第七届中国国际"互联网+"
大学生创新创业大赛的通知

附录二：
关于组织开展浙江省第十七届 "挑战杯"
大学生课外学术科技作品竞赛的预通知

附录三：
创业培训

参 考 文 献

[1] 马俊平. 高校思想政治教育和创新创业教育协同育人研究 [M]. 北京：中国水利水电出版社, 2018.

[2] 黄兆信. 众创时代高校创业教育新探索 [M]. 北京：中国社会科学出版社, 2016.

[3] 刘万韬. 大学生创新与创业教程：大众创业，万众创新 [M]. 天津：南开大学出版社, 2016.

[4] 季跃东. 创新创业：思维拓展与技能训练 [M]. 北京：科学出版社, 2012.

[5] 杨乐克. 大学生创新创业教程 [M]. 北京：中国时代经济出版社, 2014.

[6] 李伟，张世辉. 创新创业教程 [M]. 北京：清华大学出版社, 2015.

[7] 任荣伟，梁西章，余雷. 创新创业案例教程 [M]. 北京：清华大学出版社, 2014.

[8] 谢普. 创新的开拓 [M]. 沈阳：辽海出版社, 2011.

[9] 教育部. 国家中长期教育改革和发展规划纲要（2012—2020 年）[Z]. 2010.

[10] 夏素霞. 高校创新创业教育的基本内涵、现状与实施路径 [J]. 教育教学论坛, 2017（11）：1-4.

[11] 王焰新. 高校创新创业教育的反思与模式构建 [J]. 中国大学教学, 2015（4）：4-7, 24.

[12] 汪伟. 高校创新教育与创业教育的耦合机制研究 [J]. 教育评论, 2015（8）：86-87.

[13] 陈科奇. 从创意到创新：对大学生创新创业实践的探索 [J]. 教育现代化, 2017（4）：213-214.

[14] 李贵兰. 对高校创新创业教育内容的思考 [J]. 山西高等学校社会科学学报, 2010（12）：124-127.

[15] 夏素霞. 高校创新创业教育的基本内涵、现状与实施路径 [J]. 教育教学论坛, 2017（11）：1-4.